YN ÔL I LEIFIOR

Yn ôl i Leifior

Ar gyfer oedolion sy'n dysgu Cymraeg

ISLWYN FFOWC ELIS
(Talfyriad gan Basil Davies)

1989

Argraffiad Cyntaf — Gorffennaf 1989
Ail Argraffiad — Hydref 1995

ISBN 0 86383 513 9

Argraffwyd gan:
J. D. Lewis a'i Feibion Cyf., Gwasg Gomer, Llandysul

RHAGAIR

Dyma'r bedwaredd nofel yn y gyfres CAM AT Y CEWRI, cyfres sy'n ceisio cyflwyno (*to present*) nofelwyr Cymraeg i ddysgwyr.

Rwy'n ddiolchgar iawn i ddysgwyr am eu croeso brwd i'r tair nofel gyntaf yn y gyfres, sef *O Law i Law* a *William Jones* (gan T. Rowland Hughes) a *Cysgod y Cryman* (gan Islwyn Ffowc Elis). Mae'r nofel hon yn dilyn *Cysgod y Cryman*, a byddai unrhywun sy'n ei darllen yn elwa (*benefit*) o ddarllen *Cysgod y Cryman* gyntaf.

Talfyrrwyd (talfyrru—*to abridge*) y nofel wreiddiol yn sylweddol, ond eto rhaid i mi bwysleisio taw iaith y nofel wreiddiol sydd yma.

Yma a thraw, bu'n rhaid i mi gysylltu (cysylltu—*to join*) rhannau o'r nofel â'm geiriau fy hun a dodais y rheiny mewn cromfachau, e.e. '. . . Wedi mynd adref (dywedodd) wrth Paul nad oedd hi . . .'

Mae 27 o benodau yn y nofel wreiddiol, ond gadawyd allan Pennod 17 yn llwyr (*totally*) a chyfunwyd Penodau 21 a 22 (cyfuno—*to combine*) ym Mhennod 20.

Pwrpas y nodiadau yw esbonio'r eirfa ac ambell gystrawen ddieithr (cystrawen—*construction*) mewn ymgais syml i helpu'r darllenydd i ddeall y nofel, heb orfod dibynnu gormod ar eiriadur. Gobeithio y byddwch, ar ôl darllen y talfyriad hwn, am ddarllen y nofel wreiddiol.

Diolch i'r awdur, Islwyn Ffowc Elis, am ei ganiatâd caredig i dalfyrru (talfyrru—*to abbreviate*) ei nofel wreiddiol ac i gyfarwyddwyr (*directors*) a staff Gwasg Gomer am fod mor barod i gyhoeddi'r talfyriad o'r nofel boblogaidd ac am eu gofal wrth argraffu.

BASIL DAVIES

ISLWYN FFOWC ELIS (1924-)

Gŵr o Wrecsam yw awdur y nofel hon yn wreiddiol, ond fe gafodd ei fagu yn Nyffryn Ceiriog, Clwyd, heb fod ymhell o Langollen.

Ar ôl gadael Coleg y Brifysgol, Bangor, bu'n weinidog am gyfnod cyn ymuno â'r B.B.C. ym 1956 fel awdur a chynhyrchydd. Rhwng 1963 a 1975 bu'n ddarlithydd yng Ngholeg y Drindod, Caerfyrddin; yn olygydd a chyfieithydd gyda'r Cyngor Llyfrau Cymraeg; yn awdur amser llawn. Rhwng 1975 a 1900 bu'n Ddarlithydd yn y Gymraeg yng Ngholeg Prifysgol Dewi Sant, Llanbedr Pont Steffan, ac erbyn hyn ef yw Golygydd *Llais Llyfrau.*

Ysgrifennodd gyfrolau o ysgrifau, a storïau byrion ac un ddrama ond rydyn ni'n meddwl amdano'n bennaf (*chiefly*) fel nofelydd ac ysgrifennodd naw nofel rhwng 1953 a 1972. *Cysgod y Cryman* oedd ei nofel gyntaf (1953), ac yn y blynyddoedd dilynol cyhoeddwyd nofelau adnabyddus eraill ganddo, fel *Yn Ôl i Leifior* (1956), ac *Wythnos yng Nghymru Fydd* (1957).

Darllenwch amdano yn *Cydymaith i Lenyddiaeth Cymru* (1986).

BYRFODDAU—(*Abbreviations*)

h.y.   —   hynny yw, *that is*
(G.C.)—   gair sy'n cael ei ddefnyddio yng Ngogledd Cymru
(D.C.)—   gair sy'n cael ei ddefnyddio yn Ne Cymru

Y BENNOD GYNTAF

i

Yr oedd y gwasanaeth drosodd. Trodd Harri ei ben am un olwg olaf ar y bedd. Yr oedd o'r golwg dan faich o flodau, yn ofnadwy ffres yn y glaw. Ni allai byd o flodau ddwyn yr un annwyl odanynt yn ôl.

'Dowch, 'machgen i.'

Y Parchedig Tynoro Thomas oedd yno, yn cydio yn ei fraich. 'Profedigaeth arw ydi colli mam. Y ffrind gorau gewch chi, efallai. Ac fe gawsoch chitha fam dda, un o'r goreuon. Fe gewch ei gweld hi eto, mewn gwell byd na hwn.'

Tynhaodd Harri.

'Dydw i ddim yn credu dim o'r lol yna, Mr. Thomas.'

'Harri...!'

'Does mo'r fath beth â byd arall. Rydw i wedi gweld Mam am y tro olaf.'

Gadawodd y gweinidog yn sefyll yno. Brysiodd drwy borth y fynwent ac i'w gar. Yr oedd ei dad yn eistedd yn y car, a'i gymdogion o'i gwmpas yn mwmial eu cydymdeimlad drwy'r ffenestri. Taniodd y car, a symud drwy'r bobol ac allan i'r ffordd.

'Wedi blino, 'Nhad?'

'Tipyn, weldi.'

Doedd fawr ryfedd. Yr oedd Edward Vaughan wedi mynnu eistedd wrth wely'i briod bob nos drwy'r pythefnos olaf. Gwyliodd fel mam yn gwylio'i phlentyn.

'Dod i fyw aton ni wnewch chi rŵan, 'Nhad.'

---

baich: llwyth
dwyn: dod â /bring
profedigaeth: *bereavement*
garw: ofnadwy
un o'r goreuon: *one of the best*
Tynhaodd Harri: *H. tensed up*,
   (tynhau)

lol: *nonsens*
porth: mynedfa /*entrance*
mwmial: *mumbling*
cydymdeimlad: *sympathy*
mynnu: *to insist*

'Mae gennoch chi ddigon ar eich dwylo heb ofalu am hen greadur fel fi.'

'Fydd Marged ddim yn cytuno â chi.'

'Rwyt ti wedi priodi lodes dda, Henri.'

Prin hanner blwyddyn y bu Edward Vaughan a'i briod yn byw yn eu byngalo newydd. Yr oedd, o'r tu mewn a'r tu allan, yn bopeth y gallai arian ei greu. A'r hwylustod pennaf ynddo oedd fod Edward Vaughan drwy'i ffenestri yn gallu gweld Lleifior. Lleifior lle magwyd ef, ac a ffarmiodd fel ei dad a'i deidiau hyd berffeithrwydd bron.

'Ydi Greta a Paul wedi mynd?' gofynnodd (Harri).

'Yden. Fe aethon i fyny i dderbyn y rhai oedd yn mynd i Leifior i de.'

Gyrrodd Harri ymlaen drwy'r glaw i olwg Lleifior. Ac er y gwyddai Harri fod yno bobol lawer, iddo ef, fel i'w dad, yr oedd yn wag.

ii

Yr oedd y bwyd yn y stafell ginio. O gwmpas y byrddau eisteddai'r perthnasau a'r cyfeillion a ddaethai o bell ffordd.

Yn y parlwr mawr ac yn y neuadd, safai tyrrau o ffermwyr yr ardal, hwythau hefyd wedi dod i Leifior i fwyta, er nad oedd eu cartrefi ymhell.

Wrth fynd drwy'r drws, bu agos iddo daro yn erbyn ei wraig, yn dod allan â phentwr o blatiau gweigion.

'Marged, ddylet ti ddim bod yn gweithio fel hyn heddiw.'

'Y peth lleia y gallwn i 'i wneud i dy fam ydi hyn. Ches i ddim cyfle i wneud llawer iddi hi tra fu hi byw.'

Edrychodd Harri arni. Roedd hi'r un un o hyd, yn mynnu rhoi eraill yn gyntaf.

---

creadur: *creature*
lodes: merch
prin: *scarcely*
y gallai arian . . . .: *that money could create*
hwylustod: *convenience*

pennaf: mwyaf
perffeithrwydd: *perfection*
er y gwyddai H.: er bod H. yn gwybod
a ddaethai: a oedd wedi dod
tyrrau: *crowds (of people)*

'Ond cofia di,' meddai Harri, 'orffwys, 'y ngeneth i, cyn gynted ag y gelli di.'

Croesodd Harri i gael gair â chwaer ei fam wrth y bwrdd bach o flaen y tân. Ni fu erioed chwiorydd mwy gwahanol. Yr oedd ei fam yn dawel ac yn addfwyn a chanddi hiwmor, yr oedd Modryb Emily'n galed ac yn arw ac yn gallu bod yn gas. Yr oedd hi'n byw yn Amwythig, ond er ei bod mor agos anaml yr âi Harri i'w gweld, hyd yn oed pan fyddai yn Amwythig ar neges.

'Henri,' meddai Modryb Emily, 'Ydi o'n wir eich bod chi'n Gomiwnist?'

'Dim yn hollol wir, Modryb. Sosialydd ydw i.'

'Yr un peth. Be sy arnoch chi, dwedwch? Be ydech chi wedi'i wneud i Lleifior 'ma? *Co-operative farm* neu rywbeth ddwedodd eich mam wrtha i. Be ydi hynna ond *Communist ideas?* Sut mae hi'n dod ymlaen? *Dead loss,* mae'n debyg.'

'Mae Lleifior yn dal i dalu.'

Croesodd Harri i gael gair â rhai o'r perthnasau eraill a chyfeillion y teulu a oedd yn codi oddi wrth y byrddau. Yr oedd ei dad yn siarad â'i chwaer yntau yn ymyl. Amneidiodd ar Harri.

'Mae Henri wedi mynd yn ddyn nobl,' meddai'i Fodryb Gwen. 'Ydech chi ddim yn ei weld o'n debyg i 'Nhad, Edward?'

'Mae 'na ryw debygrwydd.'

'Rydech chi'n Vaughan o'ch corun i'ch sawdl, Henri. Rydech chi wedi priodi lodes fach annwyl hefyd. Piti na fuase hi o well class...'

'Y ... cer i gael gair efo Paul, Henri,' torrodd Edward Vaughan ar ei thraws, 'mae o'n edrych yn ddigon unig yn fan'cw.'

Cerddodd Harri'n anfodlon ar hyd y stafell, a sylw'i Fodryb Gwen am Marged yn ei losgi. Merch i labrwr oedd Marged, ond

---

cyn gynted ag y gelli di . . . .: *as soon as you can*
addfwyn: *gentle*
garw: *rough*
Amwythig: *Shrewsbury*
yr âi Harri: y byddai H. yn mynd

Amneidiodd: *He beckoned,* (amneidio)
tebygrwydd: *likeness*
corun: top y pen
sawdl: *heel*
sylw: *comment*

ar wahân i'r trimins yr oedd hi cyfuwch o ran cymeriad a chwrteisi ag unrhyw Vaughan neu Lewis yn yr ystafell.

Pan gyrhaeddodd at y bwrdd lle'r oedd ei frawd yng nghyfraith, Dr. Rushmere—Mr. Rushmere bellach—yr oedd hwnnw'n torri blaen sigar â siswrn bychan o boced ei wasgod.

'How are you, Paul?'

'Ah! Comrade Henri.'

Tori o'r Torïaid oedd Paul. Gresyn i'w chwaer briodi hwn.

'And how goes our collective farm, Comrade Henry?'

'Comrade Henreh' a ddywedodd Paul, ac aeth ei sŵn dan groen Harri. Yr oedd yn amlwg nad oedd ar Paul eisiau'i weld nac eisiau siarad ag ef. Yr oedd yn amlwg nad oedd arno eisiau bod yn Llanaerwen o gwbl heddiw.

'I'm going out for a whiff of the wilds before returning to civilization,' meddai Paul. Syllodd Harri ar ei ôl, a'i galon yn suddo ynddo. Greta druan.

Aeth yntau drwy'r tyrrau pobol ac i fyny'r grisiau derw tua'i ystafell wely a chau'r drws arno'i hun. Synhwyrodd fod rhywun yno. Trodd, ond ni welodd neb. Ni welai ond wyneb ei fam o flaen ei feddwl, yn gwenu arno. Yr oedd yn siŵr ei bod hi yno gydag ef. Ac yna fe gofiodd. Yr oedd ei fam yn y fynwent, yn oer dan y pridd coch a'r blodau, ac yr oedd yn amhosibl iddi fod yma hefyd. Yr oedd hi wedi peidio â bod.

iii

Rhaid bod Harri wedi hanner cysgu, o achos ni chlywodd mo'r drws yn agor. Pan agorodd ei lygaid, gwelodd ei chwaer Greta'n sefyll yno, yn edrych arno'n dyner.

Cododd Harri ar ei eistedd. Croesodd Greta'r ystafell ac edrych allan drwy'r ffenest.

'Roedd 'na lawer o bobol yn y gladdedigaeth, Harri.'

'Oedd.'

---

cyfuwch: mor uchel
Gresyn: dyna drueni
yn amlwg: *obvious*
Syllodd H.: *H. stared*, (syllu)

suddo: *to sink*
Synhwyrodd: *He sensed*, (synhwyro)
claddedigaeth: angladd

'Ond ddaeth *o* ddim yno.'

Edrychodd Harri ar ei phen melyn rhyngddo a'r golau.

'Pwy ddaeth ddim yno, Greta?'

'Karl.'

Clywodd Harri'i wddw'n llenwi. Nid oedd wedi cofio tan y funud hon am yr Almaenwr a fu'n gymaint o gyfaill iddo, y carcharor rhyfel annwyl a fu'n gweithio yn Lleifior ac a ddaeth yn un o'r teulu, ac a aeth o Leifior am ei fod yn caru Greta a Greta'n ei garu yntau. Cofiodd Harri fod ei fam a Karl yn ffrindiau calon, ond ni ddaeth Karl i'w hangladd.

'Ond fe anfonodd Karl lythyr, Greta.'

'Ydi'r llythyr genn'ti?' gofynnodd yn eiddgar.

Chwiliodd Harri drwy'i bocedi ac estyn y llythyr iddi. Darllenodd ef, a'i ddarllen wedyn, ac wedyn, ac wedyn.

'Rwyt ti'n dal i feddwl am Karl o hyd,' ebe Harri.

'Rydw i wedi methu'i anghofio.' Yr oedd llais Greta'n rhy dawel.

'Wyt ti ddim yn hapus efo Paul?'

'Mae Paul yn eitha ffeind,' meddai.

'Doedd dim rhaid iti briodi Paul, wyddost,' meddai Harri wrthi.

'Mae 'na raid a rhaid,' ebe Greta.

'Ond doedd dim rhaid iti d'aberthu dy hun i ddymuniade Nhad a Mam. Fe allet fod wedi rhedeg i ffwrdd efo Karl.'

'Os gwnes i Mam yn hapusach drwy briodi Paul, rydw i'n falch o hynny . . . heddiw.'

Nid oedd gan Harri ddim i'w ddweud yn ateb i hynny. Er bod eu mam yn gymaint ffrind i Karl, i Paul yr oedd hi wedi dymuno rhoi Greta. Yr oedd Paul wedi achub ei bywyd. Ond i Greta y bu'r fargen ddrutaf. Nid oedd hi eto ond tair ar hugain oed, a gallai bywyd barhau yn hir.

'Greta!'

Clywodd y ddau y llais o waelod y grisiau.

'Mae Paul yn galw arna i,' ebe Greta. 'Mae o eisie cychwyn yn ôl. Mae genno fo ddiwrnod mawr o'i flaen yn y 'sbyty fory.'

'Greta!' Daeth y llais eto.

---

carcharor rhyfel: *prisoner of war*   aberthu: *to sacrifice*
yn eiddgar: *eagerly*   parhau: *to continue*

'Rhaid imi fynd,' ebe Greta, ac ar ôl un gipolwg hiraethus arall ar dir Lleifior drwy'r ffenest, brysiodd o'r ystafell.

Wedi ymolchi, aeth Harri i lawr y grisiau. Yr oedd y dyrfa wedi mynd, ac yr oedd Paul a Greta yn y neuadd yn ffarwelio ag Edward Vaughan.

Estynnodd Paul law lipa i Harri a dweud,

'If business should bring you to Liverpool, Henry, you'll call to see us, of course.'

Diolchodd Harri, a chusanu Greta. Prysurodd Greta allan i'r car. Yr oedd Paul wedi cael car newydd ac eisteddodd wrth ei lyw fel brenin. Aeth Edward Vaughan i mewn i'r tŷ, ond arhosodd Harri yno nes i'r car fynd o'r golwg yn y tro yn y ffordd.

---

cipolwg: *glance*
hiraethus: *longing*

llyw: *steering wheel*

YR AIL BENNOD

i

Yr oedd Paul yn gyrru fel Jehu. Yr oedd ei wefusau'n dynn, a'i lygaid wedi'u sgriwio ar y ffordd o'i flaen.

Yn sydyn wedi troi un drofa, daethant i olwg tafarn. Protestiodd braciau'r car fel y safodd yn sydyn. Agorodd Paul y drws.

'I'm going in for a drink,' meddai.

Ceisiodd Greta'i ddarbwyllo, ond cyn iddi orffen brawddeg yr oedd Paul wedi diflannu drwy ddrws golau'r dafarn.

Suddodd Greta'n ddyfnach i'w sedd i ddisgwyl. Gallasai Paul fod wedi ymatal heno o bob noson. Ni fyddai'n golygu fawr iddo ystyried ei theimladau hi am ddim ond un noson. Buasai'n garedig arno awgrymu iddi aros yn Lleifior gyda'i thad a Harri am wythnos arall, ond ni wnaeth. Fe fu'n ddigon anfodlon iddi fynd adref i Leifior ddiwrnod neu ddau cyn marw'i mam. Yr oedd fel petai arno ofn iddi fynd i Leifior. Ofn i Leifior ailgydio ynddi ac adnewyddu'r Gymraes ynddi.

Ac yr oedd arni hi hiraeth am Leifior. Byddai'r hiraeth yn ei bwyta weithiau. Yn enwedig tua hanner awr wedi pump ar nos Sul, pan fyddai teulu Lleifior yn hwylio i'r capel, neu ar fore Mercher pan wyddai fod gwŷr Lleifior yn cychwyn i'r farchnad yn Henberth.

Ymhen hir a hwyr, daeth Paul allan o'r dafarn. Yr oedd yn arogleuo fel bragdy.

'It takes a great deal, darling,' meddai, 'to wash down a Welsh funeral.'

---

trofa: tro yn y ffordd
darbwyllo: *to persuade*
Gallasai P. . . .: *P. could have*, (gallu)
ymatal: *to refrain*
golygu: *to mean*
Buasai: *It would have been*
fel petai arno ofn: *as if he were afraid*

adnewyddu: *to renew*
yn hwylio: h.y. ar eu ffordd
gwŷr: dynion
ymhen hir a hwyr: o'r diwedd
arogleuo: gwynto
bragdy: *brewery*

A chychwynnodd y car.

Ar y ffordd canodd Paul *Roll me over in the clover.* Fe wyddai fod yn gas gan Greta y gân anllad honno, ac am hynny canodd hi nerth esgyrn ei ben. Ni ddywedodd Greta ddim. Eisteddodd yn fud yn ei sedd, yn amlwg yn ddwfn yn ei galar. O weld hynny, distawodd Paul o dipyn i beth.

Cyraeddasant eu tŷ newydd yn Aigburth tua naw. Tra fu Paul yn llywio'r modur i'w garais, tynnodd Greta'i hallwedd o'i bag ac agorodd ddrws y tŷ.

Edrychodd yn ddideimlad ar y neuadd chwaethus; cerddodd heb ddiddordeb drwy'r ystafelloedd ffasiynol; aeth drwodd i un o'r ceginau mwyaf yp-tŵ-dêt a rhoi'r tecell ar y stôf nwy. Gwelodd â chongl ei llygaid nifer o boteli cwrw gweigion, ysgerbwd cyw iâr, gweddillion eog, darn o gaws Stilton, a phentwr o lestri heb eu golchi. Clywodd Paul yn dod i mewn, a throdd ato,

'Gawsoch chi de parti da, Paul?'

'I suppose you're asking me in your best Welsh when did we have our party. Winter and Kenning came in late last night for a binge. Damn good, too. When the cat's away, and all that sort of thing, you know . . .'

'No women?'

'No. Positively no women.'

Fe garai Greta allu bod yn siŵr o hynny. Nid oedd yma ddim olion merched, ond yr oedd merched yn medru bod yn ofalus. Nyrsus, er enghraifft.

---

cân anllad: cân frwnt/fudr
nerth esgyrn ei ben: yn uchel iawn
yn fud: heb ddweud gair
galar: *bereavement*
o dipyn i beth: *gradually*
llywio: *to steer*
dideimlad: heb deimlad

chwaethus: *in good taste*
congl: cornel
ysgerbwd: *carcase*
gweddillion eog: *the remains of a salmon*
Fe garai G. allu: *G. would love to be able*
olion: *signs/traces*

Ni chysgodd Greta fawr y noson honno. Yr oedd ei mam yn llond ei meddwl. Bellach, nid oedd menyw yn y byd y gallai rannu'i chalon â hi.

Yr oedd yn briod bellach ers blwyddyn a hanner—o'i hanfodd, wrth ewyllys ei rhieni, â dyn nad oedd yn ei garu. Yr oedd wedi gobeithio y byddai Paul yn well na'r disgwyl, y byddai hithau gydag amser yn gallu bodloni, a hyd yn oed ymhyfrydu, yn ei safle a'i sefyllfa ef.

Yr oedd ef yn ei charu, fe wyddai. O leiaf, yr oedd yn ei charu ar y cychwyn. Yn ystod eu mis mêl yn Nice, yr oedd ef wedi'i haddoli â phopeth a oedd ynddo. Wedi dychwelyd i Lerpwl, fodd bynnag, fe welodd Greta'r gwahaniaeth ynddo. Nid oedd ganddo'r amser na'r awydd mwyach i'w hanwylo hi. Ei waith oedd popeth iddo, a phan fynnai anghofio'i waith nid at ei wraig y byddai'n troi. Ati hi am gyfnod, yr oedd yn wir, ond lai a llai fel y cerddai'r misoedd. Yr oedd ef yn troi fwyfwy at ei gyfeillion, at y gêm golff ar bnawn Sul a phnawn Mercher, a'i glwb, heb awgrymu mynd â hi i'w ganlyn. Arhosai yn yr ysbyty hyd yn hwyr y nos. Ei waith oedd ei esgus, ond yr oedd Greta'n amau nad gwaith yn unig oedd yn ei gadw yno. Ni wyddai hi ddim. Nid oedd ganddi ond ei hamheuon.

Ond yr oedd Paul yn disgwyl iddi hi gadw ei safonau ef, a chymryd rhan—yn gyhoeddus, o leiaf—yn ei fywyd ef. Yr oedd yn rhaid iddi, o dro i dro, westya'i gyd-feddygon a'i gyfeillion ef i ginio, gyda'u gwragedd wrth gwrs. Yr oedd cofio'r cinio cyntaf a wnaeth yn dal i dynnu'r dagrau i'w llygaid. Mr. Winter, y gynaicolegydd, a Mr. Kenning y llygaid a ddaethai y noson honno a'u gwragedd gyda hwy. Y peth cyntaf y sylwedd-

---

bellach: erbyn hyn	pan fynnai: pan oedd yn dymuno,
o'i hanfodd: *against her wishes*	(mynnu)
wrth ewyllys: *according to the will*	am gyfnod: am amser byr
bodloni: *to have satisfaction*	i'w ganlyn: h.y. gydag ef
ymhyfrydu: *to delight*	amheuon: *doubts*
safle: *status*	yn gyhoeddus: *in public*
wedi'i haddoli: *had worshipped her*	o dro i dro: nawr ac yn y man
awydd: *desire*	gwestya: gwahodd, *(invite)*
anwylo: caru	a ddaethai: *oedd wedi dod*

olodd Greta oedd fod ei byd hi'n wahanol iawn i fyd Mrs. Winter a Mrs. Kenning. Yr oedd yn amlwg na allai hi ddweud y pethau y disgwylid i wraig smart eu dweud. Ac am sgandalau'r set, wrth gwrs, ni wyddai hi ddim. Ac nid oedd ganddi hi ddim diddordeb.

A phan ddaethai'r noson stiff i ben, a'r gwahoddedigion wedi mynd, cymerodd Paul hi ar ei lin a dweud wrthi,

'You're an excellent cook, Gret. But . . . that was not the right soup, and definitely not the right cheese. And I *do* wish you'd learn lady's talk.'

Ond doedd hi ddim yn dysgu. A hynny am na fynnai ddysgu. Cofiodd yr helynt enbyd a fu rhyngddi hi a Phaul ar ôl parti unmlwydd-ar-hugain merch Syr Thomas Ashbrooke. Daeth un (o'r merched) ati, Cora Braithwaite, a chynnig sigarét iddi. Dywedodd Greta'n gwta nad oedd hi byth yn ysmygu. Sylwodd Cora fod Greta'n yfed lemonêd. Dywedodd Greta'n fwy cwta fyth nad oedd hi byth yn yfed diodydd meddwol. Aeth aeliau Cora i fyny fodfedd, a dywedodd yn finiog fwyn,

'My dear, you *are* a rustic, aren't you?'

Gorchfygwyd Greta gan ei thymer. Aeth i grynu drosti, a chyn iddi fedru ateb Miss Braithwaite yr oedd wedi colli'i lemonêd ar hyd ei ffrog laes. Yr oedd llygaid pawb arni. Aeth ar ei hunion at Paul a dweud wrtho ei bod yn mynd adref. Ni allai Paul, o gwrteisi, adael iddi fynd ei hunan. Ymddiheurodd drosti wrth y teulu Ashbrooke, a daeth adref gyda hi. Fe fu row i'w chofio.

Ni faddeuodd Paul yn iawn iddi ar ôl y parti hwnnw. Yr oedd y gwahaniaeth rhyngddynt yn mynd yn amlycach o hyd. Fe wyddai Greta, petai'n rhoi'i meddwl ar waith, y gallai hi heb

---

na allai hi: *nad oedd hi'n gallu*
y disgwylid: *that were expected,* (disgwyl)
i ben: *to an end*
gwahoddedigion: *guests*
am na fynnai: *h.y. achos doedd hi ddim yn dymuno,* (mynnu)
helynt enbyd: *terrible row*
yn gwta: *abruptly*
diodydd meddwol: *strong drink*

aeliau: *eyebrows*
yn finiog: *cuttingly*
Gorchfygwyd G.: *G. was conquered/ overcome,* (gorchfygu)
ar ei hunion: *ar unwaith*
Ymddiheurodd: *He apologised,* (ymddiheuro)
Ni faddeuodd P.: *P. did not forgive,* (maddau)
yn amlycach: *more apparent*

18

ormod o ymdrech ddod yn debyg i'r merched yr oedd Paul yn troi yn eu mysg. Ond yr oedd hi'n rhy falch i ymdrechu. Yr oedd ei harferion hi cystal â'u harferion hwy, ond eu bod yn wahanol. Ac yr oedd ei harian hi mor sownd ag arian unrhyw un ohonynt.

Ei harian oedd ei gafael gryfaf ar Paul. Yr oedd ei thad wedi setlo pum mil arni pan briododd, ac fe wyddai Paul y dôi ychwaneg pan fyddai farw Edward Vaughan. Efallai ddegau o filoedd. Nid oedd Greta'n arfer brolio'i harian ond pan grybwyllodd unwaith neu ddwy yn ei thymer fod ei harian hi'n help iddo, fe dawodd Paul yn bur sydyn.

iii

Rhaid bod Paul wedi ymddiried ei broblem i'w fam oherwydd yn fuan wedi'r parti anffodus a'r ffrae, daeth gwahoddiad i Greta aros am bythefnos gyda rhieni Paul.

Fe fu yn Tooling Hall o'r blaen, fwy nag unwaith, ond ni fu yno heb Paul. Pan oedd Paul yno gyda hi yr oedd sylw'i dad a'i fam yn naturiol yn crynhoi arno ef. Yr oedd pythefnos arteithiol o'i blaen.

Yn ystod y pythefnos hwnnw dysgodd Greta ddau beth. Un oedd, nad oedd tad Paul, o'i nabod, hanner cynddrwg ag yr oedd hi wedi meddwl. Yr oedd ynddo lawer o ddynoliaeth. Y peth arall a ddysgodd oedd fod mam Paul yn byw i Paul. Iddi hi, yr oedd pawb arall yn bod i balmantu'r ffordd i lwyddiant ei bachgen hi.

---

ymdrech: *effort*
yn eu mysg: *in their midst*
ymdrechu: *to make an effort*
arferion: *customs*
ei gafael gryfaf: *strongest hold*
y dôi ychwaneg: *that more would come,* (dod)
brolio: *to boast*
pan grybwyllodd: *when she mentioned,* (crybwyll)
tymer: *temper*
fe dawodd P.: *P. became silent,* (tewi)

ymddiried: *to confide*
ffrae: *quarrel*
gwahoddiad: *invitation*
sylw: *attention*
crynhoi: h.y. *to focus*
arteithiol: *poenus iawn*
o'i nabod: h.y. *after getting to know him*
cynddrwg ag: *as bad as*
dynoliaeth: *humanity*
palmantu: *to pave*
llwyddiant: *success*

Rhoes wers i Greta bob dydd ar yr hyn a oedd yn iawn mewn bywyd, mewn gwisgo, mewn lliwio ac addurno a dodrefu ac, yn bennaf, mewn ymddwyn. Gwrandawodd Greta arni am fod y pethau a ddywedai yn ddiddorol. Ond yr oedd gwrthryfel o'i mewn am mai holl bwrpas y pethau a ddywedid oedd llwyddiant Paul ac nid ei hapusrwydd hi. Mentrodd anghytuno â Mrs. Rushmere ar bwynt o ymddygiad, a dweud ei bod hi yn ysgol Dolgellau wedi dysgu'n wahanol. Yr oedd ateb mam Paul yn foneddigaidd ond yn llosgi,

'My dear, Dolgethly—wherever that may be—cannot possibly have taught you everything.'

iv

Yr oedd yr agendor rhwng Paul a hithau yn ddwysach yn eu crefydd nag mewn dim. Yr oedd hi wedi bod droeon yn eglwys blwyf Llanaerwen. Ac am fod Paul yn Eglwyswr fe gytunwyd iddynt briodi yn eglwys Llanaerwen, a chafodd Greta fedydd esgob cyn priodi. Ond peth pur wahanol oedd troi'n Eglwyswraig. Mwy na hynny, Uchel Eglwyswr oedd Paul, ac 'uchel' iawn oedd ei eglwys ef. Cofiodd Greta'n dda ei gwasanaeth cyntaf yno. Codi ac eistedd a phenlinio yng nghanol y cotiau ffwr a'r modrwyau, a'r canhwyllau a'r clychau a'r arogldarth yn codi arswyd arni. Daeth arni bwl enbyd o hiraeth am Fethel.

Wedi mynd adref (dywedodd) wrth Paul nad oedd hi wedi hoffi'r gwasanaeth. Atebodd yntau mai'r peth pwysig oedd bod pobol yn eu sefyllfa hwy yn mynychu eglwys weddus i'w sefyllfa.

Rhoes: rhoiodd, (rhoi)
yn bennaf: *most of all*
ymddwyn: *behaviour, etiquette*
a ddywedai: *that she would say*, (dweud)
gwrthryfel: *rebellion*
o'i mewn: tu mewn iddi hi
a ddywedid: oedd yn cael eu dweud
Mentrodd: *She dared*, (mentro)
yn foneddigaidd: *courteous*
agendor: *gap*

yn ddwysach: *more intense*
crefydd: *religion*
bedydd esgob: *confirmation*
pur wahanol: gwahanol iawn
arogldarth: *incense*
pwl enbyd: *terrible bout*
yn mynychu: yn mynd i
gweddus: *proper*
sefyllfa: h.y. *status*

Wedi ychydig foreau Sul yn yr eglwys honno, daeth gwanc enbyd ar Greta am glywed pregeth Gymraeg a chael canu emyn Cymraeg. Ar ei theithiau siopa yn y ddinas dechreuodd chwilio am gapel Cymraeg, a chafodd un. Fore'r Sul dilynol, aeth gyda Paul i'r eglwys yn ôl ei harfer. Ond gyda'r nos, a Paul eto heb ddod yn ôl o chwarae golff, cymerodd fws i'r ddinas ac aeth i'r capel.

Yr oedd Greta gartref.

Wedi'r gwasanaeth, fe'i cafodd Greta ei hun mewn trobwll o Gymry. Yr oedd Mr. Rowlands, y blaenor penfoel hynaws, yn dod fel hithau o Faldwyn, a bu agos iddo ysgwyd ei llaw oddi ar ei garddwrn. Daeth y gweinidog ati o rywle, yn ei gwahodd i holl gyfarfodydd y capel a sicrhaodd hi'n garedig fod croeso iddi yno bob amser. Gwelodd Greta dwr o ferched ifanc yn siarad â'i gilydd a thoc, daethant ati a dechrau siarad â hi. Nyrsus ac athrawesau o Gymru oedd y rhain, alltudion fel hithau, ac yn awyddus i estyn iddi hi yr un croeso ag a gawsant hwy.

'Mrs. Rushmere ydi'ch enw chi, ia?' meddai un, Nyrs Edwards o Sir Fôn. 'Sais ydi'ch gŵr, mae'n debyg?'

'Ie.'

'Wel, yn rhyfedd iawn, mae gynnon ni Mr. Rushmere yn *specialist* yn y 'sbyty acw. Dydach chi ddim yn digwydd bod yn perthyn?'

'Y fi ydi'i wraig o.'

Disgynnodd distawrwydd ar y cwmni. Ni wyddai Greta beth a barodd y distawrwydd. Meddyliodd am eiliad iddi weld rhywbeth tebyg i dosturi yn llygaid Nyrs Edwards, ond cyn iddi allu hel meddyliau yr oedd Miss Gruffydd, athrawes o Feirionnydd, wedi dweud,

---

gwanc enbyd: *tremendous desire*
dilynol: *following*
yn ôl ei harfer: fel roedd hi'n arfer
  gwneud
trobwll: *whirlpool*
blaenor: *deacon*
hynaws: dymunol
garddwrn: *wrist*
sicrhaodd hi: *he assured her*, (sicrhau)
twr: *crowd*
a thoc: ac yn fuan

alltudion: *exiles*
yn awyddus: *eager*
ag a gawsant hwy: *as they had received*,
  (cael)
Disgynnodd distawrwydd: *Silence fell*,
  (disgyn)
beth a barodd: *what caused*, (peri)
tosturi: *pity*
hel meddyliau: h.y. *to think and have*
  doubts

21

'Mae gynnon ni Aelwyd yma. Rhaid ichi ddŵad, Mrs. Rushmere.'

'Mi garwn i ddod.'

'Cofiwch ddŵad 'ta. Nos Iau.'

Addawodd Greta, a diolch iddynt oll am eu croeso. Yr oedd bywyd eisoes yn oleuach. Y rhain oedd ei phobol hi, ac nid yr Ashbrookes a'r Braithwaites a'r Rushmeres.

Cyn iddi fynd allan drwy'r drws, fodd bynnag, cyfarfu â Mrs. Evans, gwraig nobl ganol oed.

'Croeso cynnes ichi, 'nghariad i,' meddai Mrs. Evans. 'Faint sydd er pan ydech chi yn Lerpwl yma?'

'Rhyw chwe wythnos,' ebe Greta.

'Ydech chi'n hapus yma?'

'Y . . . ydw, diolch, reit hapus.'

'Ond nid mor hapus ag y dylech chi fod. Wel, rhaid inni weld beth allwn ni'i wneud i chi. Ydi o'n wir mai o Faldwyn yr ydech chi'n dod?'

'Ydi. O Lanaerwen.'

'Felly'n wir. A minne wedi 'magu yn ochrau'r Bala. Ond fe ddaeth fy rhieni yma pan oeddwn i'n ifanc iawn. Goruchwyliwr yn un o siopau'r ddinas 'ma ydi 'ngŵr, wyddoch chi, ond cyn gynted ag y bydd o'n ymddeol yr yden ni'n mynd yn ôl i Benllyn. Rydw i wedi gwastraffu 'mywyd mewn gwlad estron, 'y nghariad i.'

'I . . .ie . . . rwy'n gweld.'

'Beth ydi'ch enw cynta chi, 'nghariad i?'

'Greta.'

'A Greta'r ydw i am eich galw chi. Ond gwrandwch rŵan. Rydw i yn y ddinas yn siopa bob pnawn Iau. Beth am gael te efo mi 'yn Fuller's am dri ddydd Iau nesa? Wyddoch chi am Fuller's?'

'Gwn, Mrs. Evans, ac mi fydda i'n falch iawn o ddod.'

Aelwyd: h.y. Clwb Urdd Gobaith Cymru	ochrau'r Bala: h.y. yn agos i'r Bala
dŵad: h.y. dod	Goruchwyliwr: *manager*
Addawodd G.: *G. promised*, (addo)	estron: *foreign*
wedi 'magu: *been brought up*, (magu)	Wyddoch chi?: Ydych chi'n gwybod?

22

'Purion. Fe rown ni'r byd yn ei le. Nos dawch.'

Gwyliodd Greta hi'n mynd, a rywfodd, yr oedd yn siŵr y gwelai hi lawer iawn ar Mrs. Evans. Pan gyrhaeddodd adref, gofynnodd Paul iddi hi ym mh'le'r oedd hi wedi bod. Dywedodd hithau mai mewn capel Cymraeg. Gwgodd Paul.

'You might have told me that you were going,' meddai.

Atebodd Greta'n ddigon ysgafn y buasai wedi dweud wrtho, petai ef wedi dod adref yn brydlon i'w de yn lle ymdroi yn y clwb golff. Dywedodd wrtho ymhellach nad chwarae golff oedd ei syniad hi am gadw'r Sul, ond ei bod yn fodlon iddo ef wneud a fynnai ar y Sul ar yr amod ei fod ef yn caniatáu'r un rhyddid iddi hithau.

Y pnawn Iau canlynol aeth i de gyda Mrs. Evans yn Fuller's, a chyda'r nos aeth i'r Aelwyd. Am y tro cyntaf er pan fu yn Lerpwl, teimlodd iddi dreulio pnawn wrth ei bodd.

Ond yr oedd storm enbytach i ddod.

Un bore Sul, penderfynodd beidio â mynd gyda Paul i'r eglwys, ond mynd i'r capel. Atgoffodd (Paul) hi o lawer o wirioneddau. Yn gyntaf, fod yr Ysgrythur yn dysgu mai'r gŵr oedd pen y wraig. Yn ail, fod hynny'n golygu mai'r gŵr bioedd dewis ei chrefydd drosti, fel popeth arall, a bod rhaid iddi hi dorri'i chysylltiad â chapelyddiaeth Gymraeg neu ddioddef y canlyniadau.

Gofynnodd hi iddo pa ganlyniadau. A oedd ef yn golygu ysgariad? Oherwydd, os ydoedd, efallai mai dyna'r peth gorau a allai ddigwydd. Yr oedd Paul yn fud. Pan gafodd ei wynt ato, dywedodd mewn llais eiddil, ofnus,

---

Purion: h.y. ardderchog
fe rown ni: *we shall put*, (rhoi)
y gwelai hi: y byddai hi'n gweld
Gwgodd P.: *P. frowned*, (gwgu)
yn brydlon: *promptly*
ymdroi: aros o gwmpas
ymhellach: h.y. hefyd
cadw: *to observe*
a fynnai: beth oedd e eisiau'i wneud, (mynnu)
amod: *condition*
caniatáu: *to allow*
rhyddid: *freedom*

enbytach: gwaeth
Atgoffodd P.: *P. reminded*, (atgoffa)
gwirioneddau: *truths*
golygu: *to mean*
bioedd: *owned*
cysylltiad: *link*
dioddef: *to suffer*
canlyniadau: *results*
ysgariad: *divorce*
Pan gafodd ei wynt ato . . .: *When he had recovered . . .*
eiddil: *feeble*

23

'Greta, you can't mean that?'

Gofynnodd hi pam lai. Yr oedd yn amlwg nad oeddynt yn gallu cyd-daro. Am y tro cyntaf erioed gwelodd hi ddagrau yn llygaid Paul. Daeth Paul ati a rhoi'i freichiau amdani. Byddai ysgariad yn ddiwedd ei fywyd ef. Yr oedd yn ei charu, yn ei charu gymaint ag erioed. Ymddiheurodd iddi, a gofyn iddi beidio â chrybwyll ysgariad wedyn.

Cyfaddefodd Greta ei bod hithau wedi siarad yn fyrbwyll. Nid oedd ysgariad yn deilwng o neb, ac ni ddylent adael i'w meddwl chwarae â pheth felly. Ond yr oedd am gadw'i hawl i grefydda weithiau lle y mynnai hi ei hun, ac i droi o dro i dro ym mysg y bobol a'r pethau a'i gwnâi hi hapusaf.

'But Gret, promise you'll come with me to church every Sunday morning, and you can go wherever you please for the rest of the day.'

Cytunodd hi fod hynny'n eithaf bargen. Fe wnâi hynny o hyn allan, ond bore heddiw yr oedd yn rhaid iddi hi fynd i'r capel. Yr oedd wedi addo. A hynny a fu.

Bob bore Sul, daliodd Greta i fynd gyda Paul i'r eglwys. Ond ni wnâi ddim yn yr eglwys yn y bore ond edrych ymlaen at y capel y nos. Ac fe wyddai fod y capel Cymraeg a'r Aelwyd a'r Cymry yno yn ei thynnu, er ei gwaethaf, ymhellach, bellach oddi wrth Paul.

Ond gwyddai Greta mai'r rhwystr pennaf iddi garu Paul oedd Karl.

Nid oedd wedi clywed gair oddi wrth Karl byth er pan aeth o Leifior. Gwyddai fod Karl o bryd i'w gilydd yn gohebu â Harri. A thrwy Harri'n unig yr oedd hi'n gwybod ei hanes. Gwyddai fod Karl o hyd yn gweithio ar y ffarm laeth yn Suffolk, ac yr oedd

---

cyd-daro: *to get on*
Ymddiheurodd: *He apologised*,
  (ymddiheuro)
crybwyll: *to mention*
Cyfaddefodd G.: *G. admitted*,
  (cyfaddef)
yn fyrbwyll: *rashly*
yn deilwng: *worthy*
hawl: *right*
crefydda: mynd i'r capel/eglwys

o dro i dro: nawr ac yn y man
a'i gwnâi hi: oedd yn ei gwneud hi
addo: *promise*
ni wnâi ddim: doedd hi ddim yn
  gwneud
er ei gwaethaf: *in spite of herself*
rhwystr: *obstacle*
pennaf: mwyaf
o bryd i'w gilydd: weithiau
gohebu: *to correspond*

hi wedi gweld rhai o'r llythyrau a gafodd Harri oddi wrtho, ac yr oedd hi'n gallu synhwyro nad oedd yn hapus.

Cofiodd Greta'r dydd y daeth Karl i Leifior. Yn llanc penfelyn, blinedig, o'r gwersyll carcharorion rhyfel. Cofiodd Karl yn bwyta'i bryd cyntaf yn Lleifior, ac yn plygu'i ben i ofyn bendith, a'r teulu'n synnu. Yn synnu bod y fath beth ag Almaenwr defosiynol, yn talu parch i Dduw.

Nid oedd Karl erioed wedi gweithio ar ffarm. Cyn pen tri mis yr oedd cystal dyn â neb ar ffermydd Dyffryn Aerwen, a chyn pen blwyddyn gallasai ffarmio ffarm ei hun.

Cofiodd Greta'r dydd y gwybu hi gyntaf ei bod hi mewn cariad â Karl—y diwrnod hwnnw y daeth hi adref o'r dref yn ddeunaw oed, a'i weld yn yr haul wrth dalcen y beudy yn tynnu draenen o bawen Pero. Wedi tynnu'r ddraenen, ac wedi i Pero lyfu'i wyneb a hercian i ffwrdd, cododd Karl ac edrych arni. Pan welodd hi'r edrychiad hwnnw, aeth rhywbeth drwyddi.

Ni laciodd cariad Greta wedi'r diwrnod hwnnw. O hynny allan bod rywle yng ngolwg Karl oedd ei bywyd. Ac er na chynigiodd ef gusan iddi na'i gwahodd am dro na hyd yn oed gyffwrdd â'i llaw, gwyddai hi ei fod ef yn ei charu. Pan fyddent yn yr un ystafell byddai cariad yno fel trydan.

Ond yr oedd Karl yn ffŵl. Daeth Paul i Leifior i saethu. Syrthiodd yntau mewn cariad â Greta, ac am ei fod yn Brydeiniwr ac yn feddyg llwyddiannus ac yn bopeth y gallai rhieni ofyn amdano mewn mab-yng-nghyfraith, hawliodd ef Greta iddo'i hun. Gallodd ef gynnig cysur iddi, a chartref; pan oedd ei mam hi'n beryglus o wael, ef a achubodd ei bywyd. Ac fe adawodd Karl iddo'i chymryd heb gymaint â phrotest.

Fe ddylai anghofio Karl. Ond yr oedd eisiau Karl arni, yn fwy na neb yn y byd.

---

synhwyro: *to sense*	pawen: troed
bendith: *blessing*	llyfu: *to lick*
synnu: *to surprise*	hercian: *to limp*
defosiynol: *devotional*	cyffwrdd: *to touch*
parch: *respect*	Prydeiniwr: *Britisher*
gallasai: roedd yn gallu	hawliodd: *he claimed*, (hawlio)
y gwybu hi: yr oedd hi'n gwybod	cysur: *comfort*
draenen: *thorn*	

25

Heno, clywai anadlu Paul yn llond yr ystafell. Beth a ddywedai Paul pe gwyddai fod ei wraig yn dal i hiraethu bob dydd am y llall hwnnw?

'Iesu Grist, helpa fi i anghofio Karl. Helpa fi i fod yn wraig dda. Gorfoda fi i garu Paul, . . . os . . . os dyna 'nyletswydd i.'

---

pe gwyddai: petai yn gwybod   dyletswydd: *duty*
Gorfoda fi: *Compel me*, (gorfodi)

Y DRYDEDD BENNOD

i

Diffoddod Harri'r golau trydan yn y beudy mawr a chau'r drysau. Yn y beudy yr oedd deugain o wartheg ardyst yn gorwedd ac wrth daflu cipolwg olaf arnynt clywodd Harri broc balchder o'i fewn. Yr oedd ei freuddwyd (o ddechrau fferm gydweithredol) yn ffaith, a'r ffaith yn talu. Aeth drwy'r drws cefn i'r tŷ ac ar hyd y lobi ac i'r gegin. Yno yr oedd Marged, ei briod o'r proletariat, yn smwddio. Safodd hi am ennyd uwchben ei gwaith i edrych ar ei gŵr.

'Harri,' meddai, 'mae arna i ofn fod yn rhaid imi gael help yn y tŷ 'ma. Mae'n mynd yn ormod imi.'

Eisteddodd Harri gyferbyn â hi wrth y bwrdd.

'Mae aelod arall yn y Gymdeithas yn mynd i godi pob math o anawsterau,' ebe Harri. 'Mae'n mynd i olygu llai o arian i bawb arall. Mae'n mynd i olygu llai o arian i ti a fi. Wyt ti'n gweld, mae'n nifer ni hyd yma . . . '

Tawodd Harri ar ganol siarad wrth weld Marged yn rhoi'r haearn smwddio i lawr ac yn suddo ar gadair.

'Marged . . . wyt ti ddim yn crio, wyt ti?'

Ond crio yr oedd Marged.

'Marged fach, mae'n ddrwg genny.'

Aeth yr wylo'n fwy ac nid yn llai.

'Marged, yr ydw i'n gythrel difeddwl. Dydw i ddim yn cofio bod gwraig yn dy gyflwr di yn gofyn mwy o ofal a . . . a mwy o dynerwch. Gwrando, Marged, mi wna i rywbeth rwyt ti'n ofyn.'

---

ardyst: *certified*
proc balchder: *a burst of pride*
cydweithredol: *co-operative*
am ennyd: *am ychydig bach o amser*
anawsterau: *difficulties*

golygu: *to mean*
Tawodd H.: *H. became silent,* (tewi)
cythrel difeddwl: *thoughtless devil*
cyflwr: *condition*
tynerwch: *tenderness*

27

Heb edrych arno, estynnodd Marged ei braich am ei wddw a gollyngodd Harri'i ben ar ei harffed. Y funud honno agorodd y drws ac ymddangosodd pen Gwdig, drwyddo.

'Jiw, jiw, mae'n ddrwg 'da fi.'

A chaeodd y drws drachefn.

Cododd Harri a Marged eu pennau ac edrych ar y drws a oedd newydd gau, ac yna ar ei gilydd. Gwenodd Marged drwy'i dagrau.

'Harri . . . mae'n ddrwg genny 'mod i . . . wedi cwyno.'

'Marged,' ebe Harri, 'mae'n dda gen i.'

Cododd, a rhoi cusan iddi ar ei boch.

'Mi a i i weld be sy ar y Sowthman 'na'i eisie,' meddai, ac allan ag ef.

Daeth o hyd i Gwdig yn rhoi glo ar dân y parlwr bach.

Trodd Gwdig ei ddau lygad byw arno dros ei ysgwydd.

'Beth wnest ti i'r fenyw fach, Harri?'

'Efalle mai 'musnes i yw hynny,' ebe Harri.

'Eitha reit,' ebe Gwdig, gan droi'n ôl at y tân. 'Ond cofia, os byth y clywa i di'n cam-drin y fenyw fach bert 'na sy gyda ti, mi ddo i mewn a rhoi crasfa iti.'

Rhoes Harri gic chwareus iddo yn ei ben ôl, a chwympodd Gwdig ar ei bedwar dan chwerthin.

'Ond cofia hyn,' ebe Gwdig, yn codi ar ei draed ac yn sychu'i lygaid chwerthinog, 'mae gormod o waith yn y lle 'ma i Marged. Fe ddylai gael help.'

ii

Eisteddodd Harri yng nghadair ei dad yn yr offis. Agorodd y drws, a daeth llanc tal i mewn.

'O, dowch i mewn, Iorwerth,' meddai Harri. 'Mae arna i eisie gair â chi.'

---

arffed: *lap*	mi ddo i: *I'll come*, (dod)
Mi a i: *I'll go*, (mynd)	crasfa: *hiding*
Daeth o hyd i: *He found*, (dod o hyd i)	Rhoes H.: Fe roiodd H., (rhoi)
clywa i: *I'll hear*, (clywed)	chwerthinog: *laughing*
cam-drin: *to ill treat*	

28

Eisteddodd Iorwerth gyferbyn ag ef y tu arall i'r ddesg. Bachgen o ben ucha'r sir oedd Iorwerth. Yr oedd B.Sc. wrth ei enw a'r fyddin a Choleg Aberystwyth y tu ôl iddo. Ef oedd goruchwyliwr a chyfrifydd y Gymdeithas, ac ato ef y byddai Harri, cadeirydd y Gymdeithas, yn troi mewn mater o frys. Taniodd (Harri) sigarét ac yna dywedodd,

'Dydi Marged, fel y gwyddoch chi, ddim yn gallu gwneud gwaith tŷ fel y care hi. Mae'r tŷ 'ma'n fawr a ninne'n growd, ac mae arna i ofn fod yn rhaid cael merch arall yn y tŷ.'

'Morwyn felly?'

'Nage. Does 'na gwas na morwyn i fod yn Lleifior o hyn allan. Rhaid i'r ferch yma, os cawn ni hi, ddod yn un o'r Gymdeithas fel ninne i gyd. Fydd hi ddim yn derbyn cyflog, dim ond ei chadw a siâr o'r elw.'

'Fe ddylem,' ebe 'Iorwerth, 'roi'r mater yma o flaen y Gymdeithas. Ond rwy'n credu y byddan nhw i gyd yn eitha bodlon, achos mae'n amlwg fod y gwaith yn drech na Marged.'

'Ydi o'n amlwg?' ebe Harri.

'Yn hollol amlwg.'

Addawodd Harri ei gicio'i hun y cyfle cyntaf a gâi.

'Mi alwa i'r dynion at ei gilydd nos yfory,' ebe Iorwerth, gan godi. 'Mae'n bryd inni gael cyfarfod, p'run bynnag.'

'Gwnewch hynny, Iorwerth.'

'Nos da, Harri.'

'Nos da.'

iii

Yr oedd Edward Vaughan yn byw unwaith eto yn Lleifior. Rhoddwyd ei hen stafell wely'n ôl i Edward Vaughan, a sicrhau y byddai'r parlwr bach yn breifat iddo pan fynnai. Yr oedd wedi

---

goruchwyliwr: *manager*
cyfrifydd: *accountant*
morwyn: *maid*
gwas: *man-servant*
os cawn ni: *if we'll have*, (cael)
cyflog: *wages/salary*

elw: *profit*
yn drech na: yn ormod i
a gâi: y byddai'n ei gael
sicrhau: gwneud yn siŵr
·pan fynnai: pan fyddai'n dymuno, (mynnu)

penderfynu ei wneud ei hun mor gartrefol ag y gallai unwaith eto yn ei hen gartref.

Nid tasg hawdd oedd honno. Ni allai edrych ar ddodrefnyn na theclyn yn Lleifior heb feddwl am Margaret. Hi a brynodd y dodrefn yn y stafell wely, ac yr oedd Edward Vaughan yn cofio'r dydd a'r siop a'r pris.

Gyda Marged yr oedd yn awr, wrth dân mawr y parlwr bach, hi yn gweu ac yntau'n dal ei ddwylo 'mhleth o'i flaen, wedi rhoi'r gorau i ddarllen. Sylwodd ar y gweu heb ddweud dim. Cofiodd Margaret yn gweu pethau tebyg chwarter canrif yn ôl.

'Fyddwch chi ddim yn blino gweu, Marged fach?'

'Na fydda, 'Nhad. Mi allwn i weu milltiroedd o bethe heb flino dim. Dyna'r unig ddawn sy genny, am wn i.'

'Na, 'ngeneth i, mae gennoch chi ddonie eraill. Mae gennoch chi ddawn i wneud hen ŵr unig yn gysurus.'

Cododd Marged ei llygaid am eiliad a'u gostwng drachefn.

'Nid pawb sy'n gofyn cyn lleied â chi,' meddai.

Crafodd Edward Vaughan ei wddw.

'Mae 'na un peth, Marged,' meddai.

Peidiodd y gweu.

'Ie, 'Nhad?'

'Mae'r lle 'ma'n ormod i chi. O'r blaen, roedd Greta yma, a'i mam, a hyd ryw ddwy flynedd yn ôl fe fydde 'ma forwyn bob amser. Sut yr ydych chi wedi llwyddo i ofalu am y tŷ 'ma'ch hunan, wn i ddim. Fe ddylech chi gael help.'

Gwenodd Marged, ac ymroi i weu.

'Rydw i'n mynd i gael,' meddai. 'Mae arna i ofn imi fod braidd yn hunanol echnos, a chwyno tipyn wrth Harri.'

Rhoes Marged ei gwau yn ei basged, a chododd.

'Dowch rŵan, mae'n bryd i chi gael eich diod nos, a throi am y gwely.'

Cododd Edward Vaughan a'i wyneb yn meddalu. Ei fam, Margaret, Greta, Marged ... yr oedd Duw wedi gosod merched da o'i gwmpas.

---

teclyn: *instrument/equipment*
'mhleth: *folded*
dawn: *talent*
yn gysurus: *comfortable*
gostwng: *to lower*

drachefn: eto
ymroi: dal ati
hunanol: *selfish*
meddalu: *to soften*

Y BEDWAREDD BENNOD

i

Hyrddiwyd Harri i mewn drwy ddrws y cefn gan y gwynt, a chaeodd y drws a phwyso arno am funud i gael ei anadl. Taflodd ei esgidiau a thynnu'i ddillad gwlybion a rhedeg yn nhraed ei sanau i'r neuadd. Cododd y teleffon a deialu.

'Hylô? Hylô?'

Dim ateb. Arhosodd sbel, a rhoi cynnig arni wedyn.

'Hylô! Harri Vaughan sy 'ma, oes neb . . .?'

Sylweddolodd nad oedd wedi clywed y dôn ddeialu o gwbwl. Dim ond chwyrnu gorffwyll y gwynt. Daliodd y derbynydd am funud yn ei law ac yna rhoes ef wrth ei glust am un ymgais arall. Deialodd, gwaeddodd.

'Hylô, operetor, rhaid imi gael yr ysbyty, rhaid . . .'

Rhoddodd y teclyn i lawr. Tybed . . .? I ffwrdd ag ef o'r neuadd, gwisgo'i ddillad gwlybion, gwisgo'i esgidiau, ac allan unwaith eto i gynddaredd y gwynt.

Pan ddaeth at y polyn teleffon cyntaf, goleuodd ei fflachlamp arno ac ar hyd y gwifrau. Yr oedd popeth yn iawn yno. Ond wrth dywynnu'i lamp oddi ar y polyn draw, suddodd ei galon ynddo. Yr oedd cangen drom wedi'i chwythu ar draws y gwifrau.

Yn ei ôl yn y tŷ, galwodd am un o'r dynion.

'Rhyw newydd, Harri?' (gofynnodd Gwdig).

'Newydd? Nac oes! Mae'r gwifre i lawr.'

'O, jiw, jiw! Beth wnei di?'

'Rwy'n mynd i'r 'sbyty.'

'Heno!'

Hyrddiwyd H.: *H. was hurled,*
  (hyrddio)
chwyrnu: *snarling*
gorffwyll: *mad*
derbynnydd: *receiver*

ymgais: *attempt*
teclyn: *instrument*
cynddaredd: *rage*
tywynnu: *to shine*

'Wrth gwrs.'

'Paid â bod yn ddwl, Harri, dyw hi ddim ffit...'

'I gi fod allan. Nac ydi, mi wn i. Ond rydw i'n mynd i Henberth, petai'r peth ola wna i.'

'Clyw, Harri, da fachgen, aros hyd y bore, mae popeth yn siŵr o fod yn iawn.'

'Gwdig, wyt ti'n meddwl y gallwn i gysgu winc heno a ...?'

Ni chlywodd Gwdig mo diwedd y frawddeg. Yr oedd Harri wedi diflannu i fyny'r grisiau.

ii

Ni chofiodd Harri iddo erioed geisio gyrru car drwy'r fath dywydd. Rhwng y storm, a'r ysbyty ar ei feddwl yr oedd yn sachaid o nerfau ymhell cyn cyrraedd Henberth. Ni fu erioed yn falchach o ddim nag o weld goleuon oraens y dref drwy'r coed.

Llywiodd y car dros y gro at ddrws yr ysbyty bach. Â'i galon yn ei sgidiau, canodd y gloch.

Ymhen rhai munudau goleuodd y cyntedd. Daeth Sister Owen i'r drws.

'Mr.Vaughan!' meddai. 'Roedden ni'n eich disgwyl chi ers meitin.'

'Yn 'y nisgwyl i ...?'

'Peidiwch ag edrych mor ddigalon, da chi. Mae gennoch chi fab.'

'Mae genny ... fab?'

'Ers tair awr.'

'Ond ...'

'Fe fuon ni'n trio mynd drwodd atoch chi ar y ffôn, ond roedd rhywbeth o'i le.'

'Mae'r gwifre wedi torri.'

'A, dyna esbonio ...'

'Dwedwch i mi, sut mae ... hi?'

---

y gallwn i: *that I could*, (gallu)
sachaid o nerfau: *a sack of nerves*
yn falchach: *more pleased*

Llywiodd: *He steered*, (llywio)
gro: *gravel*

'Mae'r ddau'n iawn. Dowch i mewn, mi gewch weld Mrs.Vaughan rŵan.'

Dilynodd Harri hi ar hyd y pwt coridor, gan geisio gwneud cyn lleied o sŵn ag a allai. Aeth i mewn i'r stafell fach wen, a chlywodd y drws yn cau y tu ôl iddo. Yn y gwely, yr oedd Marged.

'Wel, Tada?' meddai Marged.

Claddodd Harri'i wefusau yn ei gwallt.

'Marged fach annwyl, mae'n debyg y dylwn i gynnig pleidlais o ddiolchgarwch iti rŵan.'

'Ac ystyried popeth yr es i drwyddo heddiw,' meddai Marged, 'dylet. Wyth pwys a saith owns, a thempar ei dad.'

'Gad dy bryfocio,' meddai Harri. 'Sut yr wyt ti?'

'Erioed yn well. Ac wedi blino'n fendigedig. Sut ydech chi'n gwneud acw?'

'Yn iawn,' ebe Harri. 'Ond fe fydd pawb yn falch o dy weld ti'n ôl.'

'Paid â seboni. Mae eisie enw ar y bachgen 'ma.'

'Oes genn'ti enw?'

'Rydw i'n meddwl bod. Huw Maldwyn.'

'Go agos,' ebe Harri. 'Huw Powys.'

'Wel, ti ydi'i dad o. Huw Powys 'te.'

Gwenodd Harri arni. Nid oedd modd iddo fod yn fwy mewn cariad â hi nag ydoedd y funud hon.

'Wel,' meddai, gan godi. 'Rhaid imi fynd rŵan. Mi ddo i dy weld fory.'

Cusanodd Harri hi ar ei gwefusau ac aeth allan. Rywle ym mhen draw'r coridor clywodd sŵn traed a gwelodd Sister Owen yn dod tuag ato a choflaid gwyn yn ei breichiau.

'Mae'ch etifedd chi newydd ddeffro, Mr.Vaughan,' meddai. 'On'd ydi o'n dlws?'

Syllodd Harri'n ddryslyd. Ni welai ddim ond ceg fawr.

'Tlws . . .?' ebe Harri. 'Wel, a bod yn hollol onest . . .'

---

mi gewch weld: *you may see*, (cael gweld)
cyn lleied: *as little*
ag a allai: *as he could*, (gallu)
pleidlais: *vote*
Gad dy bryfocio: *Don't provoke*

seboni: h.y. *to soft soap*
modd: ffordd
pen draw: *far end*
coflaid: *bundle*
etifedd: *heir*
yn ddryslyd: *confused*

'Cerwch odd'na chi,' meddai Sister Owen dan chwerthin. 'Rydech chi'r dynion yr un fath i gyd. Llongyfarchiadau, Mr. Vaughan. Nos da.'

'Y . . . nos da, Sister Owen. Diolch . . .'

iii

Trannoeth daeth Vera i Leifior.

Yr oedd Iorwerth wedi hysbysebu yn y papurau am help i Marged yn y tŷ. Un llythyr yn unig a ddaethai'n ateb i'r hysbysebion, ac yr oedd Iorwerth wedi gwahodd y ferch i dderbyn y lle.

Pan agorodd ddrws yr offis, y peth cyntaf a welodd oedd dwy goes luniaidd mewn sanau pur anaddas at bwrpas ffarm. Yna gwelodd ferch mewn siwt a chot arian, a bag gwerth arian ar ei glin. Yr oedd ganddi aeliau pensil a lliw pensil ar ei hamrannau, ac yr oedd ei gwefusau del yn rhy binc. Yr oedd ei gwallt brownddu'n llaes at ei sgwyddau.

'Pnawn da,' meddai. 'Miss Vera Davies?'

'Vera,' ebe'r ferch, mewn llais hufennog, gan estyn ei llaw iddo.

Siglodd Iorwerth ei llaw'n gwta, ac aeth i eistedd y tu arall i'r ddesg.

'Iorwerth Griffiths ydi f'enw i. Fi ydi goruchwyliwr Cymdeithas Gydweithredol Lleifior.'

'Roeddwn i'n casglu hynny,' ebe'r ferch.

'Wel rŵan, Miss Davies, oes gennoch chi rywfaint o brofiad o fywyd ffarm?'

'Merch ffarm ydw i.'

Taflodd Iorwerth gil ei lygad eto ar y Glamor.

'Felly,' meddai. 'Ble buoch chi'n gweithio tan rŵan?'

Cerwch . . .: *Get away*	aeliau: *eyebrows*
Trannoeth: bore wedyn	amrannau: *eyelashes*
a ddaethai: oedd wedi dod	llaes: *loose*
lluniaidd: *shapely*	casglu: *to conclude*
glin: *lap*	cil ei lygad: edrych o ochr ei lygad

'Gartre, ar y ffarm, efo 'Nhad a 'Mam. Mi ges i ddau derm yn Llysfasi hefyd. Godro, gwneud menyn, a phethe felly—os ydi o'n bwysig.'

'Yn bwysig iawn, Miss Davies.'

'Sigarét?'

'Sut?'

Gwelodd Iorwerth y llaw fodrwyog yn estyn y paced sigarennau iddo. Siglodd ei ben.

'Dim diolch. Dydw i ddim yn mygu.'

'Oes gennoch chi wrthwynebiad i mi . . . fygu?'

'Dim yn arbennig,' meddai, 'os ydi o'n help i'ch gwneud chi'n fwy cartrefol.'

'Mae o,' ebe'r ferch, gan danio sigarét, 'mae'r awyrgylch yma braidd yn fformal i mi.'

'Miss Davies.' Closiodd Iorwerth ei gadair at y bwrdd a phwyso'i benelinoedd arno i ennill cadernid. 'Roeddech chi'n dweud eich bod chi'n gweithio gartre ar y ffarm gyda'ch tad a'ch mam tan rŵan. Beth barodd ichi chwilio am waith mewn lle arall?'

'Yn gynta,' ebe Vera, 'roedd y lle'n rhy fychan i'n cadw ni'n tri. Mae 'Nhad a Mam yn weddol ifanc o hyd, ac fe allan wneud y gwaith eu hunain am flynyddoedd eto. Yn ail, roedd syniad y ffarm gydweithredol yma'n swnio'n ddiddorol i mi, a roedd arna i awydd . . . wel . . . gweld drosta fy hun.'

'Mae'n dda genny glywed. Faint ydi'ch oed chi, Miss Davies?'

'Wel, wir!'

'Mae'n ddrwg genny orfod gofyn y cwestiwn. Dydi o ddim gwahaniaeth gen i petaech chi'n drigain—ond y buasech chi, wrth gwrs, yn rhy hen i'r lle . . .'

'Mr. Griffiths, dydw i ddim wedi dŵad yma i f'insyltio.'

Ar hynny agorodd y drws a daeth Harri i mewn.

---

godro: *to milk*	cadernid: h.y. *steadyness*
modrwyog: h.y. *llawer o fodrwyon*	Beth barodd chi . . .?: *What caused*
mygu: ysmygu	*you . . . .?* (peri)
gwrthwynebiad: *objection*	fe allan: *they can,* (gallu)
awyrgylch: *atmosphere*	roedd arna i awydd: *I felt like*
penelinoedd: *elbows*	gorfod: *to have to*

35

'Hylô?' meddai, yn synhwyro awyrgylch ryfedd.

'Dyma Miss Vera Davies,' meddai Iorwerth wrtho, 'sy wedi dod yma i weithio.'

'Mae Mr. Iorwerth—beth bynnag ydi'i enw fo—wedi trio f'insyltio fi ymhob ffordd bosib, a rŵan mae gynno fo'r *cheek* i ofyn beth ydi f'oed i.'

Edrychodd Harri o'r naill i'r llall, ac yna torrodd i chwerthin.

'Rydw i'n meddwl 'mod i'n deall pethe rŵan,' meddai. 'Dydi Iorwerth ddim yn un o'r dynion mwya'u tact . . .'

'Ond . . .' ebe Iorwerth.

'Ond,' ebe Harri, yn codi llaw i'w atal, 'mae o gyda'r manijar gorau gafodd ffarm erioed, a dyna sy'n bwysig yma. Sut ydech chi, Vera? Mae'n dda iawn genny'ch cyfarfod chi.' Estynnodd Harri'i law iddi. 'Harri ydi f'enw i. A rŵan, eisteddwch, Vera. Pwrpas Iorwerth wrth ofyn beth ydi'ch oed chi oedd cael popeth yn drefnus ar y llyfre. Gan ein bod ni i gyd yn bartneriaid yma, mae'n naturiol ein bod ni'n gwybod cymaint ag sydd modd am ein gilydd. Pump ar hugain ydw i, a phedair ar hugain ydi Iorwerth.'

'Wel, gan eich bod chi'n ei roi o yn y gole yna,' ebe Vera, yn eistedd eto, 'pedair ar hugain ydw inne.'

'Da iawn,' ebe Harri. 'Ydech chi wedi trafod rhywbeth arall?'

'Merch ffarm ydi Miss Davies,' ebe Iorwerth, 'wedi cael dau dymor yn Llysfasi, ac wedi bod yn gweithio hyd yma ar y tyddyn gartre. Mae hi wedi dod yma gan feddwl y gall ffarm gydweithredol fod yn . . . syniad diddorol.'

Tynnodd Vera wyneb.

'Campus, campus,' ebe Harri. 'Ydech chi'n deall ein system ni, Vera?'

'Mi liciwn i ichi'i hegluro imi.'

'Wel, mae yma bump ohonon ni, hyd yma, yn ffarmio Lleifior ar y cyd. Ryden ni'n rhentu'r ffarm a'r stoc a phopeth arall sydd arni gan 'y Nhad. Does neb yma'n derbyn cyflog, ond mae'r ffarm wedi'i rhannu'n gant o gyfrannau. Mae gan Terence a minnau, sy'n briod, wyth siâr ar hugain bob un; mae

---

synhwyro: *to sense*
atal: *to stop*
modd: h.y. yn bosibl

egluro: *to explain*
cyfrannau: *shares*
siâr: *share*

gan Iorwerth a Gwdig, sy'n ddibriod, bedair siâr ar bymtheg bob un; chwe siâr yn unig sy gan Ifan Roberts, gan ei fod o eisoes ar ei bensiwn a bod cyfyngu, felly, ar y swm y caiff o'i ennill. Mae elw'r ffarm, ar ddiwedd pob mis yn cael ei rannu rhyngon ni yn ôl nifer y siarau sy gennon ni. Wrth gwrs, o'r foment yr ydech chi, Vera, yn ymuno â ni, fe fydd gennon ni i gyd lai o siarau ac fe all hynny olygu llai o elw i bob un. Fe all ydw i'n ddweud. Ond fe fyddwch chi ar yr un tir â Iorwerth a Gwdig, ac fe fydd eich cyfran chi'n dod, yn ôl y cyfri newydd, yn un siâr ar bymtheg. Fyddech chi'n fodlon?'

'Yn fodlon iawn. Ond beth am y gwaith?'

'Wel,' ebe Harri, 'gwaith tŷ yn unig fydd i chi. Yn y tŷ y mae arnon ni angen help ar hyn o bryd.'

'Popeth yn iawn,' ebe Vera.

'Wel, Vera ewch drwodd i'r gegin am gwpaned. Rwy'n credu bod gan Sheila un yn barod. Ac fe wna Sheila ddangos eich stafell ichi. Gobeithio y byddwch chi'n hapus efo ni.'

'Gobeithio,' ebe Vera, gan godi.

Gwenodd ar Harri, gwgodd ar Iorwerth, ac aeth â'i phum troedfedd a hanner o ddengarwch gyda hi.

'Wel, Iorwerth?'

'Gobeithio,' ebe Iorwerth gan godi, 'y gall Marilyn Monroe wneud pryd o fwyd, neu mi lwgaf.'

Chwarddodd Harri.

'Fe all Gwdig fforddio colli tipyn o bwyse,' meddai.

iv

Ymhen yr wythnos, daeth Marged adref o'r ysbyty. Yr oedd Gwdig yn cyfarfod â hwy yn y portico.

'Welais i 'rioed mohonot ti, Harri, yn dreifo mor ofalus. Dewch nawr, inni gael golwg ar Huw Powys.'

---

eisoes: yn barod
cyfyngu: *restriction*
y caiff o: *that he's allowed*, (cael)
elw: *profit*
fe all hynny: *that can*, (gallu)
golygu: *mean*

yn fodlon: h.y. yn hapus
gwgodd: *she frowned*, (gwgu)
dengarwch: *attractiveness*
mi lwgaf: *I'll starve*, (llwgu)
cael golwg: *to have a look*

37

Yr oedd y baban yn gweiddi'n enbyd wrth i Harri'i godi ond fe dawelodd yn rhyfedd pan gymerodd Gwdig ef yn ei freichiau.

'Mae o'n eich lico chi, Gwdig,' ebe Marged.

'Wrth gwrs 'ny. Mae e'n dechre whare lan i Nwncwl Gwdig yn barod. Mae e'n gweld 'da pwy ma fe'n mynd i gael loshin ac arian poced. On'd wyt ti, gw'boi?'

Chwarddodd Marged. 'Dere 'da fi nawr i weld Tad-cu,' ebe Gwdig. 'O na, *Taid* fydd e i ti, debyg iawn. Taid! Ta-aid!'

Yr oedd Edward Vaughan wrth ei fodd gyda Huw Powys.

'Gwrando, bachan,' ebe Gwdig wrth y plentyn, 'os byddi di'n fachan da, a siarad yn gall wrth dy dad-cu, fe fyddi di'n gyfoethog iawn *iawn* ryw ddydd.'

'Os na fydd o'n un o'r Cydweithredwyr ynfyd 'ma,' ebe Edward Vaughan.

Edrychodd Gwdig i weld a oedd winc yn llygad Edward Vaughan ai peidio. Gwelodd fod, ac yna dywedodd,

'Esgusodwch ni, Taid, rwy wedi addo mynd â Huw Powys 'nôl i'w fam nawr. Fe alla i roi adroddiad iddi hi fod ei daid yn bles.'

Chwarddodd Edward Vaughan wrtho'i hun. Yr oedd yn hoff o Gwdig.

Yr oedd tân ysblennydd yng ngrât y parlwr mawr, ac o'i flaen yr oedd Marged yn gwneud y pram newydd yn barod. Hwyliodd Gwdig i'r ystafell a gosod y baban yn daclus yn y pram.

Clywsant sŵn troed wrth y drws, a throdd y tri. Edrychodd y ferch yn y drws arnynt braidd yn swil.

'O, dowch i mewn,' ebe Harri. 'Marged, dyma Vera, sy wedi dod i ysgafnu dy waith di yn y tŷ. Vera, dyma Marged, 'y ngwraig.'

Llygadodd Marged y ferch fain, hirwallt, ddeniadol. Llygadodd Vera y wraig fach ifanc. Yna, yn ansicir, ysgwyd llaw. Marged, o'r ddwy, oedd y diplomat.

---

yn enbyd: yn ofnadwy	adroddiad: *report*
whare (D.C.): chwarae	yn bles: *pleased*
yn gall: *sensibly*	swil: *shy*
ynfyd: *mad*	ysgafnu: *to lighten*
a . . . ai peidio: *whether . . . or not*	deniadol: *attractive*
addo: *to promise*	

'Mae cystal genny'ch gweld chi, Vera, â neb. Nid yn gymaint am y byddwch chi'n help yn y tŷ, ond am y byddwch chi'n gwmni imi. Roedd llond tŷ o ddynion bron wedi mynd yn drech na fi.'

Sylwodd Vera fod llygaid Marged yn gwenu, a gwenodd hithau. Yr oedd y ddwy o'r un oed, ond yr oedd yn amlwg fod Marged yn aeddfetach.

'A nawr, Vera,' ebe Gwdig, 'rwy'n cyflwyno Huw Powys ichi. Gwedwch rywbeth wrth y dyn bach.'

Yna, camodd yn ôl i wylio Vera'n feirniadol.

'Helô,' meddai Vera'n ddychrynedig wrth y plentyn. Yr oedd yn eglur nad oedd ganddi ryw lawer iawn i'w ddweud wrth blant.

'Peidiwch â chymryd sylw o Gwdig, Vera,' (meddai Marged). 'Eich pryfocio chi mae o, ac mae o wrth ei fodd yn gwneud i bobol gochi a chwysu . . .'

'Gan bwyll, wraig dda,' ebe Gwdig. 'Dyw hi ddim yn gêm ichi danseilio 'nghymeriad i o flaen y ferch ifanc 'ma. Falle y bydda i'n gofyn am ei llaw hi mewn priodas cyn bo hir.'

Rhythodd Marged arno, a gwridodd hyd yn oed Vera at fôn ei gwallt. Cerddodd Gwdig o'r ystafell, a'i ysgwyddau'n ysgwyd gan chwerthin.

Nid yn gymaint: h.y. *not only*
yn drech: h.y. *yn ormod*
aeddfetach: *more mature*
Gwedwch (D.C.): h.y. *dywedwch*
yn feirniadol: *critically*
yn ddychrynedig: *terrified*
yn eglur: *clearly*
cymryd sylw: *to take notice*

pryfocio: *to provoke*
cochi: *to blush*
Gan bwyll: *Steady on*
tanseilio: *to undermine*
Rhythodd M.: *M. stared*, (rhythu)
gwridodd: *she blushed*, (gwrido)
at fôn . . .: h.y. *to the roots . . .*

Y BUMED BENNOD

i

Yr oedd Greta'n sefyll o flaen Lewis's, a dinas Lerpwl yn rhuo heibio iddi. 'Yr awr ruthr' oedd hi. Yn y munudau hyn meddyliodd Greta am Leifior: am yr awyr risial, am yr afon lân, am y coed yn llonydd yn yr heddwch mawr. Yr oedd eisiau Lleifior arni.

Ac yr oedd Paul wedi bod mor afresymol. (Roedd hi) wedi dweud wrtho y carai hi fynd adref i Leifior dros y Nadolig, ac yr oedd Paul wedi chwyrnu arni. Yr oedd ef wedi addo i'w rieni y byddent yn mynd i Tooling Hall. Dywedodd hi ei fod yn ddyletswydd arni fynd i Leifior y tro hwn; fe fyddai'i thad mor unig wedi claddu'i mam. Buont yn Tooling Hall y Nadolig cynt; tro Lleifior oedd y tro hwn. Dywedodd Paul ei bod hi'n mynd gydag ef i Tooling. Dywedodd hi ei bod hi'n mynd i Leifior. Ac yr oedd Paul wedi mynd i'r ysbyty â chlep herfeiddiol ar ddrws y ffrynt.

Ac yn awr yr oedd hi yn y fan yma yn disgwyl am Mrs. Evans. Yr oedd Mrs. Evans wedi'i galw ar y teleffon a gofyn iddi'i chyfarfod o flaen siop Lewis am bump, a mynd gyda hi i swper. A dyma'r peth gorau a allai ddigwydd.

'O, Greta, dyma chi fan yma!'

Yr oedd Mrs. Evans wedi cyrraedd. 'Yr annwyl, Greta fach, cwpaned o de wnâi les inni'n dwy. Ydech chi ddim yn cytuno? Wrth gwrs eich bod chi. Rŵan, ar f'ôl i, 'nghariad i, drwy'r dryse 'ma, fe awn ni i'r bwyty ar ben y siop.'

---

rhuo: *to roar*
rhuthr: *rush*
grisial: *crystal*
heddwch: *silence*
afresymol: *unreasonable*
y carai hi: *that she would like*, (caru)
chwyrnu: *to snarl*
addo: *to promise*

dyletswydd: *duty*
clep: *slam*
herfeiddiol: *defiant*
a allai: *that could*, (gallu)
gwnâi les inni: *would do us good*, (gwneud lles)
fe awn ni: *we'll go*, (mynd)

40

Yr oedd yn dda gan Greta gael ufuddhau iddi ymhob dim. Yr oedd ei hewyllys wedi blino wrth frwydro beunydd yn erbyn Paul. Daeth merch weini atynt.

Archebodd (Mrs. Evans) de helaeth, ac yna pwysodd ei phenelinoedd ar y bwrdd.

'A rŵan, Greta fach,' meddai, 'pa mor garedig ydi bywyd wrthoch chi?'

Teimlodd Greta ei bod wedi blino'n enbyd.

'Dim yn garedig iawn, Mrs. Evans, mae arna i ofn.'

'Felly roeddwn i'n amau. Fe gymerwn ni'n hamser efo'n te a chyn y codwn ni oddi wrth y bwrdd, mae arna i isio clywed eich hanes i gyd. Hynny ydi, os ydech chi'n dewis ei ddweud o.'

'Mi fydd yn dda genny gael dweud wrth rywun, Mrs. Evans.'

'Ga i ofyn cwestiwn, ynte, i ddechre?' ebe Mrs. Evans. 'Cwestiwn go bersonol, mae arna i ofn. Ydi'ch gŵr a chithe'n cyd-dynnu? Ydi o'n rhy bersonol?'

'Nac ydi,' meddai Greta, 'ddim oddi wrthoch chi. Dydi Paul a finne ddim yn cytuno'n rhy dda.'

'Trychineb,' ebe Mrs. Evans. 'Trychineb. Rydw i'n cymryd yn ganiataol nad ydi'r ffaith ei fod o'n Sais a chithe'n Gymraes ddim yn help.'

Siaradodd Greta, er syndod iddi'i hun, fel lli'r afon. Adroddodd fel y daeth Winter a Kenning a'u gwragedd i ginio ac fel y ceryddodd Paul hi am ei chawl a'i chaws a'i diffyg sgwrs. Adroddodd hanes parti un-mlwydd-ar-hugain Cynthia Ashbrooke, a'r cweryl gyda Cora Braithwaite.

Adroddodd Greta'i hannedwyddwch yn yr eglwys uchel, estron bob bore Sul, am ei phythefnos yn Tooling Hall, am galongaledwch Paul gyda hi adeg claddu'i mam, am y cwerylon beunyddiol.

---

ufuddhau: *to obey*
ymhob dim: ym mhopeth
ewyllys: *will*
brwydro: *to battle*
beunydd: bob dydd
merch weini: *waitress*
helaeth: mawr
amau: *to suspect*
cyd-dynnu: *to work in harmony*

trychineb: *disaster*
cymryd yn ganiataol: *to take for granted*
er syndod . . .: *to her own surprise*
fel y ceryddodd P.: *how P. rebuked,*
  (ceryddu)
diffyg sgwrs: *lack of conversation*
annedwyddwch: anhapusrwydd
beunyddiol: bob dydd

'Y broblem i mi, Greta, ydi; sut y daru chi erioed lwyddo i syrthio mewn cariad â'r fath ddyn?'

'Wnes i ddim,' ebe Greta.

'Priodi *heb* gariad wnaethoch chi?'

'I dorri'r stori'n fyr,' ebe Greta, 'fe ddaeth Paul acw i saethu efo Dr. Maldwyn Edwards . . . Fe gymerodd Paul ryw . . . ffansi ata i—fel y gwnaiff dynion—ac fe gymerodd 'Nhad a 'Mam ffansi at Paul.'

'O! Rwy'n gweld.'

'Wel, wedi i Paul fod yn Lleifior droeon, fe aeth Mam yn wael. Roedd hi wedi bod yn cwyno ers blynyddoedd, ond fe gafodd bwl gwaeth. Roedd y meddyg gartre yn erbyn opereshon, yn erbyn ei symud hi i 'sbyty o gwbwl. Ond rywsut, roedd 'Nhad a finne'n teimlo y dylen ni gael opiniwn arall.'

'Pobol synhwyrol,' ebe Mrs. Evans.

'Fel y gwyddoch chi, gynaicoleg ydi maes Paul, a dyma alw amdano i Leifior. Thalai dim ganddo ond rhuthro Mam i Lerpwl yma ar unwaith a gweithredu arni. Un siawns mewn miliwn, medde fo, oedd i'r opereshon lwyddo. Ond fe lwyddodd. Fe fu Mam yma am fis, ac roedd Paul yn treulio oriau gyda hi yn y ward. Fe syrthiodd Mam mewn cariad â fo drosto i, fel petai, a phan ddaeth hi adre, Paul oedd popeth. Fo oedd wedi achub ei bywyd hi, a fo oedd y dyn i mi.'

Nodiodd Mrs. Evans ei phen yn araf.

'Dwedwch i mi, doeddech chi ddim yn digwydd bod mewn cariad â . . . rhywun arall ar y pryd?'

Neidiodd y dagrau i lygaid Greta ond ni allod ateb.

'Rwy'n gweld,' ebe Mrs. Evans. 'Mae'n ddrwg genny 'mod i wedi gofyn.'

'O, dydi ddim yn ddrwg gen i,' sniffiodd Greta. 'Mae genny eisie ichi wybod amdano fo, hefyd. O, dario Karl!'

A stwffiodd ei hances poced ar ei llygaid.

'Ond . . . dydi Karl ddim yn enw Cymreig.'

---

sut y daru chi . . . lwyddo: *how did you ever succeed*

fel y gwnaiff dynion: *as men do*, (gwneud)

droeon: nifer o weithiau

pwl gwaeth: *a worse bout*

synhwyrol: *sensible*

maes: *field*

Thalai dim ganddo: h.y. *Nothing would do*

gweithredu: *to operate*

dario: h.y. *damn!*

'Almaenwr oedd o.'

'Ho. Mae gennoch chi ddawn i ddenu estroniaid.'

'Ond roedd Karl wedi dysgu Cymraeg, ac roedd o'n dod gyda ni i'r capel, ac ... wel, waeth ichi ddeud mai Cymro oedd Karl.'

Sylweddolodd Greta'i bod yn amddiffyn Karl.

'Fuasech chi, Greta, yn fodlon dysgu Almaeneg fel y dysgodd Karl Gymraeg?'

'Buaswn,' meddai Greta'n ddistaw. 'Mi fuaswn wedi gwneud unrhywbeth i Karl.'

'H'mm. Chi ddaru wneud tro gwael â Karl, ynte fo â chi?'

'Ddigwyddodd dim byd felly. Pan ddeallodd o fod 'Nhad a 'Mam am imi briodi Paul, fe aeth Karl i ffwrdd yn hytrach na sefyll rhwng Paul a finne.'

'Bobol annwyl,' ebe Mrs. Evans. 'Cawr o ddyn. Cawr, yn siŵr. Os oedd o'n eich caru chi.'

'Oedd. Rydw i'n gwybod ei fod o.'

Edrychodd Greta ar Mrs. Evans. Yr oedd Mrs. Evans yn ei hastudio yn fanwl, ofalus.

'Rydw i am siarad yn blaen â chi, Greta. Ond rhaid ichi ddeall, cyn imi ddweud dim, fod 'y nghalon i'n gwaedu drostoch chi. Rydech chi yn deall hynny, on'd ydech chi, 'nghariad i?'

'Ydw, Mrs. Evans.'

'Camgymeriad oedd ichi briodi heb gariad. Hyd yn oed i blesio'ch tad a'ch mam. Chi oedd yn gorfod byw efo Paul, nid y nhw.

'Yrŵan, Greta, rydech chi wedi priodi Paul, ac mae Paul yn Sais. Ac nid gwahaniaeth arwyncbol a dibwys ydi'r gwahaniaeth rhwng Sais o deip Paul a Chymraes o'ch bath chi. Mae'ch agwedd chi'ch dau yn wahanol at bron bob dim dan

---

dawn: *talent*

estroniaid: *foreigners*

waeth ichi ddeud: *you might as well say*

amddiffyn: *to defend*

Chi ddaru wneud tro gwael â K . . .?:
    Was it you who did K. a bad turn?

yn hytrach na: *rather than*

cawr: *giant*

astudio: *to study*

gwaedu: *to bleed*

plesio: *to please*

gorfod: *to have to*

arwynebol: *superficial*

bath: *type*

agwedd: *attitude*

pob dim: *popeth*

haul. Eich profedigaeth chi, Greta, ydi'ch bod wedi methu troi'n Saesnes. Pe baech chi'n caru Paul yn angerddol, fe fyddai gobaith ichi syrthio mewn cariad â'i fywyd o hefyd, a phopeth y mae Paul yn sefyll drosto. Ar y llaw arall, petai Paul yn debyg i Karl, ac yn barod i ddysgu'ch iaith chi a byw eich bywyd chi ac i edrych ar bopeth fel yr ydech chi'n edrych ar bopeth, fe setlid y broblem. Ond nid Karl ydi Paul. Ydech chi'n 'y nilyn i, Greta?'

'Ydw, Mrs. Evans.'

'O'r gore. Ryden ni'n deall ein gilydd. Rŵan dydw i ddim yn credu mewn priodasau cymysg. Ond yr ydw i *yn* credu yng nghysegredigrwydd priodas. ... Ein problem ni rŵan ydi darganfod ffordd y gall Paul a chithe gyd-fyw a gwneud bywyd yn haws ei oddef ichi. Ydech chi, Greta, yn barod i anghofio'ch Cymraeg a'ch Cymreictod a thoddi'ch hun i fywyd Paul?'

Brathodd Greta'i gwefus a byseddu'r lliain bwrdd o'i blaen.

'Na allaf,' (meddai) a'i gwefusau'n crynu. 'Alla i ddim anghofio 'Nghymraeg a magu enaid Anglo-Gatholig ac ymroi i yfed sieri a dawnsio a baldorddi sgwrs y set smart yn y dre 'ma. Nid fel 'na y gwnaed fi. Alla i mo'i wneud o.'

'Er i chi fod yn hapusach?'

'Fyddwn i? Pe bawn i'n peidio â bod yn Gymraes mi fyddwn i'n peidio â bod yn Greta Vaughan.'

'Greta *Rushmere*.'

'Nage!' Trawodd Greta'i dwrn bychan yn galed yn y bwrdd. 'Pam y dylwn i ildio mwy i Paul nag y dylai Paul ildio i mi?'

Ochneidiodd Mrs. Evans.

'Roeddwn i'n ofni, Greta, mai fel'na y bydde hi.'

Chwaraeodd Mrs. Evans ei bysedd ar y bwrdd.

'Mae arna i ofn, Greta, na alla i ddim mynd â chi efo mi i swper wedi'r cwbwl.'

---

profedigaeth: h.y. *trouble*	Brathodd G.: G. *bit*, (brathu)
Pe baech chi: *If you were*	enaid: *soul*
angerddol: *passionately*	ymroi: *to apply oneself*
fe setlid . . .: *the problem could be settled*	baldorddi: *to babble*
cysegredigrwydd: *sanctity*	y gwnaed fi: *that I was made*
haws: *easier*	ildio: *to yield*
ei oddef ichi: *for you to tolerate*	Ochneidiodd Mrs . . .: *Mrs . . . sighed,*
toddi: h.y. *to immerse (yourself)*	(ochneidio)

'Ddim . . . ? O, rwy'n deall.'

'Nag ydech, ddim yn deall. Wyddoch chi pam y gwahoddais i chi heno?'

'Na wn i.'

'Am fod grŵp bach yn cyfarfod yn y tŷ acw. Grŵp o aelodau Plaid Cymru yden ni. Ac mi'ch gwahoddais chi heno i'w cyfarfod nhw. Ond mi wela rŵan mai camgymeriad fydde hynny. Eich cadw chi cyn belled oddi wrth y Blaid ag y medra i ydi 'nyletswydd i rŵan.'

'O, nage,' ebe Greta'n gynnes. 'Fyddwn i ddim gwaeth. Rydw i'n cael cyn lleied o gwmni pobol ddiddorol. Ac fe fydde . . . bydde, fe fydde'n help imi benderfynu 'nhynged y naill ffordd neu'r llall . . . Rydw i'n siŵr.'

Gollyngodd Mrs. Evans ochenaid luddedig.

'Rydw i wedi delio â'r sefyllfa 'ma'n annoeth ryfeddol.'

'Peidiwch â dweud hynna, Mrs. Evans. Rydech chi wedi bod yn . . . yn fam i mi. Rydw i'n ddiolchgar ichi.'

'Dowch 'te,' meddai Mrs. Evans. 'Fe awn ni. A Duw faddeuo imi os ydw i wedi achosi trwbwl.'

ii

Yr oedd tŷ Mrs. Evans yn deilwng ohoni. Tŷ braf, chwaethus, a gardd raenus o'i gwmpas. Yr oedd stafelloedd y tŷ yn awgrymu personoliaeth wreiddiol. Dywedai'r addurnau a'r *motifs* mai Cymraes o argyhoeddiad oedd yn byw yno.

Yr oedd gŵr Mrs. Evans yn oruchwyliwr *Carr and Craymond*, ond ni allod unrhyw berswâd ei ddenu i sêt fawr y capel

---

Wyddoch chi?: Ydych chi'n gwybod?

gwahoddais: *I invited*, (gwahodd)

cyn belled: *as far*

ag y medra i: *as I can*

cyn lleied: *so little*

tynged: *fate*

y naill ffordd neu'r llall . . .: *one way or another*

Gollyngodd Mrs . . .: *Mrs . . . let go*, (gollwng)

lluddedig: blinedig

annoeth ryfeddol: h.y. *terribly unwise*

A Duw faddeuo . . .: *And God forgive me*, (maddau)

yn deilwng: *worthy*

chwaethus: *tasteful*

graenus: h.y. *well-kept*

argyhoeddiad: *conviction*

Cymraeg. Yr oedd ef wedi hoffi Greta o'r cychwyn, a Greta wedi'i hoffi yntau.

'Ydech chi ddim yn perthyn i'r grŵp Plaid Cymru 'ma sy gan Mrs. Evans?' meddai Greta wrtho pan oeddynt yn y lolfa'n disgwyl i aelodau'r grŵp gyrraedd.

Siglodd Mr. Evans ei ben.

'Hobi'r wraig ydi'r Blaid,' meddai, 'a hobi ddigon drud i mi. A pheidiwch chi, Greta, â dechrau chware efo hi. Mi ffeindiwch fod Torïaeth yn talu'n well ichi o lawer yn y fan lle'r ydech chi.' Ciliodd y winc o'i lygad ac ychwanegodd, 'Ond rydw i'n cytuno â'r Blaid yr holl ffordd.'

Canodd cloch y drws ffrynt, ac meddai Mr. Evans,

'Rydw i'n diflannu rŵan, Greta. A chofiwch beth ddwedais i wrthoch chi: Torïaeth ydi'r llwybyr i chi.'

Tybed? meddai Greta wrthi'i hun.

O un i un, cyrhaeddodd aelodau'r grŵp.

Ni welodd Greta erioed griw mor gymysg gyda'i gilydd. Dau labrwr ar y dociau, gyrrwr bws, gŵr a gwraig yn athrawon ysgol, perchennog siop baco, dwy nyrs, a chlarc yn swyddfeydd y Gorfforaeth. Sylwodd eu bod yn gwbwl rydd gyda'i gilydd. Nid oedd yma ddim snobeiddiwch yn y gweithwyr 'parchus', dim chwerwder yn y gweithwyr 'caib-a-rhaw'. Yr oeddynt yn debycach i deulu nag i blaid wleidyddol.

'Wel,' meddai Mrs. Evans, 'mae'n dda genny weld cynifer wedi dod. Mae'n dda ganddon ni, rwy'n siŵr, weld dwy newydd yn ein mysg ni heno. Mrs. Rushmere, gwraig llawfeddyg ifanc, disglair yn un o ysbytai'r ddinas 'ma—ac ryden ni'n falch hefyd fod Nyrs Pritchard wedi dod ag un o'i chyd-weinyddesau efo hi. Croeso cynnes iawn ichi, Nyrs Lewis . . . Mi fydda i'n mynd ynghylch y coffi mewn munud, ond cyn mynd, mi garwn i'ch atgoffa chi am y testun heno. ''Yr angen

---

o lawer: *by far*
Ciliodd y winc: *The wink disappeared,*
  (cilio)
y Gorfforaeth: *the Corporation*
yn gwbwl rydd: *totally free/relaxed*
chwerwder: *bitterness*
caib-a-rhaw: *pick and shovel*
yn debycach: *more like*

plaid wleidyddol: *political party*
cynifer: *so many*
yn ein mysg: *in our midst*
llawfeddyg: *surgeon*
cyd-weinyddesau: y nyrsys eraill
atgoffa: *to remind*
angen: *need*

am ddiwydiannau newydd yng Nghymru". Dyna'r testun, a Mr. Wili Roberts sy'n mynd i agor y drafodaeth. Mr. Roberts—chi biau'r llawr.'

Cododd Mrs. Evans, a gadael yr ystafell yn ddistaw. Gwelodd Greta mai un o'r ddau labrwr oedd Wili Roberts. Tynnodd o'i boced frest becyn o bapurau. Gyda phesychiad neu ddau go nerfus, dechreuodd.

'Fel y gwyddoch chi, gyfeillion,' meddai, 'o Ddyffryn Nantlle rydw i'n dŵad, fel Twm Huws sy'n ista wrth f'ochor i fan'ma. A does dim angen i mi ddweud bod Dyffryn Nantlle yn enghraifft o esgeuluso a chamlywodraethu gwlad a'i gwerin.'

'Clywch, clywch,' meddai'r perchennog siop baco'n ddistaw.

'Mi fûm i'n gweithio yn y chwaral, fel 'y nhad a 'nhaid o 'mlaen i. Gadael yr ysgol yn bedair ar ddeg oed, a chychwyn am y chwaral fora drannoeth mewn trywsus melfaréd newydd ac arfau dyn ar f'ysgwydd. Roeddwn i'n cychwyn i'r chwaral yn ddyn i gyd. Achos gwaith dyn oedd gwaith chwaral. Dynion oedd y chwarelwyr. Dynion balch nad oedd arnyn nhw ddim ofn gwaith.'

Yr oedd y cwmni'n ddistaw iawn erbyn hyn. Gwrandawodd Greta ar stori Dyffryn Nantlle, y chwareli'n darfod, y gymdeithas yn dadfeilio, y pleidiau gwleidyddol yn addo ac yn torri'u haddewidion, a llais Wil Roberts yn caledu ac yn crynu bob yn ail wrth adrodd nemesis ei fro.

'A dyma nhw'n rhoi ffatri inni. Ffatri offer rhyfel. Rhoi chwarelwyr a meibion chwarelwyr i wneud . . . gasmascs. Mi fethodd Twm a finna ddiodda hynny. Roeddan ni'n dau wedi bod ym myddin y llywodraeth. Roeddan ni wedi gweld digon ar gasmascs. Ac wedi inni ddŵad adra, toedd ganddi hi ddim byd gwell i'w gynnig inni na 'chwanag o gasmascs. Toedd ar Twm a finna ddim isio'r dôl chwaith. Rydan ni'n credu y dylia dyn

---

trafodaeth: *discussion*
esgeuluso: *to neglect*
camlywodraethu: *to mis-manage*
gwerin: pobl gyffredin
melfaréd: *corduroy*
balch: *proud*
darfod: gorffen gweithio

dadfeilio: h.y. marw
addewidion: *promises*
bob yn ail: *alternately*
nemesis: marwolaeth
ym myddin: *in the army of*
'chwanag (ychwaneg): mwy
dylia: h.y. dylai

47

weithio, a bod gynno fo hawl i gael gweithio, yn ei ardal ei hun yng nghanol ei bobol ei hun.'

'Clywch, clywch,' ebe'r perchennog siop baco.

'Am nad oedd dim gwaith yn yr ardal lle magwyd ni, fe ddaethon ni i Lerpwl. Ynte, Twm?'

Nodiodd Twm.

'Cofiwch,' ebe Wil, 'mae'r gyflog yn dda ar y docia, ond pam mae'n rhaid inni ddŵad i wlad estron i'w gael o? Ond dyna fo. Tydw i ddim yn beio Churchill ac Attlee a'u tebyg. Beth ydi Dyffryn Nantlle iddyn nhw pan ydach chi'n ista ym mar Tŷ'r Cyffredin yn yfad brandi ac yn smocio sigars? Mi wn i un peth. Tasa Cymru wedi cael ei llywodraeth ei hun mi fasa 'na rwbath yn Nyffryn Nantlle heddiw heblaw tomennydd rwbal. Y llywodraeth honno sy arnon ni isio. Ac adra'n ôl i Ddyffryn Nantlle y mae Twm a finna am fynd cynta daw hi. Ac mi benderfynon ni'n dau mai'r unig ffordd yn ôl i Ddyffryn Nantlle i ni, oedd ffordd Plaid Cymru.'

Tawodd Wili Roberts, a sychu'i dalcen â chefn ei lawes, a gwthio'i bapurau yn ôl i'w boced frest. Teimlodd Greta fod rhyw len wedi'i chodi ar ryw fyd na wyddai hi amdano o'r blaen. Yr oedd wedi clywed ac wedi darllen droeon am gyni glowyr y De a chyni chwarelwyr Gwynedd ond yr oedd gwrando ar un o wŷr y cyni yn dweud yr hanes yn boeth o'i brofiad yn . . . yn ysgytwad. Agorodd y drws, a daeth Mrs. Evans i mewn gyda wagen de yn llawn o gwpanau a soseri a brechdanau a choffi poeth.

Rhoes Mr. Elias, perchennog y siop baco, grynodeb byr i Mrs. Evans o agoriad Wili Roberts.

'Ie, stori drist,' ebe Mrs. Evans yn ddifrifol. 'Yr un hen stori. Pasiwch y cwpanau 'ma, Nyrs Pritchard, wnewch chi? Ymlaen â chi. Siaradwch.'

---

hawl: *right*
lle magwyd ni: *where we were brought up*
tomennydd rwbal: *waste heaps*
cynta daw hi: *as soon as it comes*
llawes: *sleeve*
llen: *blind, sheet, curtain*
na wyddai hi: *that she didn't know*,
  (gwybod)

cyni: caledi
gwŷr: dynion
ysgytwad: *shock*
Rhoes: Rhoiodd, (rhoi)
crynodeb: *synopsis*
agoriad: *opening*

A dechreuodd y lleill arni, o un i un.

'Ffarmwr bach oedd 'y Nhad,' ebe Mr. Elias y siop baco. 'Y Llywodraeth yn dod â bwyd rhad i mewn i'r wlad. Fedre 'Nhad a'i debyg ddim cael marchnad . . . gwerthu'i bethe am y nesa peth i ddim . . . ac yn y diwedd gorfod gwerthu i fyny.'

'Athro yng Nghymru oeddwn i isio bod,' ebe'r athro ysgol. 'A Mair yma'r un fath. Doedd dim cyfle imi yng Nghymru ac wedi imi wneud cwrs athro ysgol, 'y ngorfodi i fynd dros Glawdd Offa i ennill 'y nhamaid . . .'

'Gyrrwr bws yn Sir Fôn oeddwn i,' meddai'r gyrrwr bws. 'Ond fe ddaeth y rhyfel, ac mi eis i ffwrdd. Mi faswn wedi gwneud unrhyw waith ond iddo fo fod yn Sir Fôn. Ond toedd dim byd i'w gael ond dôl. Roedd un o bob deg o ddynion Sir Fôn heb waith. A dyma fi.'

Yr oedd i'r Blaid, fodd bynnag, un beirniad yn eu plith. Mr. Jones, y clarc yn swyddfeydd y Gorfforaeth.

'Ia,' ebe Mr. Jones, 'beth ydan ni'n ei wneud ynglŷn â'r sefyllfa yma? Wel, mae popeth yn iawn inni eistedd fan yma mewn *lounge* yn yfed coffi rhagorol Mrs. Evans. Ond ydan ni'n barod i *wneud* rhywbeth i wella'r sefyllfa? Beth y mae'r Blaid yn ei wneud? Dim! Ond cynnal ambell rali ac ymladd ambell lecsiwn—a gwneud yn wael iawn ynddyn nhw. Beth yden ni'n ei *wneud?*'

'Ennill aelodau i'ch rhengoedd, fel yr ydech chi wedi f'ennill i hеnо,' ebe Greta. Yr oedd pawb wedi troi i edrych arni. Ac yr oedd wyneb pawb yn pefrio. Ond Mrs. Evans. . .

iii

Disgynnodd Greta o'r bws ryw hanner canllath o'i thŷ. Yr oedd yn noson oer, braf, a lleuad rew yn hongian uwchben y

---

Fedre 'Nhad: Doedd 'Nhad ddim yn gallu, (medru)
a'i debyg: *and his kind*
'y ngorfodi: *I (was) compelled*, (gorfodi)
Clawdd Offa: *Offa's Dyke* (rhwng Cymru a Lloegr)
ennill 'y nhamaid: h.y. *to earn my living*

ond iddo fo fod: h.y. tra *(whilst)* oedd
beirniad: *critic*
yn eu plith: yn eu canol
y Gorfforaeth: *the Corporation*
rhengoedd: *ranks*
pefrio: disgleirio

49

ddinas. Yr oedd amser wedi sefyll a Greta'n gwybod, am y tro cyntaf erioed, beth oedd hi. Yr oedd hi nawr yn perthyn; yr oedd ganddi genedl, a gwlad ac achos. Ac yn awr fe wyddai beth oedd Lleifior. O'r foment hon, ni fyddai bywyd byth yr un fath.

Bellach, yr oedd ystyr hefyd i'r hyn yr oedd wedi'i gasáu— Paul, Cora Braithwaite, a Tooling Hall, a'r eglwys Anglo-Gatholig, a sgwrs Mrs. Winter a Mrs. Kenning. Yn awr, yr oedd Cymru a Lloegr, yn ddeubeth clir fel du a gwyn. Am y tro cyntaf yr oedd Cymru a Lloegr. Dafydd a Goliath.

Yng nghysgod drws y tŷ, safodd â'r allwedd yn ei llaw. Yr oedd yn rhaid iddi wynebu Paul. Sais oedd Paul fel o'r blaen, ond yn awr yr oedd Sais yn golygu rhywbeth newydd. Yr oedd yn ddyletswydd Cristnogol arni garu Paul yn awr am fod ei wlad ef yn elyn i'w gwlad hi. Yr oedd yn rhaid i Gymru ynddi hi beidio ag ildio i Loegr ynddo ef, ond yr oedd yn rhaid i Gymru a Lloegr ynddynt ddysgu cyd-fyw.

Agorodd hi'r drws a mynd i mewn.

---

cenedl: *nation*
achos: *cause*
ystyr: *meaning*
casáu: *to hate*
golygu: *to mean*

dyletswydd: *duty*
gelyn: *enemy*
ildio: *to yield*
cyd-fyw: byw gyda'i gilydd

Y CHWECHED BENNOD

i

'Wedi ymuno â'r *Blaid*?' ebe Harri'n ddryslyd, yn darllen llythyr Greta wrth y bwrdd cinio. 'Fu ganddi ddim diddordeb mewn politics erioed.'

'Mae ganddi berffaith hawl,' meddai Marged.

'Nid mater o hawl ydi o,' ebe Harri. 'Methu dod dros y peth yr ydw i. Beth mae Paul yn ei feddwl ohoni?'

'Hwyrach nad ydi o ddim yn meindio.'

'Meindio! Dwyt ti ddim yn nabod Paul, Marged.'

'Wyt *ti*'n meindio, Harri?'

'Y fi . . . ? Wel . . . nag ydw, am wn i. Fu genny ddim llawer i'w ddweud wrth y Blaid erioed. Greta'n un ohonyn nhw! Tad annwyl, mae bywyd yn beth rhyfedd. Wel, rhaid i mi fynd. Mae 'na lawer o waith allan heddiw.'

'Paid â mynd ymhell o'r tŷ, Harri.'

'Pam?'

'Mae Mr. Thomas y gweinidog yn dod i fyny rywbryd.'

'I beth mae Mr. Thomas yn dod yma?'

'Alla i ddim dweud yn siŵr, ond mi fuaswn i'n meddwl mai i drefnu ynglŷn â bedyddio Huw Powys.'

Trodd Harri yn y drws.

'Fydd Huw Powys ddim yn cael ei fedyddio,' meddai.

Edrychodd Marged arno'n syn.

'Dydw i ddim yn dy ddeall di, Harri.'

Taniodd Harri sigarét. Yr oedd wedi disgwyl y sefyllfa hon.

'Wel'di, Marged . . . mae'n bryd imi ddechre bod yn onest.' Diffoddodd y fatsen a'i thaflu. 'Dydw i ddim yn grefyddwr.'

'Rwyt ti'n mynd i'r capel weithie.'

---

yn ddryslyd: *confused*
perffaith hawl: *perfect right*
Hwyrach (G.C.): Efallai

meindio: *to mind*
bedyddio: *to baptize*
crefyddwr: *religious person*

51

'Rydw i'n mynd am ddau reswm. Un rheswm ydi—nad oes arna i ddim eisie brifo'r hen Dynoro. Mae o wedi bod yn eitha ffrind inni fel teulu. Y rheswm arall ydi 'mod i'n ddyn meddwl-agored, ac rydw i'n credu y dylai crefydd gael yr un cyfle ar feddwl dyn â phopeth arall. Rhoi'r un cyfle i'r pregethwr ag i'r *Sunday Express*—dyna 'mholisi i.'

'Ond beth sy a wnelo hynna â bedyddio Huw Powys?'

Eisteddodd Harri ar y setl gyferbyn â hi. 'Dydw i ddim yn credu yn Nuw.'

'Ond beth am Iesu Grist?'

'Alla i ddim gwadu na fu dyn o'r enw Iesu Grist yn byw ar y ddaear 'ma ryw dro, a'i fod yn ddyn da. Ond nonsens ydi dweud ei fod o'n fwy na dyn.'

'Ond . . .'

'Dwyt tithe ddim yn credu'r peth chwaith, Marged.'

'Dydw i ddim yn *deall* y peth, Harri, nac ydw. Ond rydw i yn credu.'

'Rydw i'n credu y gall dysgeidiaeth Iesu Grist ac esiampl Iesu Grist fod yn help imi fyw bywyd glanach a mwy gwerthfawr. Ond am addoli Iesu Grist, alla i ddim. A rŵan, rwyt ti'n gofyn i mi fynd â 'mhlentyn yn ei anwybodaeth bach i gyflawni rhyw ddefod Gristnogol arno. Wyt ti'n gweld mor wrthun ydi o?'

Siglodd Marged ei phen.

'Nac ydw,' meddai. 'Rydw i'n gweld bedyddio baban bach y peth tlysa mewn bod.'

'Mae'n ddrwg genny, Marged. Mae'n rhaid imi fod yn gyson. Dydw i ddim yn derbyn y ffydd Gristnogol *fel* crefydd, ac felly alla i ddim cymryd rhan yn ei defodau hi.'

'Mi fydd yn brifo dy dad dy fod ti yn erbyn bedyddio dy blentyn.'

---

brifo (G.C.): gwneud dolur, *to cause pain*
Ond beth sydd a wnelo hynny â. . .?: *What has that to do with . . .?*
setl: *settee*
gwadu: *to deny*
dysgeidiaeth: *teachings*
gwerthfawr: *valuable*
addoli: *to worship*

anwybodaeth: *ignorance*
cyflawni: *to carry out*
defod: *ceremony*
gwrthun: *ridiculous*
mewn bod: *in existence*
yn gyson: *consistent*
ffydd: *faith*
defodau: *rituals*

'Alla i ddim mynd trwy fywyd yn gwneud pethe i blesio pobol eraill, Marged.' Yr oedd Harri ar ei draed unwaith eto. 'Mae'n rhaid imi fod yn gyson. Ac yn onest.'

'Iesu Grist sy'n ein dysgu ni i fod yn gyson ac yn onest.'

'Dydw i ddim mewn hwyl dadlau heddiw,' ebe Harri, ac aeth allan at ei waith.

ii

Curodd y Parchedig Tynoro Thomas ar ddrws y parlwr bach.

'Dowch i mewn,' meddai Edward Vaughan. 'Steddwch.'

Suddodd y gweinidog i gadair. Tynnodd ei bwrs baco'n llafurus o'i boced, a dechrau llwytho'i getyn.

Fel arfer, ar hyd y blynyddoedd, byddai gan y blaenor a'r gweinidog ddigon i'w ddweud wrth ei gilydd. Ond heddiw . . .

'Mr. Vaughan, mae 'na . . .' Tynnodd Tynoro yn ei getyn. 'Mae 'na rywbeth wedi rhoi tipyn o sioc imi heddiw.'

'O?' Cododd Edward Vaughan ei lygaid.

'Oes, sioc go arw.' Daliodd y gweinidog i sugno'i bibell.

'Dim newydd drwg, gobeithio?'

'Wyddech chi, Mr. Vaughan, fod Harri yn erbyn bedyddio'i blentyn bach?'

Syllodd Edward Vaughan yn wastad ar ei weinidog.

'Na wyddwn i,' meddai. 'Ond dydi o ddim yn syndod imi.'

'Wel, wel,' meddai Tynoro, yn syllu'n ddigalon i'r tân. 'Fedra i ddim deall Harri. Hogyn glân ydi Harri, glân ei wyneb a glân ei gymeriad. Ond dydi o'n credu mewn dim. Dim.'

'Rydw i'n anfodlon iawn ar hyn yn Henri,' meddai (Edward Vaughan). 'Yn anfodlon iawn. Yn anffodus, fedra i ddim ymyrryd yn y mater. Mi wnes hynny unwaith, fel y gwyddoch chi, ac fe gostiodd y cweryl fwy i mi nag iddo fo. Mi ddysges rywbeth hefyd. Beth bynnag mae Henri'n ei wneud, mae'n ei

---

hwyl: *mood*
yn llafurus: *laboriously*
cetyn: pib, *pipe*
go arw: h.y. eithaf mawr
sugno: *to suck*

Wyddech chi . . .?: Oeddech chi'n gwybod . . .?
yn wastad: h.y. *without surprise*
ymyrryd: *to interfere*

wneud ar egwyddor. Nid llawer o fechgyn felly sydd i'w cael
heddiw, Mr. Thomas . . .'

'Mae Marged yn awyddus i fedyddio, wyddoch chi.'

'Ydi hi? Wel, mi ga i sgwrs â nhw, Mr. Thomas. Ond dydw
i'n addo dim.'

iii

'Mae hi o fewn pythefnos i'r Nadolig, ac fe ddylen ni drefnu
parti,' ebe Vera.

Cododd Iorwerth a Gwdig eu llygaid oddi ar eu cig moch ac
wy.

'Parti?' ebe Iorwerth. 'Pa fath barti?'

'Rhywbeth i roi tipyn o fywyd yn y lle 'ma,' ebe Vera.
'Rhywbeth tua Noson Bocsing, a chael tipyn o bort a sieri i
mewn.'

Rhoddodd Iorwerth ei gyllell a'i fforc i lawr. 'Ydi'r lle 'ma'n
rhy dawel ichi, Vera?' meddai.

'Mae hi fel y bedd yma,' ebe Vera. 'Pam yr ydech yn erbyn
i rywun gael hwyl, Iorwerth?'

'Rydech chi'n cael mynd i'r dre bob dydd Mercher, on'd
ydech chi?' ebe Iorwerth.

'Ydw, i siopa.'

'Ac yn mynd i'r Clwb Ffermwyr Ifanc yn y Llan?'

'Ydw, ac yn tynnu 'mhwyse yno gymaint â neb.'

'Ac rydech chi wedi bod yn y pictiwrs yn y dre droeon er pan
ydech chi yma.'

'Ydw, fy hunan bach, a phob merch arall yn cael dyn i fynd
â hi ac i dalu drosti.'

Chwarddodd Gwdig yn ei wddw.

'Dyna sialens iti, Iorwerth,' meddai.

Gwgodd Iorwerth yn enbyd.

---

ar egwyddor: *on principle*   neb: unrhywun
yn awyddus: *eager*   droeon: nifer o weithiau
addo: *to promise*   Gwgodd I.: *I. frowned*, (gwgu)
o fewn: *within*

'Edrychwch yma, Vera,' meddai. 'Yr yden ni'n ceisio creu cymdeithas yn Lleifior. Cymdeithas o fath newydd. Mewn oes pan mae pawb yn ceisio llenwi'r gwacter yn ei fywyd â phictiwrs a dawnsfeydd a theledu a phob sothach, yr yden ni'n ceisio profi bod modd i bobol fyw gyda'i gilydd ar y tir a chael bodlonrwydd ym mywyd syml y tir. Mae'n rhaid inni brofi bod y gymdeithas yma'n bosibl.'

'Ond alla i ddim gweld sut mae parti Nadolig yn mynd i ddifetha'r arbraw,' (meddai Vera).

Taflodd ei gwallt modrwyog yn ôl a syllu'n heriol ar Iorwerth.

Estynnodd Iorwerth am y marmalêd. Yr oedd Vera'n rhy ddeniadol weithiau.

'Efalle fod Mr. Goruchwyliwr yn meddwl,' ebe Gwdig, 'taw mater i'r Gymdeithas i gyd gyda'i gilydd yw partïon Nadolig. Yn bersonol, am y tro, rwy'n cyd-fynd ag e.'

Taniodd Vera sigarét a chododd oddi wrth y bwrdd.

'Y Piwritaniaid,' meddai.

Chwifiodd Iorwerth fwg sigarét Vera oddi wrth ei fwyd.

'Rydw i am fynd drwodd i ofyn barn Harri a Marged ar y peth,' ebe Vera.

Aeth drwodd o'r gegin fach i'r gegin fawr. Nid oedd ond Marged yno.

'Marged, mae'r bechgyn 'na bron wedi 'ngyrru i o 'ngho.'

'Beth sy'n bod?'

'Mi awgrymes i y bydde'n beth da inni gael parti Nadolig yma, ac mae'r ddau'n siarad fel petawn i'n trio gyrru'r lle â'i ben iddo. Be sy'n bod arnyn nhw, dudwch?'

Edrychodd Marged arni'n feddylgar.

'Steddwch i lawr,' meddai. 'Gymerwch chi gwpaned? Mae 'na de yn y tebot.'

---

creu: *to create*
cymdeithas: *society*
oes: *age*
gwacter: *emptyness*
sothach: *rubbish*
bodlonrwydd: *satisfaction*
difetha: *to spoil*
arbraw: *experiment*
yn heriol: *defiantly*

cyd-fynd: *cytuno*
barn: *opinion*
'ngyrru i o 'ngho: *send me out of my mind*
gyrru'r lle â'i ben iddo: h.y. *to wreck the place*
dudwch (G.C.): h.y. dywedwch, (dweud)

Fe'i helpodd Vera'i hun i gwpanaid.

'Pam yr oedd Iorwerth a Gwdig yn gwrthwynebu'r parti?' gofynnodd Marged.

'O, wn i ddim. Pob math o resyme. Iorwerth yn dweud y dylen ni allu bodloni ar ddim ond pleserau syml y tir yn lle mynd ar ôl y byd a'r cnawd a'r sothach. A Gwdig yn dweud mai mater i'r Gymdeithas oedd o. A phob math o lol.'

'Mi wn i be wnawn i yn eich lle chi,' meddai.

'Beth?' ebe Vera.

'Soniwn i ddim rhagor am y parti, ar hyn o bryd.'

'Ond rhoi i mewn iddyn nhw fydde hynny,' ebe Vera.

'Dyna'r ffordd ore gyda dynion. Gadewch iddyn nhw deimlo mai nhw ydi'r meistried, ac fe fyddan nhw llawer haws eu trin. Os aberthwch chi'r parti, Vera, fe gewch chi eich ffordd eich hun gyda llawer o bethe yn nes ymlaen—pethe pwysicach efalle.'

Tynnodd Vera wyneb.

'Cofiwch!' ebe Marged, 'does dim rhaid ichi gymryd f'awgrym i. Dyna wnawn i, does dim rhaid ichi wneud yr un peth.'

'Na, na,' ebe Vera. Ond fe wyddai yr un pryd na fyddai dim parti Nadolig. Aeth Vera'n ôl i'r gegin fach, wedi colli'r frwydr gyntaf. Ond yn benderfynol o un peth—y câi hi barti rywbryd gyda rhywun yn rhywle.

---

gwrthwynebu: *to oppose*
cnawd: *flesh*
be wnawn i: *what I would do*, (gwneud)
Soniwn i ddim: *I wouldn't mention*,
  (sôn am)
haws eu trin: *easier to handle them*
Os aberthwch chi: *If you will sacrifice*,
  (aberthu)

fe gewch chi: *you will get*, (cael)
awgrym: *suggestion*
Dyna wnawn i: *That's what I'd do*,
  (gwneud)
y câi hi: *y byddai hi'n cael*

Y SEITHFED BENNOD

i

Deuddydd cyn y Nadolig yr oedd Mrs. Evans yn eistedd yn lolfa'i thŷ. Ar y bwrdd yr oedd llestri te wedi'u gosod ar gyfer dau.

Canodd cloch y drws, ac aeth hithau i'w hateb.

'Wel, wel, Doctor Maldwyn, fe ddaethoch. Dowch i mewn at y tân. Roeddwn yn dechrau ofni na ddoech chi ddim.'

'Roeddwn i rhwng dau feddwl, wir, Mrs. Evans, gweld y niwl mor dew,' ebe Dr. Maldwyn Edwards, 'ond roedd eich llais chi'n o bryderus ar y ffôn y bore 'ma. Pwy sy'n wael?'

'Does neb yn gorfforol wael, Doctor Maldwyn. Pryderu am rywun arall yr ydw i, rhywun yr ydech chi'n nabod yn bur dda.'

'O, pwy felly?'

'Roeddech chi'n arfer gweithio yn yr un ysbyty â Mr. Paul Rushmere, on'd oeddech chi?' ebe Mrs. Evans wrth arllwys te.

'Oeddwn yn wir,' ebe'r meddyg. 'Ydech chi'n nabod Paul?'

'Ddim yn uniongyrchol. Rydech *chi'n* ei nabod o'n dda.'

'Roeddwn i yn ei briodas o. Fe briododd ferch i ffarmwr o Faldwyn yr oeddwn i'n gryn ffrindie ag o.'

'Miss Greta Vaughan.'

'Dydech chi ddim yn nabod Greta, Mrs. Evans?'

'Hi ydw i'n ei nabod. Mae hi'n mynd i'r un capel â fi yn achlysurol, ac ryden ni yn ffrindie go fawr. Amdani hi roedd arna i isio siarad efo chi, Doctor Maldwyn.'

Rhoes y meddyg ei gwpan i lawr yn araf.

'Ydi . . . ydi Greta ddim yn wael, ydi hi?'

---

na ddoech chi ddim: *that you wouldn't come*, (dod)
yn o bryderus: yn eithaf gofidus
yn gorfforol: *physically*
pryderu: gofidio

yn bur dda: yn eithaf da
yn uniongyrchol: *directly*
yn gryn ffrindie: *quite friendly*
yn achlysurol: nawr ac yn y man

'Nac ydi. Hyd yn hyn. Ond fe fydd, os na ddaw rhyw dro hapusach yn ei bywyd hi.'

'Mrs. Evans, nid . . . nid dweud yr ydech chi fod . . . fod Greta'n anhapus, efo Paul?'

'Hynny'n union. Cymerwch deisen, Doctor.'

'Diolch. Mae hyn yn sioc imi, Mrs. Evans.'

'Ddaru o mo'ch taro chi erioed fod dau o gefndir a diddordebau mor wahanol â Greta a Paul yn annhebyg o fedru cyd-fyw?'

'Ond dydech chi ddim yn nabod Paul, Mrs. Evans.'

'Mae hynny'n wir. Sut un ydi o?'

'O, bachgen clên iawn ydi Paul. Caredig, cymwynasgar, llawen . . . O leia, un felly *oedd* o . . .'

'Dim rhagfarn yn erbyn y Cymry? Dim tymer wyllt? Dim snobeiddiwch?'

'Wel . . .' Astudiodd Dr. Edwards y darn teisen rhwng ei fysedd. 'Efalle fod tipyn o'r elfennau yna i gyd ynddo, ond . . . dim digon i'w wneud o'n atgas.'

'Cwpaned arall o de, Doctor.'

'Y . . . diolch. Mae peryg iddyn nhw adael ei gilydd, felly?'

'Mae Greta wedi dweud na adewith hi mo'i gŵr. Ond rydw i wedi gwneud pethau'n anos iddi.'

Cododd y meddyg ei lygaid.

'Chi, Mrs. Evans?'

'Mae Greta wedi ymuno â'r Blaid, gan wybod yn iawn y bydde Paul yn anghymeradwyo hynny . . .'

'Wel, bydde, wrth gwrs . . .'

'Ac arna i mae'r bai.'

'Dydi o ddim yn fai, Mrs. Evans. Eich cenhadaeth chi mewn bywyd, fel y gwn i'n dda, ydi ennill aelodau i'r Blaid . . .'

---

hyd yn hyn: *up to now*
os na ddaw rhyw dro hapusach . . .:
  h.y. *unless things will change for the
  better*
Ddaru o mo'ch taro chi . . .?: *Didn't it
  ever strike you . . . ?*
yn annhebyg: *unlikely*
cyd-fyw: byw gyda'i gilydd
clên (G.C.): hyfryd
cymwynasgar: yn barod i helpu

rhagfarn: *prejudice*
elfennau: *elements*
atgas: *repugnant*
peryg(l): *danger*
na adewith hi: *that she will not leave,*
  (gadael)
yn anos: yn fwy anodd
anghymeradwyo: *to disapprove*
cenhadaeth: *mission*
fel y gwn i: *as I know,* (gwybod)

'Ond nid Greta.'

'Edrychwch, Mrs. Evans. Nid eich cyfrifoldeb chi ydi beth y mae Greta'n ei gredu.'

'Oes modd i chi a fi wneud rhywbeth, Doctor?'

'Gwneud beth?'

'Drwoch chi y daethon nhw at ei gilydd. A thrwof finne y mae Greta wedi cymhlethu mwy ar ei phroblemau.'

'Mi allwn fod wedi cadw cysylltiad â nhw wedi iddyn nhw wneud cartre yma. Hwyrach 'mod i'n deall Paul yn well nag y mae Greta, ac yn deall Greta'n well nag y mae Paul. Rydw i wedi fy magu yn yr un gymdeithas â Greta ac rydw i wedi troi'n ddigon hir yng nghymdeithas Paul a'i debyg.'

Edrychodd Mrs. Evans arno'n erfyniol.

'Mi garwn i chi alw i'w gweld nhw, Doctor Maldwyn.'

'O'r gore,' meddai. 'Mi alwa i heibio iddyn nhw heno. Cofiwch, dydw i'n addo dim.'

'Nag ydech, wrth gwrs. Ond rydw i'n gweld gobaith.'

Edrychodd Dr. Maldwyn Edwards ar gloc Mrs. Evans ar y silff-ben-tân.

'Pump o'r gloch ydech chi'n dwcud ydi hi?'

'Ie.'

'Mae'n ddigon buan felly. Fydd Paul ddim adre o'r ysbyty am sbel eto.'

Ac eisteddodd ef a Mrs. Evans o boptu'r tân i siarad am bethau eraill.

ii

Y pnawn hwnnw yr oedd Greta wedi cael ei ffrae waethaf oll â Paul.

Daethai Paul adref i ginio canol dydd a dweud,

---

cyfrifoldeb: *responsibility*
cymhlethu: *to complicate*
cadw cysylltiad: h.y. *keep in touch*
Hwyrach (G.C.): Efallai
Rydw i wedi fy magu: *I've been brought up*

cymdeithas: *society*
yn erfyniol: *earnestly*
gwaethaf oll: *worse ever*
Daethai P.: Roedd P. wedi dod

59

'I telephoned Tooling from the hospital this morning and told them we were going over for Christmas. You'd better start packing after lunch.'

'I'm not coming to Tooling,' meddai Greta.

Gollyngodd Paul ei lwy a rhythu arni. Beth oedd wedi dod drosti? Beth oedd ganddi yn erbyn ei fam a'i dad a'i gartref ef? A oedd hi'n dal i feddwl mynd i Leifior (am) Nadolig titotal? Yr oedd yn well iddi roi'r syniad o'i phen.

Clywodd Greta'i gwaed yn twymo ynddi. Nid oedd am apelio at dosturi Paul drwy sôn am ei hiraeth ac am unigrwydd ei thad y Nadolig cyntaf wedi marw'i mam. Yr oedd wedi crybwyll hynny o'r blaen. Ildiodd Greta i'w natur salaf a dechrau taro'n ôl (a'i atgoffa o bopeth cas yr oedd ef wedi'i wneud a'i ddweud wrthi).

Pam? gofynnodd ef. Am ei fod ef yn ei gadael hi ar ei phen ei hun yn y tŷ o fore tan nos heb falio dim amdani, meddai (hi).

Atebodd Paul ei bod hi'n gwbwl rydd i fynd i'r fan a fynnai tra oedd ef o'r tŷ. Ac onid oedd hi'n byw a bod yn y capel Cymraeg ac yn y clwb ieuenctid Cymraeg ac yn nhai Cymryesau a phob math o leoedd islaw ei safle? Dywedodd Greta mai Cymry a Chymryesau a phethau Cymreig oedd wedi'i chadw hi yn ei phwyll er pan ddaeth i'r trobwll estron hwn i fyw.

Yr oedd wyneb Paul yn fflam.

'This business of being Welsh and proud of it is becoming a mania with you, Greta. Put a stop to it.'

'On the contrary, I've done something very definite about it. I've joined the Welsh Nationalists.'

Gwelodd wefusau Paul yn crynu.

'You wouldn't dare!' meddai.

'I have dared.'

'You'll withdraw your membership at once, Greta.'

'I'm sorry. I must stand by my own people.'

Gollyngodd P.: *P. let go*, (gollwng)	yn gwbwl rydd: *totally free*
rhythu: *to stare*	y fan a fynnai: *to wherever (she) wished*
tosturi: *pity*	Cymryesau: *Welsh women*
unigrwydd: *loneliness*	islaw: *beneath*
crybwyll: *to mention*	safle: *status*
Ildiodd G.: *G. yielded*, (ildio)	yn ei phwyll: *in her right mind*
heb falio dim: *without caring at all*	trobwll: *whirlpool*

60

Cerddodd Paul o gwmpas yr ystafell fel lloerig. 'But we'll have a talk about this when we get to Tooling. I'll make you see reason if it's the last thing I do. I'll be back at five, and see that you're packed and ready by then.'

A chyda'r gair, aethai Paul o'r tŷ.

Aeth (Greta) i bacio. Daeth i lawr cyn hir yn ei dillad taith ac ychydig bethau dros y Nadolig yn ei bag. Tynnodd bapur sgrifennu o'r biwro a sgrifennodd nodyn i Paul, yn Saesneg:

> Annwyl Paul,
>
> Yr wyf yn mynd adref i Leifior dros y Nadolig. Dyna fy nyletswydd i 'Nhad, a charwn i chwi geisio sylweddoli hynny. Hefyd, caf gyfle i feddwl. Mae'n amlwg nad yw'n priodas yn fawr lwyddiant fel y mae, ac mae arnaf eisiau amser i feddwl ymh'le yr aeth o chwith.
>
> Nadolig Llawen.
>
> Greta.

Wedi rhoi'r nodyn mewn amlen a'i osod ar ganol y bwrdd lle gallai Paul ei weld heb drafferth, teleffoniodd i Leifior a gofyn i Harri a allai ef ei chyfarfod oddi ar y trên wyth yn Henberth.

'Rwyt ti'n dod adre dros y Nadolig, Greta?' meddai Harri o'r pen arall.

'Oes acw wely imi?'

'Paid â gofyn cwestiyne ffôl. Ryden ni'n siŵr o wneud lle iti. Fe fydd pawb yn falch o dy weld di.'

'Rydw i'n falch o gael dod.'

'Rwyt ti'n swnio'n gynhyrfus, Greta. Oes rhywbeth o'i le?'

'O na . . . nac oes. Dim byd.'

'Wel. Mi wela i di yn stesion Henberth am wyth.'

---

lloerig: *mad person*
aethai P.: roedd P. wedi mynd
dyletswydd: *duty*
sylweddoli: *to realize*
yn fawr lwyddiant: *great success*

aeth o chwith: *it went wrong*
trafferth: *difficulty*
swnio: *to sound*
cynhyrfus: *agitated*

Yr oedd yn nes at chwech nag at bump pan ddaeth Paul i'r tŷ. Wedi bod yn yr ysbyty aeth i'w glwb am de, ac yn y clwb yr oedd Winter a Kenning, y ddau mewn hwyliau Nadolig. Cymellasant Paul i ymuno â hwy. Cofiodd Paul am y ffrae a fu gartref, a'r ffrae arall a oedd yn siŵr o ddod ac yfodd yntau *pink gins*.

Gyrrodd i'w dŷ yn dra gofalus. Nid oedd yn sobor o dipyn, ond yr oedd yn ddigon sobor i ddweud wrtho'i hun drosodd a throsodd fod eisiau bod yn ofalus wrth yrru cerbyd mewn niwl a chwithau wedi cael diferyn.

Erbyn hyn, teimlai'n garedicach tuag at Greta. Pam goblyn na fyddai hi'n rhesymol a cheisio gweld pethau o'i safbwynt ef? Yr oedd ganddi bopeth a wnâi ferch yn hapus—tŷ da, gŵr disglair a hoff ohoni, bywyd yng nghanol pob cysur a chyfleustra, beth mwy a allai ef ei roi iddi? Yr oedd yn rhaid iddi weld bywyd o'i safbwynt ef.

Aeth i mewn i'r tŷ.

'Greta!'

Rhyfedd. Dim siw na miw yn unman. Aeth i droed y grisiau a gwrando.

'Greta!'

Dim ateb. Amser neis i fynd o'r tŷ, ac arno ef eisiau cychwyn i Tooling. Yr oedd ei deimladau caredig yn dechrau cilio.

Gwelodd yr amlen ar y bwrdd. Nodyn? Llawysgrifen Greta. Agorodd y nodyn a darllen. Dawnsiodd y geiriau ar y ddalen. Mynd i Leifior. Eisiau amser i feddwl. Nadolig Llawen.

Yr oedd Greta wedi'i adael. Os felly, yr oedd yn rhaid mynd ar ei hôl. I Leifior. Ni allai fforddio sgandal yn ei fywyd ar hyn

---

yn nes: *nearer*	rhesymol: *reasonable*
hwyliau: *mood/spirit*	safbwynt: *point of view*
Cymellasant: *They coaxed*, (cymell)	a wnâi: a oedd yn gwneud
sobor: *sober*	cysur: *comfort*
drosodd a throsodd: *over and over*	cyfleustra: *convenience*
diferyn: *a drop*	Dim siw na miw: Dim sŵn
yn garedicach: yn fwy caredig	cilio: h.y. mynd
Pam goblyn . . .?: h.y. *Why in heaven's*	llawysgrifen: *handwriting*
name . . .?	fforddio: *to afford*

o bryd. Rhaid mynd i Leifior a chael sgwrs â hi. Efallai iddo ef fod braidd yn fyrbwyll ganol dydd, ond fe allai egluro hynny. Cododd ac estyn y gostrel whisgi oddi ar y seidbord. Dim ond un, i sadio'i nerfau. Go damio, yr oedd peth fel hyn yn anhwylus. Yfodd un arall, ac un arall, i wneud yn hollol siŵr. Estynnodd ei gôt uchaf dew a chrafat, ac aeth o'r tŷ.

Diolchodd fod yr awr ruthr drosodd. Nid oedd llawer o gerbydau ar y ffordd. Osgôdd y bws ar y gornel, canodd corn rhywbeth arall yn ei ymyl i'r chwith. O achos Greta yr oedd yn peryglu'i fywyd mewn niwl ar siwrnai ddianghenraid. Y bitsh fach ddifeddwl. Diolchodd ei fod yn nabod y ffordd cystal.

Yr oedd y bysiau mor fawr yn y niwl, yn dod yn sydyn o unman ar ben dyn; un eiliad, dim; yr eiliad nesaf, llond y sgrîn wynt o fws. Rhaid iddo gymryd pwyll. Trwy'r ddinas, a throi i lawr am Dwnnel Mersi. Damio'r twnnel. Aeth i mewn i'r twnnel. Yr oedd yn felltigedig o hir. Sgrechiodd braciau car a oedd yn dod i'w gyfarfod, a sylweddolodd Paul mai i'w osgoi ef y braciodd hwnnw.

O'r diwedd daeth allan i Birkenhead ac i'r niwl. Suddodd ei droed ar y sbardun ac ymatebodd y car. Ymateb yn frawychus, o achos, fe'i cafodd Paul ei hun yn bracio a'i holl bwysau ac yn sefyll o fewn modfedd i ben ôl lorri betrol. Damio lorïau petrol. Sychodd y chwys oddi ar ei wyneb ac ailgychwyn. Sbarduno, bracio; ailgychwyn, sbarduno, bracio. Yr oedd y broses yn hunllef.

Rhaid iddo basio'r cerbydau o'i flaen. Tybiodd ei fod yn gweld ffordd glir. Yn awr amdani. Pwysodd ei ddwrn ar y corn a'i droed ar y sbardun, a throi trwyn y modur heibio i gornel ôl y lorri betrol. Dyna basio'r lorri. Ond yr oedd tri cherbyd arall i'w pasio. Gwasgodd y sbardun i'r gwaelod a saethodd y car i'r niwl. Ac yntau'n pasio'r cerbyd olaf, o'r flanced niwl o'i flaen

---

yn fyrbwyll: *impetuous*
egluro: *to explain*
costrel: *decanter*
sadio: *to steady*
anhwylus: *inconvenient*
awr ruthr: *rush hour*
Osgodd: *He avoided*, (osgoi)
peryglu: *to endanger*

dianghenraid: *unnecessary*
cymryd pwyll: mynd yn araf
sbardun(o): *accelerator/to accelerate*
ymatebodd y car: *the car responded*, (ymateb)
yn frawychus: *frightfully*
Tybiodd: Meddyliodd, (tybio)

63

tyfodd dwy briflamp niwl felen. Yn union o'i flaen, yn erchyll fawr yn y niwl (roedd) lorri lefrith. Braciodd Paul â llaw a throed, a chlywodd y car yn troi drosodd mewn storm o oleuni.

Hanner awr yn ddiweddarach, gwasgodd Dr. Maldwyn Edwards gloch y drws ffrynt.

'Neb i mewn,' meddai wrtho'i hun, a rhoes ei gerdyn drwy'r twll llythyrau er mwyn i Paul a Greta wybod ei fod wedi galw.

iv

'Mae'n braf cael bod gartre!' meddai Greta, yn tynnu'i sgidiau oddi am ei thraed blinedig.

'Sut mae Paul, dywed?' ebe'i thad.

'O, mae Paul yn iawn,' meddai. 'Mae o'n mynd i Tooling dros y Gwylie. Roedd ei dad a'i fam o'n disgwyl.'

Sylweddolodd ei bod yn siarad yn gyflym.

'Roedd Paul yn fodlon iti ddod yma dy hun dros y Nadolig?' gofynnodd ymhen tipyn.

'Oedd, wrth gwrs. Dydw i'n gwneud dim o'i le yn dod adre, nac ydw?'

Edrychodd ei thad arni.

'Greta fach, rwyt ti wedi gwneud y peth gore posibl. Mi fuaswn yn unig iawn yma hebot ti y Nadolig cynta fel hyn.'

Ni welsai Greta wefusau'i thad yn crynu o'r blaen.

'Mae gen inne hiraeth ofnadwy weithie,' ebe hi.

Gadawodd Greta i'w dagrau ddod. Yr oedd cael wylo yma yn fendith.

'Ond mae gen i un cysur, beth bynnag,' meddai Edward Vaughan.

'Beth, 'Nhad?'

'Huw Powys.' Gwenodd ei thad yn gynnil. 'Dau fis yn ôl doedd arna i ddim llawer iawn o eisie byw. Ond rŵan, rydw i'n

---

priflamp: *headlamp*
yn erchyll fawr: *horribly big*
Sylweddolodd: *She realized*,
 (sylweddoli)
yn fodlon: *willing*

Ni welsai G.: Doedd G. ddim wedi
 gweld
crynu: *to quiver*
dagrau: *tears*
yn gynnil: h.y. ychydig bach

64

gobeithio y ca i fyw i weld Huw Powys yn dechre siarad ac yn dechre cerdded.'

'Mi gewch, 'Nhad, rydw i'n gwybod.'

Daeth Marged i mewn â bwyd.

'Dowch at y bwrdd, Greta, a bytwch fel tasech chi gartre.'

Ond cyn i Greta gyrraedd y bwrdd, agorodd y drws, a daeth Harri i mewn. Yr oedd rhywbeth o'i gwmpas a ddaeth â dychryn i'r ystafell.

'Harri . . . ' ebe Marged. 'Be sy?'

Edrychodd Harri ar Greta.

'Greta, mae genny newydd iti. Newydd go ddrwg.'

Suddodd Greta ar gadair.

''Nghariad i,' meddai Marged, yn dod i'w hymyl ac yn rhoi'i braich amdani.

'Paul?' ebe Greta'n wannaidd.

'Ie,' ebe Harri. 'Parri'r plismon ddaeth i fyny rŵan. Ddôi o ddim i mewn. Fe ofynnodd i mi dorri'r newydd iti.'

Yr oedd Edward Vaughan ar ei draed.

'Be sy wedi digwydd, Henri?' meddai.

'Damwain,' ebe Harri, 'ryw awr a hanner yn ôl. Mae'n ymddangos fod Paul yn gyrru'n wyllt a hithe'n niwl . . .'

'Ar y ffordd i Tooling?' gofynnodd Greta.

'Nage. I'r cyfeiriad yma.'

'Ydi o . . . ?' dechreuodd.

'Dydi hi ddim yn debyg ei fod o wedi diodde dim,' ebe Harri. 'Fe'i lladdwyd o yn y fan.'

Yr oedd Greta'n ymwybodol (o) fraich gynnes Marged yn tynhau am ei hysgwyddau, ac yn ei chadw wrth ei gilydd.

'Ydi'n rhaid i Greta fynd yn ôl i Lerpwl heno?' gofynnodd Edward Vaughan.

'Mae'n well iddi,' ebe Harri.

'Oes raid?' ebe Marged. 'Mae rheswm yn dweud nad ydi'r lodes ddim mewn ffit stad i drafeilio heno o bob noson.'

---

y ca i fyw: *that I'll be allowed to live,*
  (cael byw)
o'i gwmpas: h.y. *about him*
dychryn: ofn mawr
yn wannaidd: *weakly*
Ddôi o ddim: *He wouldn't come,* (dod)
ymddangos: *to appear*

cyfeiriad: *direction*
yn y fan: *instantly*
yn ymwybodol: *conscious*
Oes raid . . .?: *Does (she) have to . . . ?*
y lodes: y ferch
trafeilio: *to travel*

65

'Mi a i â hi,' ebe Harri. 'Mi arhosa i gyda hi yn Lerpwl heno. Rhaid i rywun drefnu'r angladd.'

'Triwch fwyta tamed, Greta,' ebe Marged. 'Allwch chi ddim dal y siwrne os na wnewch chi.'

Diolchodd Greta â'i llygaid, a cheisiodd fwyta. Daeth ei thad a thynnu'i law drwy'i gwallt, fel y gwnâi pan oedd hi'n blentyn.

'Mae 'na stori tu ôl i'r hyn ddigwyddodd heno, on'd oes?' meddai Edward Vaughan. Cyn i Greta gael dweud dim chwanegodd, 'Ryden ni i gyd yn gwneud camgymeriade. Mae 'na gymaint o fai arna i ag arnat tithe. Oni bai amdana i fuaset ti ddim wedi priodi Paul a fuase'r gofid yma ddim wedi dod i ti.'

Cododd Greta a chusanu'i thad. Yna aeth i fyny'r grisiau i baratoi ar gyfer y daith o'i blaen.

Mi a i â hi: *I'll take her*, (mynd â)
dal: *to bear*
fel y gwnâi: fel roedd yn arfer gwneud
chwanegodd: *he added*, (ychwanegu)
Oni bai: *If it wasn't*

YR WYTHFED BENNOD

i

Yr oedd diwrnod cynhebrwng Paul Rushmere yn ddiwrnod heulog. Wedi'r gwasanaeth byr yn y tŷ, caeodd drysau'r moduron ar y galarwyr a llithrasant yn rhes ddistaw loywddu drwy'r ddinas. (Yn yr amlosgfa) chwech o feddygon a gerddai gyda'r elor, cymdeithion Paul. O'i blaen cerddai canon a churad, yn llachar wyn yn yr haul; o'i hôl, Greta ar fraich Harri, tad a mam Paul, ewythr neu ddau, ychydig gefndryd a ffrindiau.

Syllodd Harri â diddordeb ar y capel wrth gerdded i fyny tuag ato. Yr oedd rhyw heddwch yn ei symledd siapus. Syml hefyd oedd y gwasanaeth y tu mewn i'r capel. Yn ystod y gweddïau, penliniodd Harri fel y lleill, ond ni chaeodd ei lygaid. Yn lle hynny, syllodd ar hyd y llawr teiliau du a gwyn, a dotio ar eu glaned, a chael gorffwys yn eu patrwm.

Pan ddarllenodd y canon y gollyngdod, clywodd Harri wefr yn ei gerdded. 'Yr ydym gan hynny yn traddodi'i gorff ef i'r elfennau . . . ,' meddai'r canon, 'a'i ysbryd yn ôl at Dduw yr Hwn a'i rhoes ef.' Yna'r llenni llwydion yn ymrannu, a'r arch yn llithro drwyddynt cyn ddistawed ag amser, a'r llenni'n cau drachefn. Mor syml, meddai Harri, ac mor gredadwy. Yr oedd y gwasanaeth hwn o fewn ychydig i'w ennill yn Gristion.

---

galarwyr. *mourners*
llithrasant: *they slipped*, (llithro)
gloywddu: *shining (and) black*
amlosgfa: *crematorium*
a gerddai: a oedd yn cerdded
elor: ffrâm i gario coffin
cymdeithion: *colleagues*
llachar: *glaring*
cefndryd: *cousins*
Syllodd H.: *H. stared*, (syllu)
symledd: *simplicity*
dotio: *to dote*

ar eu glaned: h.y. pa mor lân
y gollyngdod: *the committal*
traddodi: *to commit*
elfennau: *elements*
ysbryd: *spirit*
yr Hwn a'i rhoes ef . . .: *the One who gave it*
ymrannu: *to divide*
arch: *coffin*
credadwy: *credible*
o fewn ychydig: h.y. yn agos iawn

Y tu allan i'r capel gwelodd Harri fod Greta'n siarad â thad a mam Paul wrth borth y fynwent, a chroesodd atynt. Cyn iddo'u cyrraedd, gwelodd Greta'n troi i ffwrdd a thad Paul yn cydio ym mraich ei briod ac yn ei harwain i'w cerbyd. Yr oedd Greta'n amlwg wedi'i styrbio gan rywbeth.

Daeth tad Paul o'r car drachefn a dweud wrthynt ei fod wedi trefnu pryd o fwyd i bawb mewn gwesty yn y dref, a'u gwahodd yno. Gofynnodd Harri iddo'u hesgusodi, gan y byddai'n well gan Greta fynd adref i Faldwyn ar ei hunion. Ysgydwodd Bertram Rushmere law â'r ddau, a dweud mewn llais caredig iawn wrth Greta,

'We shall expect you to come to Tooling, my dear. My wife will get over it, and she'll be glad to see you in time.'

Edrychodd Harri (ar Greta) drwy gil ei lygad. Yr oedd yn siŵr na ddywedodd hi mo'r cwbwl wrtho.

ii

Aeth Edward Vaughan am dro o gwmpas y ffarm i ddisgwyl Harri a Greta adref. Yr oedd yn dechrau nosi, a lampau ffermydd didrydan Dyffryn Aerwen yn goleuo o un i un. Un neu ddwy yn unig o'r ffermydd eraill a oedd yn cynhyrchu'u trydan eu hunain fel Lleifior. Yr oedd Edward Vaughan, yn ei ddyddiau Cyngor Sir, wedi ymladd (gyda'r Awdurdod Trydan iddynt ddod â thrydan i'r Dyffryn). Yn awr yr oedd ei ddyddiau brwydro drosodd, ac wrth syllu ar felyn gwan y lampau oel yn y ffenestri i fyny'r cwm, yr oedd yn syllu ar un o'i fethiannau.

Ac un o'r lleiaf ohonynt. Oherwydd o'i fethiannau i gyd, y mwyaf oedd methiant ei fywyd ef ei hun. Yn ei blant y gwelai Edward Vaughan ei fethiant fwyaf. Fe'u magwyd i fynychu pob oedfa, eu gyrru'n amal i'r capel yn groes i'w graen, gwneud

---

amlwg: *obvious*	methiannau: *failures*
styrbio: *to disturb*	methiant: *failure*
drachefn: eto	y gwelai: roedd e'n gweld
esgusodi: *to excuse*	Fe'u magwyd: *They were brought up*,
ar ei hunion: h.y. yn syth	(magu)
cil ei lygad: cornel ei lygad	gyrru (G.C.): anfon, hala (D.C.)
cynhyrchu: *to produce*	yn groes i'w graen: *against their wishes*

iddynt eistedd arholiadau Ysgrythur a dysgu adnodau ac emynau. Ac wedi'r cyfan oll, dyma Henri'n anffyddiwr.

Greta wedyn. Cannwyll ei lygad a phictiwr ei mam. Yr oedd wedi'i dysgu hithau i ddweud ac i ddilyn y gwir drwy bob tywydd, ymhob lle ac ar bob adeg. Ond dyma Greta adref yn sydyn, yn flinedig ac yn gythryblus ei golwg, a chyn pen awr y gair fod ei gŵr wedi'i ladd mewn damwain, a hynny'n amlwg ar y ffordd i Leifior ar ei hôl. Pa ddrwg a fu y noson honno?

Yn y nos brin ei sêr ac aml ei chymylau, gwelodd Edward Vaughan achos y cyfan ynddo ef ei hun. Fe welai erbyn hyn mai crefydd a roddodd i Henri, ac nid Crist. Diflasu bywyd y bachgen â dodrefn crefydd a'i theganau, a methu agor cymaint ag un drws i Iesu hoffus gerdded i mewn.

Ac onid arno ef yr oedd y bai, yr holl fai, am yr hyn a ddarfu i Greta? Nid Paul oedd ei dewis hi, nid Lerpwl, nid bywyd snobyddlyd y dosbarth canol uchaf a threfol ac estron. Karl oedd ei dewis hi . . .

Clywodd sŵn modur yn troi o'r ffordd ac yn dod i fyny'r dreif at y tŷ. Trodd yntau yn y drws, a syllu'n syth i'r golau. Gobeithiodd fod ei blant a'i gwelai'n sefyll yno yn drugarog, yn barod i geisio maddau iddo am fod mor ddall.

iii

'Beth ydech chi am ei wneud â'r tŷ, Greta?' gofynnodd Marged.

'Ei werthu o, mae'n debyg. Rhaid imi wynebu'r gwaith hwnnw gyda hyn.'

'Mi wneith Harri'ch helpu chi. A dowch yma i fyw aton ni.'

---

anffyddiwr: *atheist*
cannwyll ei lygad: h.y. *the apple of his eye*
pictiwr ei mam: h.y. *spitting image of her mother*
ar bob adeg: h.y. *bob amser*
yn gythryblus: *agitated*
yn amlwg: *obvious*
Fe welai: Roedd yn gweld

am yr hyn a ddarfu . . .: *to what happened to . . .*
snobyddlyd: *snobbish*
trefol: *urban*
estron: *alien*
a'i gwelai: ocdd yn ei weld ef
yn drugarog: *merciful*
maddau: *to forgive*
dall: *blind*
am ei wneud: yn bwriadu'i wneud

'Rydech chi'n garedig iawn.'

Wedi clirio'r llestri a'u golchi, daeth Greta i eistedd wrth dân y gegin. Cododd y papur newydd, a'i roi i lawr. Ceisiodd weu, ond rhoes y gorau i hwnnw hefyd. Yr oedd yn rhy dywyll i fynd am dro, ac yr oedd wedi dechrau glawio. Gwelodd Marged yn edrych arni â chil ei llygaid o dro i dro wrth wisgo'r babi i fynd i'w wely, ac yna meddai Marged;

'Wnewch chi ddal Huw Powys am funud, Greta, tra bydda i'n rhoi'i botel ddŵr poeth yn ei wely o?'

Cymerodd Greta'r plentyn yn ddiolchgar. Fe wyddai mai o fwriad y rhoddodd Marged ef iddi, i dynnu'i meddwl am funud oddi ar ei gofid. Yr oedd Marged yn graff. Syllodd Greta'n hir ar yr wyneb bach pinc a'r ddau ddwrn bychan pinc yn ei rwbio. Teimlodd Greta wên yn deffro ynddi yn rhywle, yn cerdded drwyddi ac yn gwthio'i ffordd i'w gwefusau er ei gwaethaf.

Fe gâi'i weld bob dydd o hyn allan, ei wylio'n tyfu, helpu i'w wisgo, i'w ddysgu i siarad, i'w ddysgu i gerdded. Fe fyddai'n rhywbeth i fyw er ei fwyn.

Daeth Marged yn ôl i gymryd y plentyn oddi arni. Ond ni chymerodd mohono. Dim ond sefyll yno, yn gwenu'n gynnil, nes rhoddodd Greta ef iddi ohoni'i hun. Yr oedd yn well felly.

'Gan fod Huw Powys yn mynd i'w wely, rydw inne am fynd hefyd,' meddai Greta.

'Ydech chi?' ebe Marged. 'Mi ro i botel yn eich gwely chi ac mi ddo i â swper i fyny i chi ymhen rhyw hanner awr.'

'Marged,' meddai Greta. 'Wnewch chi feddwl am funud amdanoch eich hun?'

Gwenodd Marged ac aeth o'r golwg.

Pan ddaeth Greta o'r ymolchfa yr oedd potel ddŵr poeth yn ei gwely a gwydraid o laeth poeth ar y bwrdd bach yn ei ymyl. Gofynnodd iddi'i hun pa beth oedd ynddi yn haeddu

---

rhoes y gorau: *she gave . . . up*, (rhoi'r gorau i)
â chil ei llygaid: *through the corner of her eyes*
o fwriad: *intentionally*
yn graff: *observant*
er ei gwaethaf: *despite herself*

Fe gâi'i weld: Byddai'n cael ei weld
i fyw er ei fwyn: h.y. *to live for him*
yn gynnil: h.y. yn gwenu ychydig bach
Mi ro i: *I shall put*, (rhoi)
mi ddo i â: *I shall bring*, (dod â)
haeddu: *to deserve*

caredigrwydd. Ond nid oedd am ddechrau meddwl am haeddiant.

Dechrau meddwl a wnaeth hi, fodd bynnag, unwaith yr oedd yn ei gwely. Clywai Paul yn siarad â hi, yn ei bygwth, yn ei gwawdio, yn ymbil â hi, yn crefu arni. Clywai hi ei hun yn ei ateb, ac yn gas bob tro. Gwibiai i Tooling, yna'n ôl i Aigburth, yna i Tooling drachefn, yna i Leifior, yna'n ôl i Aigburth. Gwelai Paul a hithau yng ngardd Lleifior cyn priodi, yna ym mharti Cynthia Ashbrooke, yna yn yr eglwys ar fore Sul. Clywai ddwylo Paul yn ei hanwesu, a'r anwes yn ei brifo heno. Ac yna gwelodd wyneb Paul ar y fainc yn y marwdy . . .

Arna i yr oedd y bai, meddai wrthi'i hun. Doedd hi ddim yn caru Paul ond doedd hi ddim wedi bwriadu niwed iddo. Hyd yn oed yn ei thymer wylltaf, ac yr oedd ei thymer yn wyllt, doedd hi ddim wedi bwriadu iddo ddiflannu o'i bywyd yn y ffordd y gwnaeth. Yr oedd fel petai wedi cyflawni hunanladdiad o'i hachos hi. Damwain oedd ei ladd, ac eto nid damwain chwaith.

Sut y gwyddwn i y dôi Paul ar f'ôl i yma y noson honno? Sut y gwyddwn i y bydde fo'n gyrru'n wyllt drwy'r niwl? Ai arna i roedd y bai am hynny? Sut y gallai gael gwybod pa un ai arni hi yr oedd y bai ai peidio? A gâi hi wybod byth?

---

haeddiant: *merit, worthiness*
Clywai: Roedd hi'n clywed
bygwth: *to threaten*
gwawdio: *to mock*
ymbil: *to beg*
crefu: *to implore*
Gwibiai: *To dart*
anwesu: *to fondle*
marwdy: *mortuary*
diflannu: *disappear*

cyflawni hunanladdiad: *to commit suicide*
Sut y gwyddwn i . . .?: *How did I know that Paul would come after me . . .?*
Ai arna i . . .?: *Was it me (who was) at fault . . .?*
pa un ai . . .: *whether it was she who was at fault or not?*
A gâi hi . . .?: *Would she ever know?*
(cael gwybod)

Y NAWFED BENNOD

i

Yn y gwanwyn, ymddeolodd y Parchedig Tynoro Thomas. Cafodd gyfarfod ymadawol i'w gofio. Yr oedd Bethel yn llawn at y drysau, a chyflwynwyd siec anrhydeddus i Tynoro a'i wraig a chloc hardd i'w briod.

Am wythnosau cyn ymadael, bu Tynoro a'i wraig yn mynd o dŷ i dŷ i swper, a mwynder Maldwyn wedi darparu swperau anferth ar eu cyfer. Y lle diwethaf y bu Tynoro a Mrs. Thomas yn swpera ynddo oedd Lleifior. Yr oedd hynny'n weddus, canys yn Lleifior y buont yn swpera gyntaf wedi dod i Lanaerwen. Ac Edward Vaughan, Lleifior, oedd eu haelod mwyaf dylanwadol yn ogystal â'u cymwynaswr pennaf. Nid aeth un Nadolig heibio nad oedd gŵydd o Leifior ar eu bwrdd, ac nid aeth Tynoro erioed o Leifior heb ddwsin o wyau a phwys o fenyn.

Gwraig fach ddistaw oedd Mrs. Thomas, wedi diodde'r beirniadu ar ei gŵr ar hyd y blynyddoedd yn ddistawach ac yn ddwysach nag ef. Eisteddai wrth y bwrdd heb ddweud fawr ddim.

Yr oedd Tynoro, ar y llaw arall, yn ysgafn ac yn hwyliog. Adroddai stori ar ôl stori (a'i) feddwl yn cofio hen ymweliadau â Lleifior.

Yr oedd Edward Vaughan yn fywiocach nag a fu ers tro. Ef, am un noson eto, oedd Gŵr Lleifior. Yr oedd Greta wedi awgrymu i Marged ofyn iddo eistedd ym mhen y bwrdd a cherfio'r ffowlyn. Yr oedd hynny wedi'i blesio. Adroddai atgof

cyfarfod ymadawol: *a farewell meeting*
at y drysau: h.y. yn llawn iawn
anrhydeddus: h.y. *substantial*
priod: *spouse*
mwynder . . . .: *the gentle (people) of Maldwyn*
darparu: paratoi
ar eu cyfer: iddyn nhw
yn weddus: *appropriate*

canys: achos
dylanwadol: *influential*
cymwynaswr: *benefactor*
yn ddwysach: *more intense*
fawr ddim: *hardly at all*
yn hwyliog: *in a good mood*
ers tro: ers tipyn o amser
wedi'i blesio: *had pleased him*
atgof: *reminiscence*

72

am atgof â Thynoro. Yr oedd yntau fel petai'n benderfynol o gydio â'i holl egni yn y noson hon. Pobol ifainc oedd o'i gwmpas i gyd erbyn hyn. Hwn, efallai, oedd ei gyfle olaf i sgwrsio ag un o'i genhedlaeth ef. Yr oedd Tynoro yn Llanaerwen er cyn geni Henri a Greta, ac ef a fedyddiodd y ddau. Ef a briododd Edward Vaughan a Margaret, ac yr oedd cofio hynny wedi closio Edward Vaughan ato heno'n fwy nag erioed.

'Diar! Fel rydw i'n cofio'ch tad, Mr. Vaughan,' meddai Tynoro, a'i lygaid yn pefrio. 'Ia, yr hen William Vaughan yn ista yng nghongl y sêt fawr, ac yn edrach arna i fel barcud drwy gydol y bregeth.'

Eisteddai Harri gyferbyn â Tynoro. Os clywsai'r sgwrs hon unwaith fe'i clywsai ganwaith. Ond meddyliodd. Wedi'r cyfan, chlywa i mo'r math yma o sgwrsio lawer yn hwy. Cenhedlaeth sy'n prysur fynd heibio ydi cenhedlaeth 'Nhad a Tynoro. A rhyw ddiwrnod, mi fydda innau'n siarad â rhywun o'm cenhed- laeth fy hun, a Huw Powys yn gwrando arna i, ac yn meddwl peth mor afiach ac mor drist ydi hen ddynion yn hel atgofion.

Penderfynodd Mrs. Thomas tuag un ar ddeg ei bod yn amser troi tuag adref. Byddai'r fen fudo wrth ei thŷ yn fore drannoeth, ac yr oedd diwrnod mawr o'i blaen. Cusanodd Mrs. Thomas Greta a Marged a mynd allan yn sydyn at y car, yn snwffian i'w hances boced. Daliodd Edward Vaughan law Tynoro'n hir, fel petai'n dal gafael cyhyd ag y gallai yn ei orffennol. Safodd yn y drws i'w gwylio'n mynd ymaith yn y car (gyda Harri). Yr oedd pennod yn hanes Dyffryn Aerwen wedi cau.

'Dowch i'r tŷ, 'Nhad, neu fe gewch annwyd,' meddai Greta, yn falch bod ganddi rywun i ofalu amdano. 'Mi ddaw Mr. Thomas yma i edrych amdanoch chi eto.'

Gyrrodd Harri i lawr i'r pentref heb ddweud fawr o ddim. Ond pan safodd y car wrth ddrws Efrydfa, ac wedi i Mrs. Thomas fynd i'r tŷ, dywedodd Tynoro,

---

ac ef a . . .: *and it was he who baptized the two*
pefrio: disgleirio
fel barcud: *like a red kite*
drwy gydol: *throughout*
Os clywsai: Os oedd wedi clywed
cenhedlaeth: *generation*

afiach: *unhealthy*
yn hel atgofion: yn siarad am yr hen amser
y fen fudo: *the removal van*
cyhyd ag y gallai: *as long as he could*
fawr o ddim: cf. fawr ddim

73

'Mae'n ddrwg iawn genny, Harri, 'mod i'n mynd odd'ma heb fedyddio'ch plentyn bach chi. Rydw i'n gobeithio y gwnewch chi ailfeddwl am y peth erbyn y daw gweinidog arall i Fethel. A phetaech chi'n penderfynu cyn hynny, mi fyddai'n dda gen i ddod bob cam yn ôl yma i'w fedyddio fo.'

'Rydw i'n ddiolchgar ichi, Mr. Thomas, am eich cynnig.'

'Ia, wel, rydw i'n ei feddwl o, 'machgen i. Ydw. Yn ei feddwl o o 'nghalon. A pheidiwch â bod yn ddiarth i'r capel, Harri. Daliwch i fynd i glyw'r Efengyl. Fe dyrr y golau arnoch chi yn y man.'

'Rydw i'n ddiolchgar ichi am eich cynghorion, Mr. Thomas. A rŵan, os gwnewch chi f'esgusodi i . . .'

'Siŵr iawn. Mae'n mynd yn hwyr, a finna'n eich cadw chi. Wel, da boch chi, Harri. Cofiwch be ddwedais i. A bendith arnoch chi.'

ii

Bore drannoeth, galwodd Iorwerth ar Harri i mewn i'r swyddfa, a gwyddai Harri ar ei wep fod rhywbeth o'i le.

'Beth sy'n bod, Iorwerth? Y *Ferguson* wedi torri eto?'

'Dim byd mor syml,' ebe Iorwerth. 'Vera ydi'r trwbwl.'

Eisteddodd Harri a thanio sigarét.

'Beth mae Vera druan wedi'i wneud?'

'Chododd hi ddim y bore 'ma,' ebe Iorwerth.

'Ydi Vera'n sâl?'

'Nac ydi. Fe ddaeth Gwilym y Trawscoed â hi adre yn ei gar tua dau o'r gloch y bore 'ma. Fydde hynny ddim yn 'y mhlesio i. Ond mi fyddwn i'n barod i fadde hynny. Y peth na alla i mo'i fadde ydi fod Vera wedi meddwi.'

Chwibanodd Harri.

'Ond sut y gwyddoch chi hyn i gyd, Iorwerth?'

---

pob cam: *every step*
cynnig: *offer*
yn ddiarth: h.y. cadw i ffwrdd
i glyw'r Efengyl: h.y. *hear the Gospel*
Fe dyrr y golau . . .: *The light will fall upon you*

ar ei wep: ar yr olwg ddiflas arno
madde/maddau: *to forgive*
Chwibanodd H.: *H. whistled*, (chwibanu)

74

'Tua dau o'r gloch mi glywes sŵn car. Mi wyddwn nad oedd gan Vera ddim allwedd i'r tŷ, ac mi es i lawr i agor iddi cyn iddi gael cyfle i guro. Ac mi ddwedes wrth Gwilym am naill ai adael llonydd i Vera neu ddod â hi adre mewn amser parchus.'

'O'r annwyl,' ebe Harri. 'Dydech chi ddim yn nabod ein cymdogion ni, Iorwerth. Fe allwn gael trwbwl am hyn eto.'

'Mae hi wedi bod yn llymeitian gyda Gwilym o'r blaen.'

'Yn y *Crown?*'

'Nage. Y *Green Lion* yn Henberth.'

'Whiw! Ond . . . sut y gwyddech *chi* hyn, Iorwerth?'

'Mae genny dystion.'

'Ydi o'n anrhydeddus ynoch chi i sbecian ar yr eneth?'

''Y musnes i yw gofalu am fuddianne'r ffarm. Os yw hi'n mynd i fethu codi yn y bore am ei bod hi'n jolihoetian hyd y wlad hyd orie mân y bore, mae'i gwaith hi'n sicr o ddiodde. Ac mae llai o waith ganddi hi yn mynd i olygu mwy o waith i bawb arall. Ydech chi'n deall hynny?'

'Ydw.'

'Wel rŵan 'te. Os yw Vera'n gwneud llai o waith, mae'n deg iddi dderbyn llai o'r elw. Ac os digwydd hyn eto, rwy'n mynd i bwyso am hynny.'

Sugnodd Harri'i sigarét am sbel. Yna dywedodd,

'Beth ydech chi'n awgrymu i mi'i wneud?'

'Y peth garwn i chi'i wneud, Harri, fydde cael gair â hi. Chi ydi cadeirydd y Gymdeithas a chi yw'r dyn i'r gwaith.'

Cododd Harri.

'Wel,' meddai, 'er cased genny wneud hyn, mi wna i 'ngore. Dydw i'n addo dim.'

'Diolch, Harri.'

Aeth Harri o'r offis â'i galon yn ei sgidiau.

Mi wyddwn: Roeddwn i'n gwybod	geneth: *merch*
parchus: *respectable*	buddianne: *interests*
O'r annwyl: h.y. *Dear me!*	orie/oriau mân: *early hours*
llymeitian: *yfed*	golygu: *to mean*
sut y gwyddech: sut oeddech chi'n	elw: *profit*
gwybod	pwyso: *to press*
anrhydeddus: *honourable*	awgrymu: *to suggest*
sbecian: *to spy*	er cased: *despite how much I hate*

75

'A beth sy'n bod rŵan?' ebe Marged wrtho pan aeth i'r gegin fawr.

Edrychodd Harri arni a dywedodd yr hanes wrthi.

'Roeddwn i wedi ame,' meddai Marged.

'Mae Iorwerth am i mi siarad â hi,' meddai (Harri).

'Bydd yn ofalus gyda hi,' (meddai Marged).

'Yn ofalus?'

'Ie, rydw i wedi ame rhywbeth arall.'

'Beth eto?'

'Pam y gadawodd Vera'i chartre a dod yma?'

'Am fod y tyddyn gartre'n rhy fach iddi hi a'i rhieni, medde hi.'

'Efalle fod yna rywbeth arall. Ddywedodd hi ddim, ond synnwn i ddim na wnaeth rhyw fachgen dro sâl â hi.'

'Do dario,' meddai Harri, 'rydech chi ferched yn graff.'

iii

Ar ôl cinio, rhoes Harri'i ben i mewn i'r gegin fach. Yr oedd (Vera) wrthi'n sgwrio'r llawr.

'Wel, Vera, rydech chi'n fisi.'

Trodd Vera i edrych arno, a symud ei gwallt o'i llygaid.

'Does genny ddim ofn gwaith,' meddai'n amddiffynnol.

'Mae hynny'n amlwg,' meddai Harri. 'Oes wahaniaeth gennoch chi imi eistedd yma am funud?'

Cododd (Vera) oddi ar ei gliniau, ac eisteddodd hithau.

'Mae . . . mae genny eisie siarad â chi, Vera.'

'Am beth?' meddai Vera, yn amddiffynnol drachefn.

Edrychodd Harri arni, ac oddi wrthi at y llawr dan ei thraed. Yr oedd yn rhaid cymryd pwyll.

'Ydech chi'n hapus yma, Vera?' gofynnodd.

---

ame/amau: *to suspect*
synnwn i ddim: I wouldn't be
  surprised, (synnu)
tro sâl: *a bad turn*
Do dario!: *Dash it!*
yn graff: *observant*

rhoes H.: rhoiodd H.
sgwrio: *to scrub*
yn fisi: yn brysur
amddiffynnol: *defensively*
Oes wahaniaeth . . .?: *Do you mind . . . ?*
cymryd pwyll: cymryd amser

76

'Oes a wnelo hynny rywbeth â'r peth?'

Gwelodd Harri fod yn well iddo ddod at y pwynt.

'Roeddech chi'n hwyr iawn yn dod adre neithiwr . . . y bore 'ma ddyl'swn i ddweud.'

'Rydw i'n gweld,' ebe Vera. 'Iorwerth eto.'

'Iorwerth, mae'n wir, sy wedi bod yn poeni amdanoch chi.'

'*Fat lot* mae hwnnw'n poeni amdana *i*. Poeni am ei stumog, mwy na thebyg. Gorfod iddo wneud ei frecwast ei hun y bore 'ma.'

'Nid y ffaith eich bod chi wedi methu codi y bore 'ma sy'n 'y mhoeni i,' ebe Harri, 'ond yr achos am hynny. Ym mha gyflwr y daethoch chi adre neithiwr?'

'Mi ddos adre neithiwr . . . y bore 'ma . . . wedi cael diferyn neu ddau.'

'Y cyfan ddweda i ydi, 'mod i'n falch na weles i monoch chi'n dod i'r tŷ yn y cyflwr yr oeddech chi ynddo.'

'Yn falch?'

Gwelodd wefusau Vera'n crynu, a gwyddai fod ei ddadl wedi cyrraedd adre.

'Mae'n ddrwg genny 'mod i wedi'ch siomi chi,' meddai hi.

'Roedd gynnoch chi gwmni, on'd oedd?' ebe Harri.

'Oes 'na rywbeth o'i le ar Gwilym Pugh?'

'Does gen i ddim hawl i farnu 'nghyd-ddynion.'

'Mi wnaethoch chi dro sâl â'i chwaer o, Lisabeth, on'd do? Mae Gwilym yn reit siaradus wedi cael dropyn.'

Gwelodd Harri fod y drafodaeth yn mynd â'i phen iddi. Ond cofiodd beth a ddywedodd Marged am Vera, a phenderfynodd daro un man gwan eto os gallai.

'Dwedwch i mi, Vera, pwy wnaeth dro sâl â chi?'

Ergyd yn y tywyllwch oedd hi, ond gwelodd Vera'n gwynnu fel y galchen.

'Sut y gwyddech chi hynny?' meddai.

Oes a wnelo . . .?: *Does that have . . .?* dropyn: *drop (to drink)*
Ym mha gyflwr: *In what condition* trafodaeth: *discussion*
diferyn: *a drop* ergyd: *a blow*
yn falch: *glad* yn gwynnu fel y galchen: *yn troi'n*
barnu: *to judge* · wyn
cyd-ddynion: *fellow-men*

77

'Na hidiwch sut y gwn i,' ebe Harri, yn canu oddi mewn am ei lwc.

Er ei syndod, torrodd Vera i feichio crio. Vera falch, hyderus, o bawb. Pan gafodd feddiant arni'i hun, dywedodd dipyn o'i hanes. Oedd, yr oedd hi wedi caru milwr yng ngwersyll Kinmel. Gŵr priod, a chanddo blant. Addawodd y milwr ysgar â'i wraig a'i phriodi. Ac yna, heb ddweud gair wrthi, gadawodd y milwr y gwersyll am wersyll arall. Ni chafodd hi byth wybod i ble yr aeth ac ni chafodd air oddi wrtho.

'Mae'n ddrwg genny, Vera, 'mod i wedi sôn.'

'Popeth . . . popeth yn iawn. Mi wnes ffŵl ohonof fy hun.'

'Dim o gwbwl. Rydw i'n rhyfeddu'ch bod chi cystal.'

'Ydech chi'n meddwl, Harri, na ddylwn i ddim mynd hefo Gwilym Pugh?'

'Nac ydw i. Ewch efo Gwilym ar bob cyfri, ond mi fuaswn i'n dweud . . . gadwch lonydd i'r ddiod. Rydech chi'n rhy dda iddi.'

Syllodd Vera arno â rhywbeth tebyg i edmygedd.

'Rydech chi'n dda, Harri, a chithe'n gwybod bod Gwilym Pugh wedi siarad yn sbeitlyd amdanoch chi. Fedrwn i ddim bod yn faddeugar fel'na . . . '

'Bobol annwyl, dydw i ddim yn batrwm i neb, Vera!'

'Ond . . . mi wna i addo gadael llonydd i'r ddiod, os . . . os ydech chi'n dweud.'

'Diolch, Vera.'

Na hidiwch: Does dim ots
beichio crio: crio llawer iawn
meddiant: *control*
ysgar: *to divorce*
rhyfeddu: *to be amazed*

ar bob cyfri: *by all means*
edmygedd: *admiration*
yn faddeugar: *forgiving*
mi wna i addo: *I shall promise*

Y DDEGFED BENNOD

i

Aeth Greta i Lerpwl ar ei phen ei hun am reswm arbennig. Yr oedd Harri wedi cynnig mynd â hi yn y car, a dod â hi'n ôl yr un diwrnod. Gallent weld arwerthwr a threfnu i roi'r tŷ ar werth yn hwylus mewn pnawn, meddai ef. Ond dywedodd Greta fod yn well ganddi fynd ei hunan ar y trên, ac aros noson yn Lerpwl er mwyn cael mwy o amser.

Y gwir oedd fod Greta eisiau sgwrs â Mrs. Evans. Wrth Mrs. Evans yn unig y gallai hi ddweud y cwbwl a oedd ar ei meddwl. Pan ysgrifennodd ati i ddweud y carai alw i'w gweld, ysgrifennodd Mrs. Evans yn ôl i ddweud bod yn rhaid i Greta aros dros nos gyda hi.

Wedi cael cinio yn y ddinas, cymerodd fws i Aigburth. Ar y ffordd yno, ceisiodd beidio â meddwl am fynd i'r tŷ. Os dechreuai feddwl am y peth o'i blaen, fe wyddai y byddai'n swp sâl cyn cyrraedd y drws. Oherwydd dyma'r tro cyntaf iddi fod yn y tŷ er dydd cynhebrwng Paul.

Fe'i cafodd ei hun wrth y drws, yn ymbalfalu am ei hallwedd yn ei bag. Aeth i mewn i'r tŷ a chyfarfu'r myllni â hi yn y neuadd. Nid oedd na drws na ffenest wedi'i hagor ers tri mis. Aeth o gwmpas y tŷ i agor yr holl ffenestri.

Aeth drwodd i'r lolfa. Rhyfedd. Nid oedd wedi sylwi ar hyn o'r blaen. Ar y seidbord yr oedd y gostrel whisgi a fyddai'n arfer bod yno, ac yn ymyl y gostrel yr oedd gwydryn â staen ar ei waelod yn dangos nad oedd wedi'i olchi ar ôl ei ddefnyddio. Yr

---

rheswm: *reason*
cynnig: *to offer*
Gallent: Bydden nhw'n gallu
arwerthwr: *auctioneer*
yn hwylus: yn hawdd
y carai: *that she'd like*, (caru)
Os dechreuai: Os byddai hi'n
   dechrau
yn swp sâl: yn dost iawn

cynhebrwng: *angladd*
yn ymbalfalu: *groping*
cyfarfu: *cwrddodd*
myllni: *sultriness*
na . . . na . . .: *neither . . . nor*
rhyfedd: *strange*
y gostrel whisgi: *the whisky decanter*
staen: *stain*

oedd hwn yn dangos bod rhywun wedi yfed ohono wedi iddi hi adael y tŷ ddiwrnod y ddamwain. A dyna'r gostrel wedyn. Cofiodd fod Paul wedi'i hail-lenwi i'r ymylon o botel newydd y noson cyn mynd i'w wely y noson honno. Ond yn awr yr oedd y gostrel bron yn hanner gwag. Yr oedd o leiaf dri gwydryn wedi mynd ohoni—i'r gwydryn â'r staen ynddo. Un esboniad oedd. Yr oedd Paul, wedi darllen ei nodyn hi a chyn gyrru'r car ar ei hôl drwy'r niwl, wedi bod yn yfed. Gallai Paul ddal llawer o ddiod, ac nid oedd rhyw dri gwydryn yn ddigon i'w feddwi, ond yr oedd o leiaf *wedi* yfed cyn gyrru'r car.

Nid arni hi, beth bynnag, yr oedd y bai *i gyd*. Yr oedd Paul— yr oedd hi'n dechrau credu hynny—wedi bod yn fwy cyfrifol nag a wyddai hi cyn heddiw am ei ddiwedd erchyll ei hun. Ond yr oedd ei methiant i'w arbed rhag ei ddiwedd, ac i deimlo'i golli fel y dylai gwraig deimlo colli'i gŵr, yn gryn uffern iddi o hyd.

ii

Cododd Mrs. Evans oddi wrth y bwrdd a mynd i roi proc i'r tân.

'Dowch at y tân 'ma, Greta. Mae braidd yn oer ichi wrth y bwrdd 'na.'

Daeth Greta at y tân ac eistedd yn un o'r cadeiriau esmwyth.

'Greta. Rydw i'n gobeithio na fyddwch chi ddim yn ddig wrtha i. Rydw i wedi gwahodd rhywun yma heno, sy'n ffrind i chi ac i mi.'

'Pam y dylwn i fod yn ddig?'

'Mae o'n gwybod eich stori chi.'

'Fy—?'

'Mae'n gwybod amdanoch chi a Paul—cyn y ddamwain. Mae o'n deall.'

---

i'r ymylon: h.y. *to the top*	erchyll: *ofnadwy*
esboniad: *explanation*	methiant: *failure*
nodyn: *note*	i'w arbed rhag: *to save him from*
cyfrifol: *responsible*	yn gryn uffern: *quite a hell*
nag a wyddai hi: nag oedd hi'n gwybod	proc: *a poke*
	yn ddig: yn grac

Teimlodd Greta fod y byd i gyd yn gwybod ei helynt.

'Pwy . . . pwy ydi o?'

'Dr. Maldwyn.'

'Maldwyn Edwards?'

'Ie.'

'Dyna pam yr oeddwn i'n ofni y byddech chi'n ddig, Greta. Roedd eich helynt chi, 'nghariad annwyl i, yn pwyso cymaint arna i fel y dwedais i'r cyfan wrth Dr. Maldwyn. Mi wyddwn ei fod o'n eich nabod chi a'ch teulu hwyrach yn well nag yr oeddwn i. Ac mi wyddwn y bydde fo'n deall. Diwrnod y ddamwain yr oedd o yma, ac ar ôl i ni gael sgwrs fe ddaeth i'ch gweld chi. Ond . . . fel y gwyddon ni rŵan . . .'

'Ond Mrs. Evans, cyfrinach rhyngoch chi a fi . . . .'

'Mi wn, 'nghariad i. Ond er eich lles chi y dwedais i wrtho; roedd yn rhaid imi ofyn cyngor rhywun.'

'Wn i ddim beth i'w feddwl . . .'

'Mi garwn ichi ymddiried yn Dr. Maldwyn fel rydech chi wedi ymddiried yna i. Mi feder o'ch helpu chi'n well na neb.'

'Rydw i'n ddiolchgar iawn ichi am feddwl, Mrs. Evans. Ond mae hi'n anodd . . . meddwl siarad â neb arall . . . am hyn.'

'Fydd dim rhaid ichi, 'nghariad i. Fe wna Dr. Maldwyn y siarad.'

Tua saith, daeth Dr. Maldwyn Edwards.

'Sut yr ydech chi'n gweld Greta'n edrych, Dr. Maldwyn?' gofynnodd Mrs. Evans.

'Wel,' ebe'r meddyg, 'mi welais lawer heddiw yn edrych yn waeth na hi. Mi welais lawer hefyd yn edrych yn well. Ond . . . yn Lleifior yr ydech chi rŵan, ynte, Greta?'

'Ie, Doctor.'

'Wel, mae bwyd Lleifior, ac awyr Lleifior, yn mynd i roi lliw yn y bochau 'na cyn bo hir.'

(Roedd gŵr Mrs. Evans yn ei stydi yn gweithio.)

---

helynt: problem, trafferth	er eich lles: *for your good*
yn pwyso: *weighing*	cyngor: *advice*
hwyrach (G.C.): efallai	ymddiried: *to trust*
fel y gwyddon ni: fel rydyn ni'n gwybod	yna i (ynof i): *in me*
cyfrinach: *secret*	Mi feder o: Mae e'n gallu/medru
	yn ddiolchgar: *grateful*

'Petawn i fel eich gŵr chi, Mrs. Evans,' meddai (Dr. Maldwyn), 'yn dod â 'ngwaith adre gyda fi bob nos, mi fyddwn wedi mynd yn hen ddyn erstalwm.'

'Roedd Paul yn arfer dod â'i waith adre efo fo,' ebe Greta, heb feddwl.

'Oedd o?' ebe Dr. Maldwyn. 'Oeddech chi'n pregethu wrtho?'

'Wel . . . oeddwn, weithie.'

'Oedd Paul yn gwrando?'

'Nac oedd. Roedd ei waith yn golygu mwy iddo na fi.'

'Oedd gennoch chi rywfaint o ddiddordeb mewn meddyginiaeth a bywyd ysbyty, Greta?'

'Ychydig iawn. Mi driais (ddarllen rhywfaint) ond roedd llyfre Paul mor syched â checsen i mi.'

'Rhyfedd iawn,' ebe Dr. Maldwyn, fel petai'n troi'r stori. 'Doedd gan 'y ngwraig inne ddim diddordeb yn 'y ngwaith i nes imi fynd â hi i'r ysbyty acw ryw ddiwrnod a'i chyflwyno hi i rai o'r staff. Aeth Paul â chi gyda fo i'r ysbyty rywdro, Greta?'

'Naddo, erioed.'

'Od iawn. Ddaeth y peth ddim ar draws ei feddwl o, mae'n debyg. Diar mi. Rhyfedd meddwl am Paul. Pa enwad oedd o, Greta? Fydde fo'n mynd i le o addoliad?'

'O, bydde. Bob bore Sul. Uchel-eglwyswr oedd o.'

'Fyddech chi'n mynd gyda fo?'

'Byddwn. Ond roedd yn gas genny'r gwasanaeth.'

'A fydde Paul ddim yn rhyw barchus iawn o'r capeli Cymraeg, mae'n debyg?'

'Roedd o'n siarad yn gas iawn amdanyn nhw.'

'Ie, un rhyfedd oedd Paul. Tori mawr oedd Paul, ynte? Fuoch chi'n dadle ag o ar bolitics, Greta?'

''Y mholitics i laddodd Paul.'

'Beth ydech chi'n feddwl wrth hynna, Greta?'

---

erstalwm: ers amser hir	cyflwyno: *to introduce*
pregethu: *to preach*	enwad: *denomination*
golygu: *to mean*	addoliad: *worship*
meddyginiaeth: *medicine*	Uchel-eglwyswr: *High churchman*
mor syched â checsen: *as dry as a cake*	parchus: *respectful*
nes: *until*	dadle/dadlau: *to debate/argue*

'Mi ymunais i a'r Blaid, yn gwybod yn iawn y bydde Paul yn
gandryll pan ddôi i wybod. Ac roeddwn i'n iawn. Y diwrnod y
cafodd Paul y ddamwain, wedi ffraeo yr oedden ni. Mi ddwedais
i 'mod i wedi ymuno â'r Blaid, ac fe ddwedodd Paul 'mod i'n
ceisio dryllio'i fywyd o. Mi adewais i nodyn iddo a dianc adre
i Leifior—yn bwriadu dod yn ôl ar ôl ychydig ddyddie. Pan
gafodd Paul fy nodyn i, fe lyncodd dipyn o ddiod ac fe ddaeth
drwy'r niwl ar f'ôl. Fe wyddoch beth ddigwyddodd.'
'Rydech chi'n dweud mai'ch cenedlaetholdeb Cymreig chi
laddodd Paul,' meddai (Dr. Maldwyn).
'Mae arna i ofn,' ebe Greta.
'Ydech chi ddim yn meddwl mai'i genedlaetholdeb Seisnig
o'i hun lladdodd o?'
Edrychodd Greta'n ddryslyd.
'Wnes i ddim meddwl am hynna,' meddai.
'Gwrandewch, Greta. Dydw i, wrth gwrs, ddim yn aelod o'r
Blaid. Ond rydw i'n meddwl eich bod chi, yn gwneud môr a
mynydd o'ch cenedlaetholdeb. Nid dweud bod eich cenedlaeth-
oldeb chi'n iawn yr ydw i, ond dweud ei fod o'n anochel, gan fod
Paul a chithau yr hyn oeddech chi.
'Beth laddodd Paul? Neb na dim, hyd y gwela i. Damwain
oedd hi, a does dim bai ar neb am ddamwain. Ond fe grewyd yr
amgylchiadau a arweiniodd i'r ddamwain gan nifer o bethau:
eich methiant chi a Paul i gyd-fyw—nad oedd politics yn ddim
ond elfen fechan ynddo—eich tymer wyllt chi a thymer wylltach
Paul, diod feddwol, niwl, a gyrru diofal.'
Diffoddodd Dr. Maldwyn ei sigarét a thanio un arall.
'Mi wyddwn,' meddai (Mrs. Evans), 'mi wyddwn. Doedd
dim bai ar Greta, roeddwn i'n dweud o'r cychwyn . . .'
'Hanner munud,' ebe Dr. Maldwyn, 'ddwedais i ddim nad
oes *dim* bai arni. Ceisio dangos i Greta yr ydw i nad hi sy'n

---

yn gandryll: *absolutely mad*
pan ddôi: *when he'd get*, (dod)
dryllio: dinistrio, *to destroy*
cenedlaetholdeb: *nationalism*
yn ddryslyd: *perplexed*
yn gwneud môr a mynydd: h.y. *to
   overemphasize*
yn anochel: *inevitable*

yr hyn oeddech chi: *what you were*
hyd y gwela i: *as far as I can see*
fe grewyd yr amgylchiadau: *the
   circumstances were created*
cyd-fyw: *to co-habit*
elfen fechan: *a small element*
gwylltach: *wilder*
diod feddwol: *intoxicating liquor*

83

uniongyrchol gyfrifol. Mae hi'n gofidio'n ddiachos. A rŵan, ga
i roi cyngor ichi, Greta?'

Nodiodd Greta. Fe wyddai'i bod hi'n mynd i feichio crio cyn
bo hir iawn gan ysgafnhad.

'Os ydech chi'n teimlo,' ebe'r meddyg, 'fod eich cenedlaeth-
oldeb chi wedi gwneud drwg, gwnewch iddo rŵan wneud da.
Ddowch chi ddim â Paul yn ôl drwy beidio â bod yn genedlaeth-
olwraig. Mae 'na fwlch yn eich bywyd chi rŵan ac mae'n rhaid
ichi gael rhywbeth i'w lenwi o. Mae'r rhywbeth hwnnw
gennoch chi. Argyhoeddiad o'ch Cymreictod. Rhowch gig a
gwaed yn eich argyhoeddiad. Gweithiwch. Chwyswch.'

Fe gysgodd Greta y noson honno fel plentyn blwydd.

---

uniongyrchol gyfrifol: *directly
 responsible*
yn ddiachos: *without cause*
beichio crio: *to sob*
gan ysgafnhad: *with relief*
Ddowch chi ddim â: *You won't bring,*
 (dod â)
drwy beidio â bod: *by not being*

cenedlaetholwraig: *nationalist
 (woman)*
bwlch: *gap*
argyhoeddiad: *conviction*
Cymreictod: *Welshness*
Chwyswch: *Sweat*
fel plentyn blwydd: *like a one year old
 child*

YR UNFED BENNOD AR DDEG

i

Dydd Mercher yr oedd pawb o Leifior wedi mynd i'r farchnad yn Henberth ac eithrio Marged a Greta.

Treuliodd Harri a'i dad y pnawn yn yr ocsiwn wartheg, yn gwylio'r gwerthu ac yn trafod y prisiau ac yn torri gair â hwn a'r llall. A throesant adref tua thri, er mwyn cyrraedd yn brydlon erbyn te. Treuliodd Iorwerth a Gwdig y pnawn yn y siopau nwyddau haearn, a phrynodd Iorwerth ddril hadau newydd. Aethant hwythau, tua phedwar.

Vera'n unig a adawyd ar ôl.

'Mae gen i isio siopa tipyn,' ebe Vera (wrth Iorwerth), 'a fydda i byth wedi gorffen erbyn pedwar. Mi ddo i adre ar y bỳs pump.'

Tua phedwar, cafodd Vera (ei bod hi'n hen barod am gwpaned, a throdd tua'r *Corner Cafe*). Cyn iddi gyrraedd y caffi, dyma lais y tu ôl iddi.

'Hylô 'ma! Ar dipyn o frys heddiw?'

Gwilym Pugh y Trawscoed oedd yno.

'O . . . hylô, Gwilym? Jyst yn mynd am gwpaned . . .'

'O, ic, wir? Wel, dyna beth od. Finne hefyd. Dowch, mi awn ni i mewn.'

Buasai'n well ganddi beidio â gweld Gwilym heddiw, mor fuan wedi'i sgwrs â Harri. Chwiliodd Gwilym am fwrdd yn y bwyty, a chafodd le i ddau wrth fwrdd yn ymyl y ffenest.

---

ac eithrio: *with the exception*

Treuliodd H. . . . .: *H. . . . spent,* (treulio)

ocsiwn: *auction*

torri gair: sgwrsio

hwn a'r llall: h.y. pobl wahanol

troesant: troion nhw

yn brydlon: *promptly*

siopau . . .: *ironmongery shops*

hadau: *seeds*

hwythau: nhw hefyd

a adawyd: *was left,* (gadael)

Mi ddo i: *I'll come,* (dod)

Buasai'n well ganddi beidio: *She would have preferred not*

mor fuan: *so soon*

'Sut mae Harri Vaughan, escweiar, yn eich trin chi y dyddie 'ma, Vera?'

Edrychodd Vera'n slei ar Gwilym.

'Dydech chi byth wedi madde iddo am wneud tro gwael â'ch chwaer,' meddai.

Siglodd Gwilym ei ben.

'Mi dorrodd y cythrel galon Lisabeth,' meddai.

'Roedd yn well iddo dorri'i chalon hi cyn priodi nac wedyn,' ebe Vera.

'Y coleg drodd ei ben o,' ebe Gwilym, yn anwybyddu dadl Vera. 'Mi syrthiodd mewn cariad â rhyw gomiwnist fan'ny. Wedyn mi dorrodd galon honno, ac mi ddaeth adre ac mi briododd y slwt fach 'na o'r Llan, merch Jac Salad.'

'Dydi Marged ddim yn slwt.'

'Mi ddowch chi o hyd i'w perfedd nhw, peidiwch â phoeni. . . Weles i monoch chi ers tro. Lle buoch chi'n cadw?'

'Ryden ni wedi bod yn brysur drwy'r wythnos.'

'Roeddwn i'n meddwl, gan fod cymaint ohonoch chi, na fydde dim digon o waith i fynd rownd.'

'Mi wn i fod ffermwyr yr ardal 'ma'n cymryd arbraw Harri'n ysgafn . . .'

'Os ydi o eisie ffarmio, pam na ffarmith o fel pob ffarmwr arall? Wneith o byth arian.'

'Does ar Harri ddim isio gwneud arian.'

'Y? I be ddiawl mae o'n ffarmio o gwbwl 'te?'

'Nid gwneud arian *ydi* popeth mewn bywyd, Gwilym.'

'Gwneud arian ydi popeth mewn bywyd, Vera. Peidiwch â gwrando ar theoris Harri Vaughan.'

Ar ôl te, dywedodd Gwilym,

'Does dim hast arnoch chi i fynd adre, nac oes, Vera?'

'Oes, mae rhaid imi ddal y bỳs pump.'

'Hanner munud, da'r lodes. Mae'r car gen i, a dyden ni ddim wedi gwneud ein fisit i'r *Green Lion* eto.'

---

trin: *to treat*
madde/maddau: *to forgive*
tro gwael: *bad turn*
slwt: h.y. *slut*
Mi ddowch chi o hyd i'w perfedd:
  h.y. *You'll find out about them*

ers tro: ers amser
arbraw(f): *experiment*
pam na ffarmith o: *why doesn't he farm*
Wneith o byth: *He'll never, (gwneud)*
hast: h.y. *haste, You're not in any hurry*
da'r lodes: dyna ferch dda

86

Trodd Vera'r freichled ar ei braich.

'Dydw i ddim yn dod i'r *Green Lion* eto, Gwilym.'

'O? Pam?'

'Dim byd. Rydw i'n ... rydw i'n rhoi'r gore i'r ddiod.'

Chwarddodd Gwilym, ac yna sobrodd.

'Oes neb wedi bod yn eich pen chi, nac oes, Vera?'

'Meindiwch eich busnes.'

'Howld on, nid dyna'r ffordd i siarad â ffrind. Os ydi Iorwerth wedi bod yn busnesa, mi gnocia i'i ddannedd o i mewn i gyd.'

'Nid iddo fo rydw i wedi addo rhoi'r gore i'r ddiod.'

'I Harri?'

'Gan eich bod chi'n gofyn, ie.'

Toddodd aeliau duon Gwilym i'w gilydd.

'Os ydi hwnnw'n ymyrryd â theulu Trawscoed eto ...'

'Gwrandewch, Gwilym. Ryden ni wedi cael amser reit dda hefo'n gilydd, ac fe gawn eto. Does dim rhaid inni'i gael o yn *lounge* y *Green Lion*. Mae'r *Plaza* gynnon ni, a'r wlad i gyd. Dowch rŵan. Ewch â fi yn y car i'r mynyddoedd i rywle, ac ewch â fi i Leifior erbyn swper.'

'Wel ... ' ebe Gwilym, yn ci llygadu'n amheus.

'Dowch,' ebe Vera, yn teimlo'n sicrach ohoni'i hun. 'Dyna 'nhelere i. Fe ellwch eu derbyn neu eu gwrthod nhw.'

Cododd Gwilym, a gwenu. Yr oedd yn well ganddo ildio na cholli'i chwmni.

11

Yr oedd Ebrill yn y berllan.

Safodd Greta â'i chefn ar un o'r coed afalau, yn pensynnu. Yr oedd hi wedi peidio meddwl am wanwyn, wedi peidio â chredu mewn gwanwyn, tan y diwrnod hwn. Nid am fod ei bywyd yn

---

breichled: *bracelet*

busnesa: *to poke one's nose in*

addo: *to promise*

Toddodd aeliau . . . .: *Gwilym's . . . eyebrows melted*, (toddi)

llygadu: *to eye*

ym amheus: *with suspicion*

yn sicrach: *more certain*

telere/telerau: *terms*

ildio: *to yield*

perllan: *orchard*

pensynnu: *to day-dream*

wacach nac yn dristach wedi colli Paul, ond am ei bod hi'i hun yn galetach ac yn euocach. Yr oedd yr oedfa gyda Dr. Maldwyn wedi chwalu'r euogrwydd. Ond nid oedd ganddi mo'r loes a ddylai fod yn ysu gwraig a gollodd ei gŵr. Dim ond y loes o fethu gofidio, o fethu galaru, o fethu hiraethu ar ei ôl.

Ond heddiw, daethai'r haul. Amneidiodd arni, cusanodd hi, a'i chadwyno yn y berllan. Ac yr oedd hi yma, yn hiraethu. Nid am Paul, ond am ddiwrnod tebyg i hwn pan oedd hi mewn cariad.

Trodd ei hwyneb draw i'r lle'r oedd Huw Powys yn ei bram dan y coed eirin ger y llwybr. Hi, am awr, oedd ei fam ac os dihunai a chrio, hi fyddai'n rhedeg ato ac yn rhoi swcwr iddo.

Clywodd siffrwd gyferbyn â hi, a throdd ei phen. Yno, rhwng dau bren, yn dal ac yn gyhyrog ac yn syllu arni, yr oedd Iorwerth. Safodd o'i blaen ychydig oddi wrthi, fel bachgen o flaen athrawes, ac yn y man dywedodd,

'Rydech chi'n afresymol o dlws.'

Chwarddodd hi'n gwta gan daflu'i chyrls, ac yna edrychodd arno'n garedig, yn ei theimlo'i hun genhedlaeth yn hŷn nag ef.

'Diolch ichi am ddweud wrtha i, Iorwerth. Ond nid ar 'y nghyfer i bellach y mae geirie fel'na.'

Gwridodd Iorwerth. Ac yna dweud, i guddio'i swildod,

'Ydech chi'n meddwl am eich bod chi'n wraig weddw eich bod chi wedi peidio bod yn ifanc?'

Trodd Greta draw.

'Unwaith y mae merch yn caru,' meddai.

Plygodd Iorwerth ei ben.

---

yn wacach: *emptier*
euocach: *more guilty*
oedfa: h.y. cyfarfod
chwalu: *to shatter*
euogrwydd: *guilt*
loes: poen
ysu: h.y. *to consume*
galaru: *to mourn*
daethai'r haul: roedd yr haul wedi dod
Amneidiodd: *He gesticulated*, (amneidio)
cadwyno: *to chain*

y coed eirin: *plum trees*
swcwr: cysur
siffrwd: *rustle*
cyhyrog: *muscular*
yn afresymol: *unreasonably*
yn gwta: yn fyr
cenhedlaeth: *a generation*
yn hŷn: *older*
ar fy nghyfer i: *for my benefit*
Gwridodd I.: *I. blushed*, (gwrido)
swildod: *shyness*
gwraig weddw: *widow*

88

'Mae'n ddrwg genny,' meddai. 'Os brifes i chi, wnewch chi anghofio beth ddwedes i?'

Cododd ef ei lygaid yn sydyn eto, ac edrych arni—yn obeithiol.

'Greta, os newidiwch chi . . . Na. Ddweda i mo hynna chwaith. Maddeuwch imi.'

Trodd Iorwerth a cherdded oddi wrthi i lawr y berllan. Gwyliodd ef nes iddo ddiflannu drwy'r llidiart. Ac yna gwyrodd yn ôl a phwyso'i chorun cyrliog ar y pren. Nid oedd Iorwerth, er ei laned, yn ddim iddi mwy nag unrhyw lanc arall bellach. Ond am funud yr oedd clywed y geiriau edmygol, gweld y llygaid yn toddi arni, wedi ailbrocio'r hen fflam ddeunaw oed yn y marwor. A hithau wedi dweud, 'Unwaith y mae merch yn caru.' Caru Paul a feddyliai Iorwerth. Ond pa wahaniaeth?

Os brifes i: *If I hurt*, (brifo)
gwyrodd: plygodd, (gwyro)
corun: top y pen
er ei laned: er ei fod mor lân
edmygol: *admiring*

ailbrocio: *to rekindle*
ddeunaw oed: 18 oed
marwor: *embers*
a feddyliai I.: yr oedd I. yn ei feddwl

Y DDEUDDEGFED BENNOD

i

Yn niwedd Medi daeth y Parchedig Gareth Evans, M.A., yn weinidog ar eglwysi Bethel a Hebron. Breuddwyd y bobol ym Methel ar hyd y blynyddoedd fu cael M.A.'n weinidog. Byddai M.A. yn creu eiddigedd yn yr eglwysi cylchynnol. A byddai M.A. yn edrych mor neis ar y bwrdd y tu allan i'r capel. Mae'n wir mai stiwdent ydoedd a'i fod felly'n brin o brofiad, ond yr oedd yr M.A. Rhydychen yn gwneud iawn am y diffygion i gyd.

Pan glywodd Harri fod y gweinidog ifanc wedi derbyn yr alwad, siglodd ei ben,

'Y creadur bach,' (meddai wrth Marged). 'Yn dod â'i allu a'i ddysg i le fel hwn. Pwy yma feder ei werthfawrogi o?'

'Fe fyddi di'n gallu'i werthfawrogi o, Harri. A Gwdig. Ac Iorwerth. Rydech chi wedi bod yn y coleg i gyd.'

'Pa iws fyddwn *ni* iddo? Gwdig yn Annibynnwr, finne'n anffyddiwr . . . Iorwerth ydi'r unig Fethodist, a dyw ynte ddim yn orselog. Tynnu dyn disglair i'r fan yma i siarad am ddefaid a gwartheg a phris y glo a . . . rhiwmatics.'

'Roedd Iesu Grist yn siarad am bopeth.'

'Am dair blynedd, ac wedyn gwneud *grand exit*.'

'Rwyt ti'n siarad yn amharchus, Harri.'

'O'r gore. Ddweda i ddim mwy. Ond rydw i'n gobeithio'r annwyl nad erys o ddim yma'n hir er ei les ei hun. Fe fydd dwy flynedd yn hen ddigon.'

---

gweinidog: *minister*
eiddigedd: *envy*
cylchynnol: *yn yr ardal o gwmpas*
diffygion: *deficiencies*
galwad: *call* h.y. *invitation*
y creadur bach: h.y. *druan ag e!*
gallu: *ability*
dysg: *education*
feder . . .: *can appreiciate him*
Annibynnwr: *Independent*

anffyddiwr: *atheist*
yn orselog: *yn rhy ffyddlon*
dyn disglair: *a brilliant man*
yn amharchus: *disrespectful*
yn gobeithio'r annwyl: h.y. *yn gobeithio'n fawr*
nad erys o: *na (that) fydd e ddim yn aros*
er ei les ei hun: *for his own good*

90

Cafwyd llety i'r gweinidog gyda Mrs. Arthur yn Nhop y Llan. Gwraig fach groesawus ond distaw, ac aelod gyda'r Annibynwyr.

'Pa bryd y galla i wahodd Mr. Evans yma i swper, Marged? Mae'n arferiad yn Lleifior, wyddoch chi, pan ddaw gweinidog newydd i Fethel,' (meddai Edward Vaughan).

'Gwahoddwch o pryd mynnoch chi,'Nhad,' ebe Marged. 'Fe fydd unrhyw adeg yn hwylus i ni.'

Edrychodd Edward Vaughan ar Harri.

'Rydw i'n gobeithio y gwnei di ffrind o Mr. Evans, Harri.'

'Mm?' Cododd Harri'i ben eto. 'Ffrind? Pam, 'Nhad?'

'Wel . . . rydech chi'ch dau oddeutu'r un oedran, ac wedi bod drwy'r coleg, fe . . . fydd gynnoch chi dipyn go lew yn gyffredin.'

Go brin, ebe Harri wrtho'i hun wrth ddychwelyd at ei ddarllen.

ii

Y Sul cyntaf yn Hydref, daeth Edward Vaughan a Greta adref o'r capel amser cinio wedi clywed pregeth gynta'r gweinidog newydd. Yr oedd Marged yn disgwyl amdanynt yn frwd.

'Wel, gawsoch chi bregeth dda?'

'Pregeth neis, Marged,' meddai Edward Vaughan. 'Syml hefyd, ac ystyried ei fod o'n ddyn wedi cael cymaint o addysg.'

'Ar beth roedd o'n pregethu, Greta?' gofynnodd Harri, ac adroddodd Greta,

'"Oddieithr eich troi chwi, a'ch gwneuthur fel plant bychain" . . . Lle mae Huw Powys, Marged?'

---

llety: *lodgings*
croesawus: yn rhoi croeso
Pa bryd: Pryd
arferiad: *custom*
pryd mynnoch chi: *whenever you want,*
　(mynnu)
yn hwylus: yn gyfleus
oddeutu: tua

tipyn go lew: *quite a bit*
go brin: *hardly*
yn frwd: *eagerly*
ystyried: *considering*
"Oddieithr eich troi chwi . . .":
　"Unless you repent and become as
　little children . . ."

'Yn ei lofft—yn cysgu, rwy'n meddwl,' ebe Marged yn syn braidd.

'Mi a i edrych ydi o wedi deffro.'

A diflannodd Greta'n sydyn i'r neuadd.

'Rydw i'n meddwl bod Greta wedi'i chyffwrdd braidd gan y bregeth 'na bore 'ma,' meddai Edward Vaughan.

'Onid pwrpas pregethu *ydi* cyffwrdd?' ebe Harri.

Trodd ei dad yn araf ac edrych arno.

'Ie, 'ngwas i. Ac rydw i'n meddwl bod yn well i tithe ddod i lawr i wrando arno heno. Efalle y gall o dy gyffwrdd *di*.'

Gwenodd Harri.

'Wel,' meddai, 'hwyrach y do i. Os . . . os ydi Marged yn fodlon aros gartre i warchod Huw.'

'Ewch eich dau,' meddai Edward Vaughan. 'Mi arhosa i gartre heno. Mi fydd y bychan yn iawn efo fi. Ewch, wir, yn bobol ifanc i wrando ar ddyn ifanc.'

iii

Sylwodd Harri fod y capel yn rhwydd lawn. Gweinidog newydd, wrth gwrs.

Pan gododd Gareth Evans i ledio'r emyn cyntaf y gwelodd Harri'i wyneb. Wyneb braidd yn welw, efallai gan straen ei wasanaeth nos Sul gyntaf. Talcen iawn i ddal dysg a gên iawn i ddal cymeriad. A dau lygad tywyll, tawel, yn awgrymu tipyn o weledydd yn ogystal ag ysgolhaig. Llais digon peraidd hefyd, llais y gellid gwrando'n hir heb flino arno.

---

yn syn braidd: *rather surprised*
wedi'i chyffwrdd braidd: *has been touched rather*
Onid . . .?: *Is it not . . . ?*
'ngwas i: h.y. *my boy*
y gall o: mae e'n gallu
hwyrach (G.C.): efallai
y do i: *(that) I'll come*, (dod)
yn fodlon: *willing*

gwarchod: edrych ar ôl
yn rhwydd lawn: *easily full*
ledio: *to lead*
gwelw: *pale*
straen: *strain*
gweledydd: *visionary*
ysgolhaig: *scholar*
peraidd: hyfryd/*melodious*
y gellid: *that one could*, (gallu)

Yr arferol fyddai agoriad y bregeth, mae'n debyg: 'Mae geiriau'r testun i'w gweled heno yn y fan a'r fan a'r fan a'r fan.'

Ond nid felly y dechreuodd Gareth Evans ei bregeth.

Edrychodd am funud neu ddau ar ei gynulleidfa, ac yna dweud yn dawel, dawel:

'Fe wnaethoch chi ryw ddrwg y llynedd y mae rhywun yn dioddef o'i achos heno.'

Yr oedd distawrwydd, wrth gwrs, ar unwaith. Yr oedd pob un o'r gynulleidfa ar ei wyliadwriaeth. Gan gynnwys Harri.

'Mae pob un ohonon ni'n gwneud rhywbeth bob dydd y mae rhywun yn mynd i ddioddef o'i achos rywbryd. Fe allwn ni hefyd wneud rhywbeth bob dydd y bydd rhywun, nid yn dioddef o'i achos, ond yn hapusach o'i achos. Mae'r geiriau sy'n dod o'ch genau chi yn ddeinameit, wyddech chi hynny? Efallai na chlywch chi mo'r ffrwydrad. Mae'r ffiws yn rhy hir, efallai y cymer hi flwyddyn i fudlosgi, ond yn hwyr neu'n hwyrach fe fydd y gair bach diniwed ddaeth o'ch genau chi yn dryllio hapusrwydd rhywun—neu'n dryllio'i anhapusrwydd. Rydach *chi*, heb sylweddoli, yn trin deinameit bob dydd.'

Ni chlywodd Harri erioed siarad mwy ddiddeinameit. Yr oedd llais y pregethwr yn dawel, ddigynnwrf, ymron yn fflat. Ond ni chlywodd ers llawer o amser wrando mwy astud.

'Chi, er enghraifft. Yfory, amser cinio, yn y siop, ar y ffarm, yn y bws, fe gewch chi gyfle i ddweud rhywbeth wrth rywun y bydd hwnnw—neu honno—yn ei gofio hyd ei bedd. Pan ddaw'r cyfle hwnnw, dywedwch y peth iawn, wnewch chi? Dywedwch y peth hapus, y peth fydd yn creu, y peth y mae Iesu Grist yn eich ymyl chi'n aros i'w roi yn eich genau chi.'

Yr arferol: *the usual/custom*
agoriad: *opening*
testun: *text*
y fan a'r fan: *in such and such a place*
cynulleidfa: *congregation*
rhyw ddrwg: *something bad*
dioddef: *to suffer*
o'i achos: *as a result of it*
distawrwydd: *silence*
gwyliadwriaeth: *guard*
Gan gynnwys: *including*
genau: h.y. ceg

wyddech chi . . .?: oeddech chi'n gwybod . . .?
ffrwydrad: *explosion*
y cymer hi: y bydd hi'n cymryd
mudlosgi: h.y. *burning under the surface/smoulder*
yn hwyr neu'n hwyrach: *sooner or later*
diniwed: *harmless*
dryllio: *to shatter*
digynnwrf: tawel
astud: (gwrando yn) ofalus
creu: *to create*

Hyd y gair olaf un, ni laciodd y gwrando astud. Ni chlywodd Harri ar hyd y bregeth na phesychiad na rhygniad troed. Yr oedd y goncwest yn llwyr.

Ar y ffordd allan, dywedodd wrth Bebb y teiliwr,

'Pregeth fawr, John Bebb.'

Trodd Bebb ac edrych arno.

'Mawr, ddwedsoch chi? *Mawr?*

'Ie,' ebe Harri, 'oeddech *chi* ddim yn meddwl?'

'O, roedd o'n *neis* iawn. Ond nid pregethu'r ydech chi'n galw peth fel'na, Harri. Sgwrs fach oedd honna.'

'Ond roeddech chi'n gwrando'n astud, John Bebb.'

'Gwrando? Y fi? O, oeddwn, roeddwn i'n gwrando. Allech chi ddim peidio â gwrando. Roedd o mor ddiddorol.'

Dyna ni, ebe Harri wrtho'i hun. Fe ddaeth Gareth Evans M.A., Rhydychen, i Lanaerwen i *ddiddori* Bebb y teiliwr. Brysiodd tua'r car lle'r oedd Greta ac Iorwerth a Gwdig yn disgwyl amdano.

iv

Y noson y daeth Gareth Evans i Leifior i swper, yr oedd Edward Vaughan wedi gwisgo'i ddillad ail orau ymhell cyn pryd. Yr oedd hon yn noson fawr iddo ef, noson draddodiadol y croeso cyntaf i weinidog newydd Bethel. A dyma Lleifior unwaith eto'n cadw'r traddodiad hen ac yn . . .

Gwelodd Greta'n mynd heibio i ddrws y parlwr bach.

'Greta?'

'Ie, 'Nhad?'

'Wyt ti byth wedi newid? Mi fydd Mr. Evans yma gyda hyn.'

'Gwrandwch, 'Nhad. Hyd yn oed petai Mr. Evans yn 'y ngweld i a phawb arall yn ein dillad gwaith, fydd o ddim yn dychryn.'

'Ond y gweinidog . . .'

---

ni laciodd: . . . *did not relax*
rhygniad troed: troed yn crafu'r llawr
yn llwyr: *total*
pregeth: *sermon*

Allech chi ddim peidio: *You couldn't but*
diddori: *to entertain*
traddodiadol: *traditional*

94

'Ie, mi wn i. Ond mae'r oes wedi newid yn arw, 'Nhad bach. Dyn fel pawb arall ydi'r gweinidog erbyn hyn. Dydi o ddim yn disgwyl ffŷs. Ac os ydi o, cheith o mohono.'

Ond cyn i Mr. Evans gyrraedd yr oedd Greta wedi newid, a Marged, a hyd yn oed Harri. Ac yr oedd y bwrdd a baratowyd yn y parlwr mawr yn hen barod.

'Croeso i Leifior, Mr. Evans,' meddai Edward Vaughan. 'Mae'r oes wedi newid, fel y bydd y plant yma'n barod iawn i ddweud wrthoch chi. Ond dyw croeso Lleifior i weinidogion yr Efengyl wedi newid dim.'

'Diolch, Mr. Vaughan,' meddai'r gweinidog ifanc. 'Gobeithio y bydda i'n deilwng o'r croeso.'

(Cyflwynodd Edward Vaughan aelodau'r teulu i'r gweinidog ac yna dywedodd),

'Eisteddwch, Mr. Evans. Ac o Arfon yr ydech chi'n dod.'

'Ia, o Arfon. Os gwyddoch chi am dyddynnod bach Gogledd Arfon . . .'

'Mi'u gwelais nhw droeon. Rydech chi'n glod i'ch cartre. Rwy'n siŵr bod eich mam yn falch ohonoch chi heddiw. Ydw i'n iawn wrth ddweud i'ch tad gael ei ladd mewn damwain?'

'Yn y chwarel, do. Pan oeddwn i'n bur ifanc.'

Trodd Gareth Evans ei ddau lygad ar Harri.

'Rydw i'n deall, Mr. Vaughan,' meddai wrth Harri, 'eich bod chi'n gweithio ar arbraw diddorol yma. Ffarm gydweithredol, os deëllais i'n iawn.'

'Rydech chi wedi deall yn iawn,' ebe Harri.

'Mae 'na lawer yn cymryd diddordeb hyd y wlad, wyddoch chi.'

'Mae'n dda genny glywed hynny.'

'Rydach chi'n gweithio ar draethawd ymchwil hefyd, mi glywais.'

---

oes: *age*
yn arw: h.y. yn fawr
cheith o mohono: *he won't have it,* (cael)
a baratowyd: *which was prepared,* (paratoi)
gweinidogion yr Efengyl: *ministers of the Gospel*

yn deilwng: *worthy*
tyddynnod: *small holdings*
droeon: nifer o weithiau
yn glod: *credit*
yn bur ifanc: yn eithaf ifanc
arbraw: *experiment*
traethawd ymchwil: *research thesis*

95

'Ydw.'

'A'r testun, os ca i ofyn?'

'Dylanwad Marcsiaeth ar ardaloedd gwledig Cymru.'

Dyfnhaodd llygaid y gweinidog ifanc.

'Mi garwn i'n fawr gael sgwrs am y peth rywbryd,' ebe
Gareth Evans. 'Beth ydi'ch barn chi, Mr. Vaughan hynaf, am
y ffarm gydweithredol 'ma?'

'Mae'r swper yn barod, os dowch chi,' ebe Greta.

Ac yr oedd yn eithaf da gan Harri a'i dad am hynny.

Uwchben swper, dywedodd Harri,

'Pam y daethoch chi i le fel Llanaerwen yn weinidog?'

Bwytaodd Gareth Evans yn feddylgar am funud, ac yna
dweud,

'Mi hoffais i ardal Llanaerwen. Lle tawel, meddwn i. Lle i
ddarllen, a myfyrio, ac aeddfedu, a . . . wel, dyma fi.'

'Wrth gwrs,' meddai Edward Vaughan, 'fe wyddoch, Mr.
Evans, fod yna alwadau eraill ar weinidog . . .'

'Tewch, 'Nhad,' ebe Greta. 'Fu Mr. Evans ddim yn y coleg
am ddim.'

Buasai'n dda gan Harri gael mynd i'r afael ar unwaith â dyn
ifanc mor alluog ar bynciau crefydd a gwleidyddiaeth. Yr oedd
yn hoffus, doedd dim dau am hynny. Fe'i cafodd Harri'i hun yn
siomedig pan ddywedodd Gareth Evans ei fod am droi tua'r
llety.

'Mi reda i chi yn y car,' meddai.

Daliodd y llygedyn pleser yn llygad ei dad, a chofiodd fod ei
dad wedi dymuno iddo wneud ffrind o Mr. Evans. Wel . . .
Diolchodd y gweinidog yn gynnes iawn am y croeso, a thybiodd
Harri ei fod yn syllu'n dyner ar Greta.

Ar y ffordd i lawr i'r pentref bu Harri'n ateb llu o gwestiynau
am y ffarm. Ni allai lai na theimlo mai holi am y ffarm yr oedd

---

testun: *subject*
Dyfnhaodd . . .: . . . *deepened,*
  (dyfnhau)
yn feddylgar: *thoughtfully*
myfyrio: *to meditate*
aeddfedu: *to mature*
Tewch: *Be quiet,* (tewi)
Buasai'n dda gan H.: h.y. *H. would
  have enjoyed*

mynd i'r afael: h.y. *to tackle*
yn hoffus: *likeable*
dim dau: *no doubt*
am droi: yn bwriadu mynd 'nôl
llu: *llawer iawn*
Ni allai lai na theimlo: *He couldn't but
  feel*

96

Gareth Evans er mwyn cael gwybod mwy am Harri'i hun. Pan safodd y car wrth lety'r gweinidog, trodd Gareth Evans ato a dweud,

'Fyddwn ni ddim yn niwsans i'n gilydd, Harri. Mae gynnoch chi a finna ormod i'w wneud. Ond fydd hi ddim yn ddrwg genny weld cymaint arnoch chi ag y bydd modd. Harri ydw i'n eich galw chi, a Gareth ydw i i chitha. Rydan ni'n ddigon agos i'r un oed i alw'n gilydd felly. Ddowch chi i'r tŷ?'

'Dim heno. Ond mi ellwch fod yn siŵr y do i. Ac fe fydd drws Lleifior yn agored i chithe.'

'Wel, diolch yn fawr i chi am eich cymwynas a'ch cwmni. Nos dawch, Harri.'

'Nos da, Gareth.'

---

ag y bydd modd: ag sy'n bosibl   cymwynas: *favour, kindness*
y do i: y bydda i'n dod

Y DRYDEDD BENNOD AR DDEG

i

Estynnodd Vera'i gwefusau meddal am gusan arall.
'Hapus, Vera?'
'Hm, hm.'
'Un peth wnâi ti a finne'n hapusach.'
'Be, Gwilym?'
'*Gin and it.*'
'Paid â 'nhemtio i.'
'Wyt ti'n hawdd dy demtio?'
'Ydw, heno.'
'Tyrd, 'te.'
'Na . . .'
Ac eto, pam lai? Roedd hi wedi byhafio'n dda, ac yn hir.
Hanner blwyddyn a mwy yn ditotal, roedd hi'n haeddu diferyn.
'Ofn Harri Vaughan sy arnat ti.'
'Nage!'
'Pam na ddoi di 'te?'
'Olreit. Mi ddo i.'
Cyn pen dim, yr oedd y car yn sefyll ymhlith y ceir eraill o
flaen y *Green Lion.*

ii

'Dyma ni, Vera Jennifer. Ar ffald drewllyd Harri Vaughan,
Escweiar.'
'Dydi buarth Harri ddim yn ddrewllyd.'
'Ydi, mae o.'

---

wnâi: fyddai'n gwneud
'nhemtio i/fy nhemtio i: *to tempt me*
haeddu: *to deserve*
Pam na ddoi di . . .?: *Why don't you*
   come . . .? (dod)

Cyn pen dim: *in no time at all*
ffald: buarth, *yard*
drewllyd: *stinking*

'Nac ydi ddim.'

Trodd y ddau eu pennau pan welsant olau yn nrws cefn y tŷ a rhywun yn sefyll yno.

'O Duw,' ebe Vera. 'Iorwerth.'

Daeth Iorwerth yn araf o'r drws ar hyd y buarth at y car (ac) at y ffenest lle'r eisteddai Gwilym.

'Nos da,' meddai. 'Gawsoch chi daith gysurus?'

'Meindia dy fusnes, y . . .'

'Taw, Gwilym.' Rhoes Vera'i llaw ar ei fraich. 'Rydw i'n dŵad rŵan, Iorwerth.' Agorodd y drws, ac wrth gamu o'r car gollyngodd ei choesau hi. Daeth Gwilym o'r car i'w helpu.

'O'r gore, Gwilym,' ebe Iorwerth, 'mi a i â hi.'

'Mi a *i* â hi,' ebe Gwilym, gan gydio am ganol Vera.

'Mi ewch *chi* adre cyn gynted ag y gallwch chi,' ebe Iorwerth wrtho, yn ei wthio o'r naill du.

'O,' ebe Gwilym, 'fel 'na'r ydech chi'n trin cymydog yn Lleifior, ai e? Wel, cymer honna!'

Ond aeth ei ddwrn fodfeddi heibio i wyneb Iorwerth. Cydiodd Iorwerth ynddo'n swta a'i wthio i mewn i'r car a chau'r drws arno.

'Adre, ddwedais i,' meddai drwy'r ffenest. 'Ac yn ffodus ryfeddol nad ydw i'n eich reportio chi am yrru dan ddylanwad diod. Dowch, Vera.'

Eisteddodd Gwilym yn y car yn eu gwylio'n mynd tua'r tŷ.

'Reit, boi,' meddai. 'Mi ga i gyfle eto arnat *ti.*'

(A gyrrodd i ffwrdd.)

iii

Nos drannoeth, eisteddai Cymdeithas Gydweithredol Lleifior yn yr offis.

Yr oedd Harri wedi gohirio prif fater y cyfarfod cyhyd ag y gallai.

---

cysurus: cyfforddus
Taw: Bydd yn dawel, (tewi)
gollyngodd ei choesau hi: *her legs gave way*
dwrn: *fist*
modfeddi: *inches*

yn swta: h.y. *without ceremony*
yn ffodus ryfeddol: *remarkably fortunate*
gohirio: *to postpone*
cyhyd ag y gallai: *as long as he could*

'Wel, deulu,' meddai, 'mae gan y Goruchwyliwr un mater i'w osod ger eich bron chi. Ddweda i ddim amdano fy hunan.'

Rhoes Iorwerth ei bensil yn araf ar y bwrdd, a phlethodd ei ddwylo. Daliodd y Gymdeithas ei hanadl.

'Rwy'n credu, Mr. Cadeirydd,' ebe Iorwerth, 'y bydde'n well inni ofyn yn garedig i Miss Vera Davies fynd allan.'

Cododd Harri'i lygaid ac edrych ar Vera.

'Oes wahaniaeth gennoch chi, Vera?' meddai.

Siglodd Vera'i phen. Cododd, ac aeth o'r ystafell.

'Mae codi'r mater yma'n gymaint o boen i mi ag i neb,' ebe Iorwerth. 'Rwy'n barod i gyfaddef heno, er mor anodd 'y mhlesio ydw i, 'mod i'n fodlon ar y gwaith y mae . . . Vera . . . wedi'i roi i'r Gymdeithas. Ond mae ganddi un gwendid na allwn ni mo'i esgusodi mewn aelod o'r Gymdeithas hon. Mae'n ddrwg genny ddweud bod Vera wedi bod yn euog o (feddwdod) ar o leiaf bedwar achlysur er pan mae hi yn Lleifior. Roeddwn i am osod y peth ger eich bron chi o'r blaen, ond fe'm hataliwyd gan Harri. Neithiwr, am hanner nos, fe ddaeth Vera adre'n feddw gorn. A does genny ddim dewis, yn anffodus, ond gofyn ichi'i diaelodi hi o'r Gymdeithas.'

'Wel,' (dywedodd Harri) 'rydych chi wedi clywed yr erlyniad. Beth wnawn ni â Vera?'

'Rhoi cyfle arall iddi,' ebe Marged yn dawel ac yn bendant.

'Ond mae hi wedi *cael* cyfle arall,' plediodd Iorwerth. 'Hwn oedd ei chyfle olaf hi.'

'Ond dyw'r *Gymdeithas* ddim wedi cael y cyfle i roi cyfle arall iddi,' ebe Gwdig.

'Does genny ddim dewis, yn ôl ein rheolau ni,' ebe Harri, 'ond rhoi'r mater dan bleidlais.'

Pan welodd Iorwerth y bleidlais, syrthiodd ei wep. Yr oedd y

---

goruchwyliwr: *supervisor*
gosod: *to place*
ger eich bron: *in front of you*
cyfaddef: *to admit*
gwendid: *weakness*
esgusodi: *to excuse*
euog o (feddwdod): *guilty of drunkeness*
achlysur: *occasion*

fe'm hataliwyd: *I was stopped*, (atal)
yn feddw gorn: *blind drunk*
ei diaelodi hi: *to expel her*
yr erlyniad: *the prosecution*
Beth wnawn ni . . .?: *What shall we do . . .?*, (gwneud)
yn bendant: *positively*
y bleidlais: *the voting*
gwep: wyneb diflas

Gymdeithas yn unfryd o blaid rhoi cyfle arall i Vera. Edrychodd Harri'n bryderus ar Iorwerth.

'Oes gennoch chi rywbeth pellach i'w ddweud, Iorwerth, cyn galw Vera i mewn?'

'Oes. Roeddwn i wedi penderfynu, os troai'r bleidlais fel hyn, y byddwn i'n ymddiswyddo o fod yn Oruchwyliwr y Gymdeithas. Ond rwy'n barod i ailystyried 'y mhenderfyniad os cytunwch chi fel Cymdeithas i osod amodau i Vera. Eich bod chi'n caniatáu iddi barhau gyda ni yma, yn gyntaf, ar yr amod ei bod hi'n addo ymwrthod yn llwyr â diod feddwol, ac yn ail, i dorri pob cysylltiad â Gwilym Pugh y Trawscoed . . .'

'O, na,' ebe Gwdig, 'whare teg.'

'Charwn i ddim i hyn fynd allan o'r stafell yma,' ebe Iorwerth, 'ond rwy'n credu bod Gwilym y Trawscoed wedi ymdynghedu i ddifetha'r arbraw yn Lleifior. Ac mae'n mynd o'i chwmpas hi drwy feddwi un o'n haelodau ni'n achlysurol a'n gwneud ni'n destun siarad.'

'Ydech chi'n hollol saff yn dweud hynna?' ebe Harri.

'Rwy'n credu 'mod i.'

'Wel,' meddai (Harri), 'galw Vera i mewn, Gwdig, wnei di?'

Daeth Vera i mewn. Yr oedd gan Harri dasg anodd.

'Vera,' meddai. 'Mae'r Gymdeithas yn awyddus ichi aros. Ond ar ddwy amod. Yn gynta, eich bod chi'n addo—yn bendant y tro yma—na chyffyrddwch chi ddim â diod eto tra fyddwch chi yn Lleifior. Ac yn ail—ac mae'n ddrwg genny ddweud hyn, Vera—eich bod chi'n darfod â Gwilym. Beth ydech chi'n ddweud?'

Beth bynnag yr oedd Vera am ei ddweud, ni chlywodd y Gymdeithas mohono. Dechreuodd ei gwefusau grynu mor

---

unfryd o blaid: *unanimously in favour*	ymdynghedu: *to vow*
yn bryderus: yn ofidus	difetha: *to spoil*
ymddiswyddo: *to resign*	yn achlysurol: *occasionally*
ailystyried: *reconsider*	saff: h.y. *safe*
gosod amodau: *to lay down conditions*	awyddus: *eager*
caniatáu: *to allow*	addo: *to promise*
parhau: *to continue*	na chyffyrddwch chi: *that you will not*
ymwrthod: *to abstain*	touch, (cyffwrdd)
yn llwyr: *totally*	darfod: *to finish*
cysylltiad: *link*	crynu: *to quiver*

ddireolaeth nes i Harri benderfynu rhoi terfyn ar y drafodaeth yn y fan a'r lle.

'Rydw i'n meddwl, deulu,' meddai, 'y gallwn ni ymddiried yn Vera i dderbyn y ddwy amod, a'u cadw nhw. Mae'r cyfarfod ar ben.'

iv

Cyfarfyddai Clwb Ffermwyr Ieuainc Dyffryn Aerwen yn neuadd bentref Llanaerwen, a hynny bob yn ail nos Iau. A'r gaeaf hwn cychwynnodd ar un o'i dymhorau mwyaf blodeuog. Harri oedd ei gadeirydd.

Digwyddodd, fodd bynnag, fod ysgrifenyddes weithgar y Clwb, Beti Castell Aram, yn priodi ac yn mynd i ffarmio y tu draw i Henberth gyda'i gŵr a mawr oedd y crafu pen pwy y gellid ei chael yn ei lle.

Un canol dydd, trawodd (Harri) ar syniad. Gollyngodd ei waith yn y fan a'r lle, a dywedodd wrth Iorwerth ei fod am gymryd y pnawn i grwydro ac i ffwrdd ag ef (yn y *Landrover*). Daeth yn ôl yn hwyr y noson honno, wedi gyrru o ffarm i ffarm i fyny ac i lawr y dyffryn, ac wedi gweld nifer o'i gyd-aelodau yn y Clwb.

Yng nghyfarfod nesaf y Clwb, dywedodd Harri y byddai'n rhaid arnynt ddewis olynydd i Beti a gofynnodd iddynt enwi rhywun i lenwi'r swydd.

Wedi rhai eiliadau mud a digon annifyr, dywedodd Tom y Garnedd o ben ôl yr ystafell,

'Rydw i'n cynnig Vera Davies, Lleifior.'

'Rydw i'n eilio Vera,' (dywedodd Richard Castell Aram).

Yr oedd Vera yno, a chynhyrfodd drwyddi.

---

direolaeth: *uncontrollable*
terfyn: *finish*
trafodaeth: *discussion*
ymddiried: *to trust*
Cyfarfyddai . . .: Roedd . . . yn cwrdd
blodeuog: *flourishing*
gweithgar: *hard-working*
pwy y gellid: *who could one*, (gallu)

trawodd (H.) ar: *(H.) struck upon*, (taro ar)
olynydd: *successor*
mud: neb yn siarad
annifyr: *uncomfortable*
cynnig: *to propose*
eilio: *to second*
cynhyrfodd: *she got excited*, (cynhyrfu)

'O na,' meddai, 'fedra i ddim ...'

Torrodd Harri ar ei thraws.

'Oes rhyw enw arall?' gofynnodd. Ni ddywedodd neb ddim.

'Un enw'n unig ydw i wedi'i gael,' ebe Harri, 'a hwnnw wedi'i eilio. Os ydech chi o blaid wnewch chi ddangos hynny?'

Edrychodd aelodau'r Clwb yn llechwraidd ar ei gilydd, ac yn araf, o un i un, cododd y dwylo.

'Mae'r bleidlais yn unfrydol,' ebe Harri. 'Rwy'n meddwl y galla i'ch sicrhau chi y gwna Vera'r gwaith â graen. Mae gen i bob ymddiried ynddi.'

Ar y ffordd allan o'r cyfarfod, clywodd Harri law ar ei ysgwydd. John Bevan y Cefn Isaf oedd yno.

'Fuase'r Clwb byth wedi codi Vera'n ysgrifennydd oni bai bod 'na ganfasio wedi bod.'

'Roedd arnon ni eisie ysgrifennydd, a hynny ar unwaith. Mi fûm i'n crybwyll enw Vera wrth rai, os canfasio'r ydech chi'n galw hynny.'

'O, dydw i'n dweud dim am hynny, ond dyw cymeriad Vera ddim ffit ...'

'Fe ddylech chi wybod fel ffarmwr, John, mai'r peth gore i'w wneud â cheffyl rhy ffres ydi rhoi digon o waith iddo. Ydech chi'n cytuno?'

'Ydw ... ydw ...'

'Mae'n dda genny. Nos da.'

Yr oedd Iorwerth a Gwdig eisoes wedi mynd adref yn y *Landrover*, a gwelodd Harri Vera'n disgwyl amdano wrth y car. Agorodd (Harri) ddrws y car iddi. Ar y ffordd, dywedodd Vera,

'Alla i ddim gwneud y swydd 'na, Harri.'

'Wrth gwrs y gellwch chi. Rydech chi'r union lodes i'r gwaith. Mae'n hen bryd ichi sylweddoli nad wyneb a chorff da yn unig sy gennoch chi. Mae gennoch chi ddigon o fennydd os defnyddiwch chi o. A dyma gyfle ichi'i ddefnyddio rŵan. Ar draws pob peth, doedd Gwilym y Trawscoed ddim yn y Clwb heno.'

Torrodd H. . . .: *H. interrupted her,*
  (torri ar draws)
o blaid: *in favour*
yn llechwraidd: *slyly*

â graen: hynny yn dda
Mi fûm i'n crybwyll: *I did mention*
yr union lodes: *exactly the girl*
mennydd: *brain*

'Rheswm da pam. Mi orffennes hefo fo echnos.'

'Mae'n ddrwg gen i, Vera, ein bod ni wedi gorfod gofyn ichi wneud hynny. Oeddech chi mewn cariad ag o?'

'*Far from it*. Ond gwrandwch, Harri. Mae arna i ofn fod Gwilym yn mynd i achosi trwbwl.'

'I bwy?'

'I chi. Ac i Iorwerth. I Leifior.'

'Mae 'na ffyrdd i drin rhai fel Gwilym, hyd yn oed.'

Y BEDWAREDD BENNOD AR DDEG

i

'Greta,' meddai Gwdig un diwrnod, 'fe fydde'n beth da i chi a finne gychwyn cangen o'r Blaid yn y Llan 'ma.'

Cynhyrfodd Greta ychydig.

'Wn i ddim, Gwdig . . . Mae arna i ofn mai siawns wael fydde i Blaid Cymru yn Llanaerwen.'

'Mae'n rhaid iddi ddechre yma rywbryd.'

'Ond . . . dydw i 'rioed wedi gwneud dim yn gyhoeddus dros y Blaid, Gwdig. . .'

'Dechreuwch nawr 'te. Dyma ichi syniad. Yr wythnos nesa, mae Ffair G'langaea'n dod i'r Llan. Rwy'n awgrymu'ch bod chi a finne'n sefyll wrth iet y cae i werthu tipyn o lenyddiaeth y Blaid.'

'Ond . . .'

Dechreuodd Greta chwysu wrth feddwl am y fenter. Ac eto, dyna'r cyngor a roddodd Dr. Maldwyn Edwards iddi. Llenwi'r lle gwag newydd yn ei bywyd â gwaith, gwaith mudiad, y mudiad y cafodd hi ynddo bwrpas newydd i'w bywyd. Rhywbeth i fyw er ei fwyn.

'O'r gore, Gwdig, rydw i'n fodlon mentro.'

'Rown i'n gwybod y byddech chi. Fyddwn i ddim wedi gofyn i chi oni bai fod gyda chi blwc.'

ii

Noson Ffair G'langaeaf, yr oedd y ffordd i lawr o bentref Llanaerwen i gae'r ffair yn ddu gan bobol.

---

cangen: *branch*
yn gyhoeddus: *in public*
Ffair G'langaea: h.y. Ffair
    Galangaeaf, ffair ar ddechrau'r
    gaeaf

llenyddiaeth: *literature*
y fenter: *the venture*
mudiad: *movement*
i fyw er ei fwyn: *to live for (its sake)*
plwc: *pluck*

105

Taflodd Greta'i chyrls melyn a sefyll ger y llidiart i ddisgwyl.

'Gymerwch chi *Ddraig Goch*?'

Safodd dau ddyn gweddol ifanc ac edrych arni.

'Beth ydi hwnnw?' ebe'r hynaf.

'Papur misol Plaid Cymru ydi o . . .'

'O, *Welsh Nash*,' ebe'r llall. 'Ty'd yn dy flaen, Dafydd.'

Ac aeth y ddau yn eu blaenau i'r cae.

Dechreuodd calon Greta suddo. Yn union fel yr oedd hi wedi dweud wrth Gwdig. Daeth dyn canol oed, go drwsiadus, heibio iddi. Doedd dim gwerth iddi gynnig papur i hwn. Mae'n siŵr na phrynai yntau. Ond wrth ei phasio safodd y dyn, a throi tuag ati.

'Beth ydech chi'n werthu, 'ngeneth i?'

'Wel . . . tipyn o lenyddiaeth Plaid Cymru . . .'

'Plaid Cymru! Wel, o'r diwedd. Rydw i wedi bod yn disgwyl ac yn disgwyl gweld y Blaid Genedlaethol yn cyrraedd y dyffryn 'ma. Dewch imi werth hanner coron o'r pamffledi 'na, imi gael rhywbeth i'w ddarllen rŵan mae'r nos yn hir.'

Saethodd calon Greta i fyny eto, a safodd â mwy o hyder y tro hwn i ddisgwyl cwsmer arall. Dyma John Ifans, Castell Aram, yn dod heibio.

'Mr. Evans?'

'Hylô? Pwy sydd 'ma? . . . Chi sydd 'ma, Greta? Beth yn y byd yr ydech chi'n ei wneud?'

'Gwerthu llenyddiaeth Plaid Cymru, Mr. Ifans. Prynwch y *Ddraig Goch*, mae gennoch chi ddigon o arian.'

'Ho, dim cymaint â chi, Greta. Ac yr ydech *chi*'n un o'r cenedlaetholwyr 'ma, ydech *chi*? Wrth gwrs, Rhyddfrydwr ydw i yr un fath â'ch tad. Ond os ydech chi yn y Blaid Genedlaethol, mae'n rhaid ei bod hi'n rhywbeth go lew. Be sy gennoch chi?'

Wedi i Greta wthio ychydig yn rhagor o'i baich i bocedi John Ifans, penderfynodd fynd i weld sut yr oedd hi ar Gwdig. Pan gyrhaeddodd yno, yr oedd Gwdig mewn dadl hwyliog â Joni Watkin a Thwm Ellis, ac yn ymddangos wrth ei fodd.

---

llidiart: gât	cenedlaetholwyr: *nationalists*
yn eu blaenau: (fe aethon nhw)	Rhyddfrydwr: *Liberal*
ymlaen	dadl hwyliog: *lively debate*
go drwsiadus: *quite well-dressed*	ymddangos: *to appear*
na phrynai: *that he wouldn't buy*	

Rhoes Gwdig ei law'n dadol ar ei hysgwydd.

'Greta, ry'ni wedi hau'r had. Mae coes y faner yn y pridd a'i sidan yn y gwynt.'

'Twt, mae'n rhy oer i sefyll yn y fan yma i farddoni heno,' ebe Greta, a chwarddodd Gwdig.

'Cerwch chi i'r lle parcio,' ebe Gwdig. 'Mae'r *Landrover* yno. Mae Iorwerth yma yn rhywle, ac mi ddo inne mewn ychydig funude. Dim ond i fi gael gwared â'r ddou neu dri phamffled sy 'da fi ar ôl. Rhowch eich pamffledi i fi.'

Estynnodd Greta hwy iddo'n ddiolchgar, a chan godi coler ei chot aeth tua'r maes parcio.

iii

Ar ei ffordd drwy gae'r ffair tua'r maes parcio, clywodd rywun yn galw'i henw. Trodd i edrych, ond ni allodd weld neb yn arbennig yn edrych arni.

'Mrs. Rushmere.'

Daeth y llais eto.

Trodd eto i edrych, ac yn y cysgod y tu ôl i un o'r stondinau saethu gwelodd ddyn yn sefyll.

'Dowch yma.'

Petrusodd Greta am eiliad, ac yna dweud, 'Mae'r un faint o ffordd oddi acw yma ag sy oddi yma acw.'

'Olreit,' meddai o'r diwedd, 'mi ddo i.'

'O, Gwilym y Trawscoed ydech chi,' ebe Greta.

'Hollol reit. Sut ydech chi, ers llawer iawn o amser?'

'Yn weddol, diolch.'

'Fe ddylech fod yn ardderchog. Rydech chi'n ddynes rydd rŵan, on'd ydech chi?'

'Doedd hynna ddim yn beth cwrtais i'w ddweud.'

'Dydw i ddim yn ddyn cwrtais, wyddoch chi . . . Dwedwch i mi, Greta, pam y mae Vera wedi rhoi'r gore i 'nghyfarfod i? Wyddoch chi?'

---

yn dadol: *fatherly*
hau'r had: *to sow the seeds*
mi ddo inne: *I'll (also) come*, (dod)

dou (D.C.): dau
Petrusodd G.: *G. hesitated*, (petruso)
dynes rydd: *a free woman*

'Na wn.'

'Wel . . . mi ddweda i wrthoch chi. Am fod Harri'ch brawd wedi dweud wrthi am wneud. A'r Iorwerth Griffiths gythrel 'na. Gweithio ar eu hordors *nhw* mae Vera, wyddoch chi.'

'Mae'n rhaid i mi fynd, Gwilym, mae . . .'

'Na, na, does dim brys. Os ydi Harri yn erbyn imi ganlyn ei forwyn o, efalle y bydd o'n fwy bodlon imi ganlyn ei chwaer o.'

'Gadwch imi fynd.'

'Na, na.' Chwythodd Gwilym fwg sigarét yn dew o'i ffroenau. 'Rydech chi'n dlws iawn, Greta.'

Edrychodd (Greta) o'i chwmpas i weld a oedd yno rywun y gallai ddweud hylô wrtho a dianc ato i siarad.

'Na, Greta, does neb yn cymryd sylw ohonon ni. Neb o gwbwl. Dowch rŵan, beth am fod yn ffrindie? Ac mi allwn gael noson fach hapus iawn gyda'n gilydd. Dowch, Greta . . .'

'Gadwch lonydd imi . . .'

'Mae Harri wedi fy rhwystro i gael Vera, ond wneith o mo fy rhwystro i'ch cael *chi*.'

A chydiodd Gwilym ynddi. Gwingodd hi yn ei freichiau cryfion ond gwyddai na allai wingo'n hir. Yr oedd ef yn ei thynnu o dipyn i beth tua'r adwy ac ymhen eiliad neu ddau byddent o olwg pawb.

'Peidiwch, dydw i ddim wedi 'ngwneud i . . .'

'Gollyngwch hi, Pugh!'

Trodd y ddau eu pennau tua'r llais.

Deirllath oddi wrthynt yr oedd Iorwerth.

'Beth wyt *ti* eisie?' meddai Gwilym Pugh.

'Dim ond gweld bod Mrs. Rushmere yn cael llonydd,' meddai Iorwerth.

Cyn bod Iorwerth yn barod, yr oedd dwrn Gwilym wedi taro'i ên nes bod ei ddannedd yn clecian. Aeth i lawr gan sydyned yr ergyd i'r glaswellt. Camodd Gwilym tuag ato.

---

canlyn: h.y. *to court*
ffroenau: *nostrils*
wneith o mo fy rhwystro: *he won't prevent me from*
Gwingodd hi: *She writhed*, (gwingo)
adwy: *gap*
o olwg pawb: *out of everyone's sight*

Gollyngwch hi: *Release her*, (gollwng)
deirllath: *three yards*
clecian: *yn bwrw yn erbyn ei gilydd*
gan sydyned: *with the suddeness*
yr ergyd: *the blow*

108

'Iorwerth . . .' ebe Greta, 'gwyliwch . . .'

Ond yr oedd Iorwerth wedi codi. Yr oedd ei ên fel petai carreg wedi'i tharo.

'Wedi cael digon, Griffiths?' ebe Gwilym.

'Dim o bell ffordd,' ebe Iorwerth.

Taflodd Gwilym ei het i'r clawdd, a'i got uchaf ar ei hôl. Taflodd Iorwerth ei got fawr yntau. Ond ac yntau'n gwyro i wneud hynny, dyma ddwrn y llall i'w foch fel morthwyl, ac aeth i lawr yr ail dro. Llwyddodd rywsut neu'i gilydd i godi cyn i Gwilym ddisgyn arno.

Wedi sefydlogi peth, dechreuodd focsio. Arwain i'r chwith, cuddio'i wyneb â'r dde. Cafodd yn fuan iawn nad bocsio'r oedd Gwilym, nad oedd ganddo fawr o syniad am focsio. Ond yr oedd yn gryf ac yn gyflym. Ac yr oedd ganddo figyrnau fel haearn. Yr oedd wyneb Iorwerth wedi'u teimlo ddwywaith ac fe wyddai y gallai un ergyd arall fod yn ddiwedd arno.

Erbyn hyn, yr oedd pobol (wedi dechrau casglu o gwmpas). Dechreuodd Iorwerth edifaru—y rhain i gyd yn gweld goruchwyliwr Cymdeithas Gydweithredol Lleifior mewn gwaith mor wrthun. Ond yr oedd yn rhaid dal i focsio bellach. Bocsiodd ymlaen.

Clywodd swp o'r migyrnau haearn yn glec ar ei gern, a dwrn arall yn ei wynt, yn ei ddyblu. Llithrodd unwaith eto i'r barrug a Gwilym Pugh yn cydio yn llapedi'i got ac yn ceisio'i godi i roi dyrnod arall iddo. Ar unwaith, dyblodd ei bengliniau a rhoi'i draed yn stumog Pugh, a gwthiodd â'i holl nerth. Powliodd Pugh oddi arno, a chododd Iorwerth er gwaetha'i boen, a disgyn arno. Dwy ddyrnod a estynnodd Iorwerth—chwith, de. Ac yr oedd yr ornest drosodd. Gorweddai Gwilym Pugh yn ei hyd, ei drwyn a'i wefusau'n ffrydio gwaed.

'Hylô, hylô, beth sy'n mynd ymlaen yma?'

---

gwyro: plygu	swp: *a heap*
dwrn: *fist*	cern: ochr y pen
Llwyddodd: *He succeeded*	barrug: *hoar-frost*
sefydlogi: *to steady*	dyrnod: *blow*
migyrnau: *knuckles*	Powliodd P.: *P. rolled*
edifaru: *to repent*	gornest: *contest*
gwrthun: *ridiculous*	ffrydio gwaed: *streaming with blood*

Yr oedd Parri'r plismon wedi cyrraedd.

'O, ymladd sy 'ma, ai e?' meddai Parri. 'A theulu Lleifior, mi wela. A phwy ydi'r llall? Mae'n anodd gweld gan y gwaed . . . O, Pugh, chi ydi o?'

'Mi ymosododd Griffiths arna i cyn imi gael cyfle . . .' dechreuodd Gwilym, ond torrodd Dafydd, ei frawd, ar ei draws.

'Taw, wnei di? Mi gest gweir teg. Ty'd odd'ma.'

'Ie, ei baglu hi ydi'r gore i chi, Pugh,' meddai Parri, 'cyn gynted ag y gallwch chi. A pheidiwch â gadael imi'ch dal chi wrth y gêm yma eto.'

Ymlwybrodd Gwilym i ffwrdd tua'i gar ar fraich ei frawd.

'Yr un cyngor i chithe, Griffiths,' ebe Parri, gan chwanegu'n isel rhwng ei ddannedd, 'Llongyfarchiade, 'ngwas i. Fe wnaethoch job oedd eisie'i gwneud erstalwm. Rŵan, *move along, please, move along.*'

'Iorwerth, ydech chi'n iawn?'

Trodd i weld Greta'n sefyll yn ei ymyl.

'Ydw, Greta, rydw i'n iawn.'

'Diolch yn fawr ichi am . . . am wneud peth mor annymunol er 'y mwyn i.'

'Roedd o'n bleser, Greta . . . erbyn hyn. Ble gadewais i'r *Landrover*, dwedwch?'

'Mae Gwdig yn dod ag o yma rŵan.'

Safodd gyferbyn â hwy, a gwthiodd Gwdig ei ben allan.

'Dewch mewn i'r ambiwlans,' meddai, 'a diolchwch fod 'ma un dyn call wrth y whîl.'

Chwarddodd Iorwerth am y tro cyntaf erstalwm.

iv

Bore drannoeth, ar ôl brecwast, rhoes Harri'i ben i mewn i'r gegin fach.

'Ga i'ch gweld chi yn yr offis am funud, Iorwerth, wedi ichi orffen eich brecwast?'

Mi gest . . .: *You had a fair hiding,* (cael) annymunol: *unpleasant*
Ty'd (G.C.): Dere call: *sensible*
ei baglu hi: h.y. mynd yn gyflym

'Hm,' ebe Gwdig, 'mae'r Cadeirydd yn mynd i gynnig y Victoria Cross iti, siŵr o fod.'

Safodd Harri yn yr offis i ddisgwyl. (Ymhen ychydig amser) agorodd y drws a daeth Iorwerth i mewn. Yr oedd un ochor i'w wyneb wedi chwyddo ac yn las. Ac un o'i lygaid yn hanner cau. Syllodd Harri arno.

'Rydech chi'n hardd iawn y bore 'ma, Iorwerth.'

Ni ddywedodd Iorwerth ddim. Eisteddodd, ac eisteddodd Harri.

'Ydech chi'n hapus, Iorwerth, ynglŷn â'r hyn wnaethoch chi neithiwr?'

'Nac ydw. Dydw i ddim yn hapus. Ond beth arall oedd i'w wneud dan yr amgylchiadau?'

'Wn i ddim. Ond iwy'n credu y byddwn i wedi setlo'r anghydfod mewn ffordd dipyn bach mwy diplomatig. Alla i lai na diolch ichi am eich bwriadau da. Ond y dull, Iorwerth, y dull!'

'Ond Harri, allech *chi* sefyll o'r neilltu ac edrych ar ddyn yn cam-drin eich chwaer?'

'Na allwn. Mi fyddwn wedi gwneud rhywbeth.'

'Gwneud beth?'

'Mae'n debyg y ca i gyfle eto i ddangos beth. Yr unig beth, allwn i ddim gadael i neithiwr fynd heibio heb . . . heb ddweud bod yn ddrwg genny ei fod o wedi digwydd.'

'Wel . . . ' ebe Iorwerth, 'mi allaswn fod wedi gwneud y gore o'r gwaetha. Mi allaswn fod wedi codi Gwilym oddi ar lawr. Mi golles gyfle.'

'Ryden ni i gyd yn colli cyfle bob dydd,' ebe Harri, gan godi. 'Fe ddaw cyfle arall.'

---

chwyddo: *to swell*
ynglŷn â'r hyn: *concerning what*
amgylchiadau: *circumstances*
anghydfod: *disagreement*
Alla i lai na diolch: *I can't but thank*
bwriadau da: *good intentions*
dull: *manner/means*

sefyll o'r neilltu: *to stand aside*
cam-drin: *to ill treat*
mi allaswn fod wedi: *I could have,*
  (gallu)
y gore o'r gwaetha: h.y. *the best of a
  bad job*

Y BYMTHEGFED BENNOD

i

Yr oedd Huw Powys ers rhai misoedd wedi dechrau cropian. Dro ar ôl tro yr oedd Marged, â'i chalon yn ei gwddw, wedi bachu i fyny'r grisiau ar ei ôl, a dim ond ei ddal cyn iddo gyrraedd y gris uchaf. Greta wedyn, yn chwys oer drosti, yn ei ddal yn sinc yr hen bwmp ar y buarth. Daliodd Vera ef un diwrnod yn y tŷ llaeth. Ei daid wedyn yn ei ddal yng nghennel Carlo ac yn gwthio asgwrn Carlo i'w geg. Pawb yn edrych ymlaen at ei weld yn dechrau cerdded, ac eto'n arswydo rhag y dydd.

Un diwrnod marchnad, yr oedd Harri wedi mynd i'r dre a Marged i'w ganlyn. Eisteddai Greta wrth fwrdd y ffenest yn brodio lliain bwrdd, ac yn ceisio cadw un llygad ar y plentyn yr un pryd. Yn sydyn, clywodd Greta chwerthin cwbwl wahanol i ddim a glywsai o'r blaen. Cododd ei phen, a dyna lle'r oedd y 'cog' yn sefyll ar ganol llawr y gegin, heb gydio mewn dim, a'i freichiau ar led. Yna, fel mellten, trodd a throtian yn fuddugoliaethus ar draws y llawr at y setl.

Yr oedd Greta fel petai wedi cael ffortiwn. Taflodd ei brodwaith, cododd oddi wrth y ffenest, a rhedodd at ddrws y lobi.

'Hei! 'Nhad? Vera? Dowch yma, mae Huw Powys wedi gollwng!'

Vera a ddaeth gyntaf.

'Be sy'n bod?' meddai. 'Oes rhywbeth wedi digwydd?'

'Digwydd?' ebe Greta. 'Mae Huw Powys wedi gollwng . . . y munud yma . . .'

---

wedi bachu: h.y. wedi rhedeg
yn chwys oer drosti: *cold sweat all over*
arswydo rhag y dydd: h.y. *dreading the day*
i'w ganlyn: gydag ef
brodio: *to embroider*

a glywsai: yr oedd wedi'i glywed
cog: h.y. y bachgen bach
yn fuddugoliaethus: *victoriously*
brodwaith: *embroidery*
wedi gollwng: h.y. wedi dechrau cerdded

'Wedi gollwng be?' ebe Vera.

Trodd Greta ac edrych arni.

'Chlywsoch chi 'rioed am blentyn yn gollwng? Ond y cog wedi dechre cerdded!'

Dechreuodd Greta chwerthin. Daeth Edward Vaughan yn ffwdanus i'r gegin.

'Beth sy'n bod?' meddai yntau wedyn. 'Pwy sy wedi brifo?'

'Newydd da ichi. Huw Powys sy wedi gollwng.'

Ymledodd gwên dros yr wyneb nobl.

'Roeddwn i wedi gobeithio cael byw i dy weld di'n dechre cerdded, wel di,' meddai. 'A dyma fi wedi cael.'

Toc, daeth Harri a Marged adref. Cyn eu bod drwy'r drws, yr oedd Greta wedi dweud,

'Harri . . . Marged . . . mae Huw Powys wedi gollwng. Mi gerddodd y pnawn 'ma. Fi gwelodd o gynta. . .'

'H.P.!' galwodd (Harri) ar ei fab. 'Tyrd yma ata i.'

Perfformiodd y crwt yn ufudd, a chododd Harri ef yn ei freichiau. Chwerthin mawr gan y ddau. Trodd Harri at Marged.

'Rwyt ti'n edrych yn ddwys, Marged.'

'O! Harri, mae arna i ofn.'

'Ofn beth?'

'Ofn i rywbeth ddigwydd. Roedd o'n mynd ddigon o'r blaen, ond rŵan, does wybod i ble. . .'

'Twt, Marged,' ebe Greta, 'mae 'ma ddigon ohonon ni i'w wylio. Feder ddim digwydd.'

'Gobeithio'ch bod chi'n iawn,' ebe Marged.

ii

Er nad oedd eto gangen o'r Blaid yn Llanaerwen, gwahodd-wyd Greta a Gwdig i gyfarfod nesaf y Pwyllgor Rhanbarth.

---

yn ffwdanus: *flustered*
wedi brifo: *has been hurt*
Ymledodd gwên: *A smile spread,* (ymledu)
toc: cyn bo hir
yn ufudd: *obediently*
yn ddwys: *serious*

Feder ddim digwydd: Does dim yn gallu digwydd
cangen: *branch*
gwahoddwyd G. a G.: *G. and G. were invited,* (gwahodd)
y Pwyllgor Rhanbarth: *the Regional Committee*

113

Aethant ill dau, yn y *Landrover*, a'r diwrnod yn un o'r ychydig ddyddiau braf a welodd y Rhagfyr hwnnw.

Ar y ffordd, i lawr drwy'r cwm coediog ac wedyn ar hyd Dyffryn Hafren, (dywedodd) Gwdig,

'Edrychwch o'ch cwmpas, Greta. Pam y cawson ni'n gosod yn un o wledydd bach hardda'r byd? ... Ych chi'n gwrando arna i, Greta?'

'Ydw, am wn i.'

'Cenedl hardd, gref, ddiwylliedig ddyle fod mewn gwlad fel hon, nid rhyw hen sgrap o genedl ddwyieithog, ddau-wynebog, yn byw bywyd dwbwl.'

'Chewch chi byth Gymru uniaith, Gwdig.'

'Cawn, Cymru uniaith Saesneg os na ddihunwn ni mewn pryd. Meddyliwch am Ddyffryn Hafren. Saesneg sydd 'ma i gyd. Cymry ŷn nhw, o ie. Ond, chi'n gweld, does gyda nhw ddim diwylliant. Yn Llanaerwen, a lan dros y mynydd i'r ardaloedd Cymraeg, mae gyda ni rywfaint o ddiwylliant o hyd. Cymdeithas Lenyddol, a Chymanfa Ganu, a Chwrdd Pregethu, ac Eisteddfod, ac weithie fe fydd côr a chwmni drama a pharti noson lawen. Ond man hyn, beth sy gyda chi? *Grand Dance, Bumper Whist Drive.*'

'Ond ydech chi'n meddwl, Gwdig, y gwelwch chi Ddyffryn Hafren yma'n ddyffryn Cymraeg byth eto?'

''Falle na ddaw'r Gymraeg ddim yn iaith gynta i'r dynion hyn am flynydde maith, os daw hi byth. Ond fe ddaw eu plant a'u hwyrion nhw i ddeall a darllen Cymraeg cyn bo hir, rwy'n credu hynny.'

Cafodd Gwdig a Greta groeso cynnes yn y Pwyllgor Rhanbarth. Adroddodd Gwdig fenter Greta ac yntau'n gwerthu llenyddiaeth noson Ffair G'langaeaf. Llongyfarchodd y cadeirydd hwy'n galonnog ar eu gwaith, a gofynnodd iddynt

---

ill dau: y ddau ohonyn nhw
am wn i: *as far as I know*, (gwybod)
gref: h.y. cryf
diwylliedig: *cultured*
Cymru uniaith: *a monoglot Wales*

os na ddihunwn ni: *if we don't wake up*, (dihuno)
diwylliant: *culture*
os daw hi byth: *if it will ever come*
menter: *venture*
yn galonnog: *heartily*

drefnu cyfarfod cyhoeddus yn Llanaerwen a sefydlu cangen yno. Addawodd y ddau wneud a allent.

Ar ôl y pwyllgor, cafodd aelodau'r pwyllgor de gyda'i gilydd, (ac roedd hi'n) chwech o'r gloch cyn i neb feddwl am droi tuag adref.

Yr oeddynt gartref toc wedi saith.

Pan aeth (Greta) i'r tŷ yr oedd Marged newydd roi Huw Powys yn ei wely ac wedi eistedd wrth dân y gegin i drwsio ychydig o sanau. Yr oedd Harri wrth y bwrdd yn ysgrifennu, a chododd ei ben pan glywodd hi'n dod i mewn.

'Greta,' ebe Harri, 'gamp iti ddyfalu pwy fu yma heddiw.'

'Rhywun . . . yr ydw i'n ei nabod yn dda?'

'Yn dda iawn.'

'Rhywun y buaswn i'n falch o'i weld?'

'Wn i ddim. Roeddwn i'n falch iawn o'i weld o. Karl.'

'Karl . . .?'

Eisteddodd Greta ar y setl.

'Sut yr oedd o?'

'Yn dda iawn. Roedd o'n gofyn amdanat ti.'

'Oedd o?'

'Mae'n dod yma i fyw cyn bo hir.'

Cynhyrfodd Greta eto.

'Pam?'

'Wel . . . mae Ifan Roberts wedi dweud na all o ddim dod yma ar ôl y Nadolig. Mi ddwedais wrth Karl y bydde 'ma un lle gwag. Wel, mae o am ddod.'

Cododd Greta a cherdded at y drws.

'Elli di fynd â fi i Henberth bore fory, Harri, at y trên naw?'

'Wrth gwrs. Ond ble rwyt ti am fynd?'

'I Lerpwl. Mae arna i eisie rhoi carreg goffa i Paul yn y crematoriwm.'

---

cyhoeddus: *public*

wneud a allent: *to do what they could*

cyn i neb . . .: *before anyone thought of going home*

camp iti ddyfalu . . .: h.y. *guess who*

Cynhyrfodd G.: *G. became agitated*, (cynhyrfu)

na all o ddim: *that he can't*, (gallu)

am ddod: eisiau dod

Elli di fynd â fi: *Can you take me*, (gallu mynd)

carreg goffa: *memorial stone*

Yn ei stafell wely, eisteddodd Greta ar y gwely a'i meddwl yn troi. Karl ... o bawb. Yr oedd hi wedi meddwl ei bod yn dechrau'i anghofio. Ac yn awr, a hithau'n dechrau dysgu byw ar batrwm newydd, dyma ... Karl. Gallasai fod wedi aros i ffwrdd bellach gan ei fod wedi aros mor hir.

Yr oedd yn rhy hwyr bellach i feddwl ymserchu eto. Yr oedd popeth felly ar ben.

Gallasai fod: *He could have*, (gallu)   ymserchu: syrthio mewn cariad

YR UNFED BENNOD AR BYMTHEG

i

Acth y newydd fel tân drwy'r ardal fod Edward Vaughan, Lleifior, wedi cael strôc. Nid oedd yn newydd i neb ei fod yn 'torri' ers llawer dydd. Gwyddai'r ardal fod colli'i briod wedi dweud yn drymach arno na dim.

Yr oedd (Dr. Owen) yn Lleifior am y trydydd tro, tua thri o'r gloch y pnawn. Yr oedd Greta'n eistedd wrth wely'i thad, heb ei adael o gwbwl.

'Oes rhyw obaith, Doctor?'

'Wel, Greta, peth cyffredin ydi *coronary thrombosis* erbyn hyn. Ond mae'r ymosodiad yn wirioneddol ddrwg. Oes rhyw obaith ofynsoch chi. Charwn i ddim dweud nac oes. Ond peidiwch â disgwyl.'

'Rydw i'n ddiolchgar ichi, Doctor, am fod mor onest.'

'Wel, mi ddo i fyny eto ymhen rhyw awr neu ddwy. Ac os gwelwch chi ryw newid ynddo, anfonwch amdana i ar unwaith.'

Diflannodd y meddyg bach drwy'r drws. Clywodd Greta draed yn dod yn ddistaw i fyny'r grisiau. Marged eto, mae'n siŵr, meddai wrthi'i hun. Yr oedd Marged wedi bod i fyny bob rhyw ddeng munud ar hyd y dydd. Ond pan agorodd y drws, gwelodd mai Vera oedd yno y tro hwn.

'Greta, ewch i'ch gwely, wir, i gael tipyn o orffwys. Mi fydd yn bleser gen i gael aros hefo fo . . .'

'Diolch yn fawr ichi, Vera. Mae arna i ofn na wêl o mo'r nos. Ac rydw i'n meddwl mai fy lle i ydi bod gyda fo.'

'Ga i aros yma hefo chi am dipyn 'te?'

'Wrth gwrs. Mi fydd yn dda genny gael eich cwmni chi.'

Tipiodd y cloc bach yn ysgafn ar y silff-ben-tân. Gwrandawodd y tri ar ei gilydd yn anadlu. Tynnodd y prynhawn ei wyll yn araf, araf dros y ffenestr.

---

wedi dweud: h.y. *had affected*
ymosodiad: *attack*
yn wirioneddol ddrwg: *really bad*

na wêl o: *that he won't see*, (gweld)
ei wyll: ei dywyllwch

Ar ôl te, daeth Gareth Evans i fyny. Eisteddodd yn y gegin fawr i siarad â Harri.

'Ydi'ch tad yn wael iawn, Harri?'

'Mae arna i ofn ei fod o. Mae Dr. Owen newydd fynd odd'ma am y bedwaredd waith heddiw.'

'Mae'n ddrwg gen i . . . Mi fuaswn wedi dod i fyny'n gynt pe bawn i'n gwybod. Rhyw awr yn ôl y clywais i.'

'Peidiwch â phoeni, Gareth. Pe bai 'Nhad wedi digwydd gofyn amdanoch chi, wrth gwrs, fe fyddem wedi anfon amdanoch chi.'

Edrychodd Gareth Evans i'r tân, yn amlwg yn ymbalfalu am y peth iawn i'w ddweud a'i wneud.

'Peidiwch â phoeni, Harri,' meddai'n ansicir, 'fe ddaw'ch tad yn well . . .'

'Wn i ddim. Dyna garwn i, yn fwy na dim. Mae gennoch chi, Gareth, brofiad o golli tad.'

'Mae genny brofiad o fod heb dad. Does genny mo'r profiad o'i golli o. Roeddwn i'n rhy ifanc.'

Ar hynny, daeth Marged i mewn. Cododd Gareth Evans i ysgwyd llaw â hi.

'Sut mae Mr. Vaughan erbyn hyn?'

'Digon tebyg o hyd,' ebe Marged. 'Liciech chi ddod i fyny i'w weld o, Mr. Evans?'

'Wel . . . os ydach chi'n meddwl na wna i mo'i styrbio fo.'

'Dydw i ddim yn meddwl. Mae o'n siŵr o'ch nabod chi, er na feder o ddweud dim wrthoch chi, mae arna i ofn . . .'

Aeth Marged â'r gweinidog i fyny. Yn ddistaw, agorodd hi'r drws ac aethant i mewn i'r llofft.

Gorweddai Edward Vaughan yno, a'i lygaid ynghau.

'Diolch ichi am ddod, Mr. Evans,' ebe Greta, gan godi.

Hanner trodd Edward Vaughan ei ben.

'Mr. Evans sy 'ma. Mr. Evans y gweinidog.'

---

ymbalfalu: *to grope*
Dyna garwn i: *That's what I'd like*

na wna i mo'i styrbio fo: *that I won't disturb him*
er na feder o: *although he can't*, (medru)

118

Symudodd Edward Vaughan ei law ddibarlys a'i dal allan. Cydiodd y gweinidog ifanc ynddi.

'Sut rydach chi'n teimlo, Mr. Vaughan?'

Ceisiodd y genau siarad, ond ni ddaeth gair.

Gwyliodd Greta'r gweinidog ifanc yn gwyro yno uwchben ei thad.

'Mi ddowch i'r capel eto, Mr. Vaughan.'

'Harri,' meddai Edward Vaughan, yn sydyn ac yn eglur.

'Oes arnoch chi eisie Harri, 'Nhad?' ebe Greta, wrth ei wely ar unwaith.

Siglodd Edward Vaughan ei ben.

'Bedyddio,' meddai wedyn, a chau'i wefusau.

Edrychodd Gareth Evans ar Greta.

'Huw Powys sy heb ei fedyddio,' meddai hi. 'Mae Harri yn erbyn. Mae 'Nhad wedi bod yn poeni.'

'Rwy'n gweld,' meddai Gareth Evans. Gwyrodd eto uwch y gwely a dweud, 'Mr. Vaughan. Mi wna i bopeth fedra i i gael Harri i fedyddio'r plentyn bach.'

Nodiodd Edward Vaughan, a daeth hanner gwên i'w wyneb.

'Garech chi imi eistedd hefo'ch tad heno, Mrs. Rushmere?' (gofynnodd y gweinidog).

'Dim diolch, Mr. Evans. Mae 'ma ddigon ohonon ni.'

'Chi ŵyr, wrth gwrs. Wel . . . mi a i. Os bydd rhywbeth y galla i'i wneud, cofiwch alw amdana i.'

'Mi wnaf, yn siŵr. Diolch yn fawr ichi, Mr. Evans.'

Aeth y gweinidog ifanc yn araf o'r ystafell, yn amlwg anfodlon ar ei waith.

iii

Rhywbryd yn ystod y nos, galwodd Edward Vaughan am rywbeth i'w yfed. Er bod Harri'n hepian, clywodd ef yn hollol glir. Cododd o'i gadair, a chymryd y dŵr-a-brandi yn y gwpan wrth y gwely a'i rhoi wrth wefusau'i dad.

---

ei law dibarlys: h.y. ei law iach, *his unparalyzed hand*
gwyro: plygu
bedyddio: *to baptize*
Garech chi . . .?: *Would you like . . .?*

Chi ŵyr: Chi sy'n gwybod
yn amlwg anfodlon: *obviously dissatisfied*
hepian: yn hanner cysgu

Llyfodd Edward Vaughan ei wefusau ar ôl y ddiod, ac agorodd ei lygaid yn llydan ar Harri.

'Huw Powys,' meddai Edward Vaughan, a gwneud amnaid.

'Ie, 'Nhad?' ebe Harri.

'Garwn i ei weld o,' ebe Edward Vaughan.

'Ond mae o'n cysgu ers orie.'

'Garwn i ei weld o.'

Plethodd aeliau Harri. Aeth yn ddistaw o'r ystafell a chroesi'r pen-grisiau i lofft Marged ac yntau. Cododd Huw Powys o'i got. Cododd Marged ei phen.

'Beth wyt ti'n wneud, Harri?'

''Nhad sy eisie gweld Huw Powys.'

'O'r annwyl,' ebe Marged, a chodi'n frysiog.

Aethant ill dau i mewn i stafell Edward Vaughan, Huw Powys yn cysgu ym mreichiau Harri.

Gwnaeth Edward Vaughan arwydd fod arno eisiau'i godi'n uwch. Rhoes Harri'r baban yn ofalus ar y gwely, a helpodd Marged i godi'i dad yn uwch ar y gobenyddiau. Yna, aeth â'r baban ato. Teimlodd Edward Vaughan y bychan a'i law ddibarlys, a'i anwesu o gwmpas ei ben.

'Ie,' meddai, 'un o'r Vaughaniaid wyt ti.'

A llithrodd ei law yn ôl ar y gynfas.

'Cer â'r babi'n ôl, Harri,' ebe Marged, 'a galw ar Greta. Dydw i ddim yn licio hyn.'

Eisteddodd wrth y gwely i'w wylio. Cynigiodd lymaid iddo, ond ni chymerai ddim. Yr oedd ei lygaid yn rhy ddisglair. Daeth Harri a Greta i mewn, a brysiodd Greta ato.

''Nhad . . .'

Ond cododd Edward Vaughan ei law arni.

'Greta,' meddai, 'rydw i eisie iti fadde . . . un peth.'

''Nhad, peidiwch â siarad rŵan . . .'

'Madde . . . i mi . . . am sefyll . . . rhyngot ti a Karl . . .'

Llyncodd Greta'n galed, a nodio'i phen.

Cusanodd ef ar ei dalcen, a phan gododd ei phen yr oedd ei wyneb yn wlyb gan ei dagrau hi. Ac yr oedd yn gwenu.

Llyfodd E.V.: *E.V. licked*, (llyfu) Rhoes H.: Fe roiodd H.
gwneud amnaid: *to gesticulate* anwesu: *to fondle*
Plethodd aeliau H.: *H.'s eyebrows* llymaid: rhywbeth i'w yfed
  knitted (into one another)

'Henri,' meddai.

Neidiodd Harri wrth glywed y llais mor gryf. Yr oedd y wên ar wyneb ei dad wedi troi i fod y peth tebycaf i wg direidus.

'Gwrando di ... ar hyn.'

Closiodd Harri ato, ond doedd dim rhaid. Yr oedd llais ei dad yn gryf.

'Rwyt ti'n meddwl, Henri ... pan fydda i farw mai dyna ... 'y niwedd i. Rwyt ti'n methu'n enbyd ... 'y ngwas i. Mae hi'n wlad ... ysblennydd. Dydi Lleifior ... hyd yn oed ... ddim ynddi. Wyddost ti be? Rydw i ... rydw i newydd weld dy fam. Mae hi'n ogoneddus.'

Llithrodd y pen nobl ar y gobennydd, a chaeodd y llygaid yn araf ac yn chwareus.

Am dri o'r gloch y bore, bu farw Edward Vaughan.

---

y peth tebycaf: y peth mwyaf tebyg,   yn enbyd: yn ofnadwy
  (similar)   ysblennydd: *splendid*
gwg direidus: *a playful frown*   yn ogoneddus: *glorious*

YR AIL BENNOD AR BYMTHEG

i

Rhoes Harri'i droed i lawr ynglŷn â chynhebrwng ei dad. Dim bwyd yn Lleifior. Trefnodd i Smiths, Henberth, wneud bwyd yn y neuadd bentref i'r cannoedd a ddaethai i'r angladd, a manteisiodd cannoedd ar y cyfle.

Yr unig rai a wahoddodd i fwyta yn Lleifior oedd y rhai y dymunodd Walter Gethin y cyfreithiwr eu cael yno i ddarllen yr ewyllys iddynt. Ei fodryb Gwen, chwaer ei dad, a Gaenor a Nia, merched ei frawd a fu farw rai blynyddoedd yn ôl.

(Wedi i Walter Gethin a'r tair adael) aeth Marged ati i glirio'r llestri te. Edrychodd Harri arni.

'Dwyt ti ddim wedi gofyn beth oedd yr ewyllys, Marged.'

'Dydw i ddim yn meddwl bod yn iawn imi ofyn. Peth dibwys iawn ydi arian yn ymyl colli tad, ynte?'

'Rwyt ti'n un o fil, Marged. Ond mae'n iawn iti gael clywed. Mi ddwedodd 'Nhad wrtha i rywdro ei fod o'n werth tua ugain mil. Mi ges i sioc pan ddarllenodd Gethin yr ewyllys. Roedd 'Nhad yn werth dwbwl hynny bron.'

'Mi ffarweliodd â nhw'n ddiffwdan iawn.'

'Do,' ebe Harri, 'fe rannodd yr hen ŵr ei fywyd yn eitha teg. Dwy fil i gapel Bethel. A dwy fil arall rhwng amryw o fân achosion. Wyth mil rhwng Gwen a Gaenor a Nia, a'r gweddill rhwng Greta a finne. 'Y mhroblem i fel sosialydd ydi sut y galla i fyw gyda chwe mil ar hugain o bunne. Yn cynnwys Lleifior, wrth gwrs. Mae arna i ofn cyfoeth, Marged.'

Tynnodd Marged ei llaw dros ei ysgwydd.

'Cadw dy dad o flaen dy feddwl, Harri, a dei di ddim ymhell o dy le.'

Rhoes H.: Rhoiodd H.	dibwys: *unimportant*
cynhebrwng: angladd	yn ddiffwdan: heb ffws
a ddaethai: a oedd wedi dod	amryw: nifer
manteisiodd . . . .: *hundreds took advantage*, (manteisio)	mân achosion: *minor causes*
	a dei di ddim: h.y. *you won't go*
ewyllys: *will*	

122

'Taid?' ebe Huw Powys. 'Taid?'

Daeth Greta allan o'i llofft a gweld Huw Powys yn curo ar ddrws llofft ei thad.

'Dydi Taid ddim yna, 'mach i.'

'Eisie Taid.'

'Nid ti ydi'r unig un. Ond dydi Taid ddim yna.'

'Lle Taid?'

'Wedi mynd i ffwrdd.'

'Lle ffwrdd?'

'At . . . at Iesu Grist. Tyrd i lawr rŵan at dy fam cyn iti dorri 'nghalon i.'

'Marged,' ebe Greta, pan gyrhaeddodd y gegin, 'mae o wedi ffeindio colli 'Nhad.'

'Ydi,' ebe Marged. 'Mae o wedi colli'r ffrind gore oedd genno fo . . . Rydech chi'n wrol iawn, Greta.'

'Ydw i? Mae'n debyg 'mod i'n dechre dysgu derbyn bywyd fel y daw o. Rydech chi wedi bod drwy'r un profiade, Marged.'

'Does mo'r fath beth â'r un profiade, Greta. Dyw bywyd byth yr un peth i un ag ydi o i'r llall.'

'Mae'n siŵr eich bod chi'n iawn, Marged. Ydych chi'n meddwl bod crefydd yn help i rywun ddal?'

'Alla i ddim dweud bod hynny o grefydd oedd gen i pan golles i Mam ac wedyn colli 'Nhad wedi bod yn help mawr imi ar y pryd. Ond rŵan, wrth edrych yn ôl, rydw i'n meddwl bod 'na rywbeth wedi 'nghadw i rhag . . . rhag beth, wn i ddim.'

Aeth Greta'n fyfyriol at y ffenest ac eistedd yno i feddwl. Am Dduw. Ac am fywyd ar ôl hwn.

iii

Trennydd angladd ei dad, yr oedd Harri i fynd i gyfarfod Karl oddi ar y trên yn Henberth. Penderfynodd fynd i lawr beth yn

---

yn wrol iawn: *very brave*
ag ydi o i'r llall: *as it is for the other*
hynny o grefydd oedd gen i: *that much religion I had*

yn fyfyriol: *studiously*
trennydd: dau ddiwrnod ar ôl

gynt a galw ar Gareth Evans ar y ffordd. Yr oedd arno eisiau diolch iddo am ei waith yn yr angladd, ac . . . wel, yr oedd arno eisiau sgwrs â rhywun.

Ni allai Harri gael gwared â'r olygfa honno yn ystafell wely'i dad, y geiriau olaf hynny a ddywedodd ei dad wrtho. Ond yr oedd fod ei dad wedi dweud wrtho ei fod yn gweld byd arall ac wedi gweld ei fam—yr oedd hynny wedi'i siglo.

Yr oedd y sêr allan yn eu minteioedd. Rywsut, rhwng y nos o'i gwmpas a'r atgof ffres yn ei ymennydd, nid oedd ar Harri lai nag ofn. Ofn beth, ni wyddai. Nid ofn nos. Ni fu arno ofn nos erioed. Ofnodd Harri mai'i ofn ef ei hun oedd arno, ofn gorfod meddwl yn wahanol i'r fel yr oedd wedi arfer meddwl hyd yn hyn. Daeth arno arswyd newid ei feddwl a'i fyw. Nid oedd arno eisiau newid.

Yr oedd yn ddigon balch o gyrraedd lety Gareth Evans.

'O, Harri, mae'n dda genny'ch gweld chi. Eisteddwch.'

'Wna i ddim aros,' ebe Harri. 'Mae arna i eisie mynd ymlaen i Henberth i gyfarfod Karl.'

'Karl?'

'Yr Almaenwr fu'n gweithio gyda ni pan oedd o'n garcharor rhyfel. Mae'n dod yn ôl aton ni i fyw. Mae Karl yn Gristion fel chi.'

'Compliment oedd hwnna?'

'Nage, ffaith. Mae Karl, fel chithe, yn addoli Iesu Grist.'

'Dudwch i mi, Harri, ydach chi'n anghredadun o ddifri, ynta rhyw ymbalfalu'r ydach chi?'

'Rydw i wedi penderfynu ers rhai blynyddoedd.'

'Mai coel gwrach ydi Cristnogaeth?'

'Ie. Ond . . . waeth imi gyfadde . . . mae 'na un peth yn 'y mhoeni i.'

'Roeddwn i'n amau,' ebe Gareth Evans.

'Y noson o'r blaen, jyst cyn iddo farw, fe ddwedodd 'Nhad ei fod o'n gweld rhywbeth nad ydw i ddim yn credu ynddo. ''Mae

---

cael gwared â: *to get rid of*
yn eu minteioedd: yn eu miloedd
arswyd: ofn mawr
Dudwch: h.y. Dywedwch

anghredadun: person nad yw'n credu yn Nuw
coel gwrach: *superstition*
waeth imi gyfadde: *I might as well admit*

hi'n wlad ysblennydd," medde fo. Ac fe ddwedodd rywbeth arall ddaru f'ysgwyd i'n fwy fyth. "Rydw i newydd weld dy fam. Ac . . . mae hi'n ogoneddus".'

Sylwodd fod Gareth Evans yn ei wylio fel barcud.

'Agnostig ydw i, Gareth. Ond ai dychmygu'r oedd 'y Nhad? Ramblo, 'falle? Ynte a welodd o rywbeth, wir? Fuaswn i ddim yn meddwl ddwywaith amdano, ond rywsut, yn y munudau ofnadwy yna, roedd rhywbeth . . . sut y dweda i . . . *authentic* o gwmpas y peth, fel petai o . . . Ar 'y ngwir, Gareth, fe'm dychrynwyd i.'

'Mi alla i gredu, Harri.' Edrychodd Gareth Evans i'r tân. 'Na, mae arna i ofn na alla i ddim esbonio hwnna ichi.'

'Maddeuwch imi sôn am y peth . . .'

'Harri annwyl, mae'n dda genny'ch bod chi wedi sôn. A chan ichi sôn, mae gen inne gyfaddefiad i'w wneud ynglŷn â'ch tad.'

'Chi, Gareth?'

'Mae'n 'y mlino i na wnes i ddim gweddïo hefo fo pan oeddwn i acw y noson honno.'

'Os ydi o'n rhyw gysur ichi, roedd 'Nhad yn dawelach wedi i chi fod gydag o nag oedd o cynt.'

'Oedd o'n wir?'

'Yr oedd o'n wir.'

Cododd Harri i fynd. Dywedodd Gareth Evans,

'Mae genny syniad, Harri, na wna i fawr ohoni fel gweinidog. I helpu pobol yr ydw i yma, ac mae arna i ofn mai ychydig o help ydw i. Ond yr ydw i'n sicir o un peth. Faint bynnag o werth ydw i, mae 'Nuw i o werth anfeidrol. A phe gallwn i'ch cael *chi*, Harri, i gredu hynny, dydw i ddim yn meddwl y byddai 'mywyd i'n gwbwl ofer.'

'Wel,' ebe Harri, 'os gall hyn godi'ch calon chi, mae genny fwy o barch i'r weinidogaeth wedi'r sgwrs ddiffuant gyda chi heno nag a fu genny erioed o'r blaen. Nos da, Gareth. A llawer o ddiolch.'

---

ddaru f'ysgwyd (G.C.): *which shook me*
fe'm dychrynwyd i: *I was frightened,*
   (dychryn)
cyfaddefiad: *admission*
cysur: *comfort*
cynt: cyn hynny

na wna i fawr ohoni: h.y. fydda i ddim
   yn llwyddiannus iawn
o werth anfeidrol: *of infinite value*
gweinidogaeth: *ministry*
diffuant: *sincere*

'*Wie geht's,* Karl?'

'Harri.'

Gwasgodd Harri ei law.

'Harri, yr oedd yn ddrwg imi fethu dod i angladd eich tad.'

'Doeddwn i ddim yn eich disgwyl, Karl; mi wyddwn fod anawsterau . . .'

'Ac yn ddrwg gennyf . . . na welaf Edward Vaughan eto. Fe fu eich tad, Harri, yn dad i mi.'

Eisteddodd Harri wrth yr olwyn a suddodd Karl i'r sedd yn ei ymyl. Teimlodd Harri fod ei fywyd yn fwy cyfan nag a fu.

'Y ffarm, Harri, beth yw hanes y ffarm?'

'Mae'n mynd yn eitha da.'

'Mae Marged a Huw Powys yn dda?'

'Yn dda iawn, diolch.'

'*So.*'

Gwyddai Harri fod gan Karl gwestiwn arall i'w ofyn.

'Mae Greta'n bur dda hefyd, Karl.'

'Diolch.'

Dim mwy.

'Fydd arnoch chi hiraeth am y ffarm laeth yn Suffolk?'

'Na, dim hiraeth. Yr oedd y gweithwyr yn galetach na'r gwaith. Y mae'r Saeson yn sôn wrthyf am Hitler a Rommel (ac) am y *blitz* ar Lundain. Ond yr ydych chi'r Cymry yn gadael imi anghofio pechodau fy nghenedl.'

'Ydech chi'n meddwl y daw rhyfel eto, Karl?'

'Daw,' meddai. 'Rhyfel yw un o ddiwydiannau a chwaraeon mawr y byd. Y chwarae yw lladd mamau a phlant. A'r diwydiant yw gwneud cymaint o arian i gyn lleied o bobol ag y mae modd. Daw, fe ddaw rhyfel eto.'

'Rydech chi'n torri 'nghalon i, Karl.'

'Nid oes dim daioni mewn dyn, dim dyfodol i'r byd, dim gobaith. Ond, y mae Duw yn bod. Beth felly? Gadael popeth yn llaw Duw.'

Wie geht's?: Sut wyt ti? cenedl: *nation*
anawsterau: *difficulties* cyn lleied o bobol: *as few people*
pechodau: *sins* ag y mae modd: ag sy'n bosibl

'Wel, athroniaeth felltigedig, Karl.'

'Beth yw eich athroniaeth chi?'

'Credu bod daioni, a gobaith, a dyfodol, er nad oes yr un Duw. A byw yn ôl 'y ngoleuni.'

'Mae'n rhaid i chi, Harri, gredu yn naioni dyn a'i ddyfodol gan nad ydych yn credu yn Nuw. Ac mae'n rhaid i mi gredu yn Nuw gan nad wyf yn credu mewn dim arall. Y mae'n rhaid inni oll gredu yn rhywbeth.'

V

'Does arna i ddim awydd swper, Marged,' ebe Greta.

'Ond rhaid ichi fwyta, Greta.'

'Ond does arna i ddim eisie bwyd heno.'

'Greta.' Dododd Marged y lliain ar y bwrdd a dod i eistedd yn ei hymyl. 'Ofn gweld Karl sy arnoch chi?'

'Nage, does a wnelo Karl ddim â'r peth.'

'Rydw i'n gwybod nad ydech chi ddim wedi'i weld o ers dros ddwy flynedd,' ebe Marged. 'Ac rwy'n gwybod hefyd fod 'na lawer iawn rhwng Karl a chithe yr adeg honno . . . .'

'Mae popeth felly drosodd,' ebe Greta'n swta. 'Dydw i ddim wedi sôn wrthoch chi o'r blaen, Marged, ond . . . rydw i'n meddwl mynd odd'ma i fyw.'

Edrychodd Marged arni'n ddifrifol iawn.

'A dweud y gwir, dydw i ddim wedi gwneud 'y nyletswydd tuag at rieni Paul.'

'Dydech chi ddim yn meddwl mynd i fyw atyn nhw?'

'O, nac ydw'n wir. Ond . . . mynd i fyw dipyn nes. Rhyw feddwl codi tŷ i mi fy hun yr oeddwn i . . . ymh'le, wn i ddim eto. Heb fynd allan o Gymru, y lle agosaf i Tooling fyddai dwyrain Sir Ddinbych neu Sir y Fflint.'

Cododd Marged, a mynd ati i hulio'r bwrdd.

---

athroniaeth: *philosophy*
melltigedig: ofnadwy a drwg
daioni dyn: *the goodness of man*
gan nad ydych: *since you don't/are not*
awydd swper: yn teimlo fel cael swper

does a wnelo K . . .: *it hasn't got anything to do with K.*
dyletswydd: *duty*
hulio: gosod pethau (ar y bwrdd)

'A pha ddyletswydd sy arnoch chi i rieni Paul? Yden nhw wedi'ch gwahodd chi yno o gwbwl?'

'Nac yden. Un llythyr gefais i oddi wrth ei dad o. Roedd hwnnw'n llythyr eitha dymunol. Oddi wrth ei fam o y cefais i'r llall.'

'Oedd hwnnw'n ddymunol hefyd?'

'Nac oedd, mae arna i ofn. Gofyn ddaru hi oeddwn i am gadw'r arian gefais i am y tŷ i gyd. Rhag bod dim teimlade drwg, mi anfones hanner yr arian iddi.'

'Rydech chi'n un o fil, Greta.'

'Dim o gwbwl. Nid o gariad yr anfones i'r arian, ond er mwyn cael teimlo'n gleniach.'

'Rhoi dwy fil yn bresant, wir!' (ebe Marged).

Ar hynny clywsant sŵn y tu allan.

'Wel,' ebe Greta, 'dyma fi'n mynd am y gwely . . .'

'Ond Greta, maen nhw wedi cyrraedd.'

Agorodd y drws. Safodd Karl yno. Trodd Greta i edrych arno, a'i chalon yn curo'n wyllt. Pam yr oedd yn rhaid iddo edrych arni fel yna?

'Sut ydych chi, Greta?'

Ysgydwodd Karl law â hi.

'Yr oedd yn ddrwg gennyf ddeall am farwolaeth enbyd eich gŵr, Greta.'

'Mi wn i,' ebe Greta. 'Diolch ichi.'

'Ac ar ben hynny, am farwolaeth sydyn eich tad.'

Daeth Harri i mewn.

'Os gwnewch chi f'esgusodi i,' ebe Greta, 'roeddwn i ar gychwyn i'r gwely.'

'Dwyt ti ddim yn mynd i dy wely cyn swper, 'rhen chwaer, a hen ffrind y teulu wedi dod adre.'

'Harri,' ebe Marged, 'Greta'i hun sy'n gwybod sut mae hi'n teimlo. Greta, mi ddo i â thamed o swper i fyny ichi . . .'

Yn ei stafell wely, eisteddodd Greta i gribo'i gwallt. Edrychodd arni'i hun yn y drych. Pedair ar hugain oed oedd hi, ynteu pedair a deugain? Pa faint o amser oedd wedi mynd er pan safodd Karl a hithau wyneb yn wyneb ar lawr y gegin o'r blaen? Disgynnodd ei hwyneb i'w dwylo.

---

ddaru hi (G.C.): wnaeth hi   enbyd: ofnadwy
yn gleniach: h.y yn well

'O Dduw, pam y gadewaist Ti iddo ddod yn ôl? Gwna fi'n
gry, i beidio â'i hoffi o eto, i beidio â meddwl amdano ond fel . . .
fel Gwdig, neu Iorwerth, neu Terence, hyd yn oed. Gwna fi'n
gry . . . '

Y DDEUNAWFED BENNOD

i

Arhosodd Greta yn ei gwely nes bod y lleill wedi cael eu
brecwast.

'Bore da, Greta,' ebe Marged, pan gyrhaeddodd i lawr i'r
gegin. 'Mae'ch brecwast chi yn y ffwrn.'

'Ond Marged, mi fuaswn wedi gwneud 'y mrecwast fy
hun . . .'

'Siŵr iawn. Ond mae o'n barod ichi.'

Eisteddodd Greta uwch ei brecwast, a daeth Huw Powys ati.

'Eisie bwyd Bodo Greta.'

'Wel, aros di. Beth ga i roi iti, dywed?'

'Mi gaiff o fisged a llymed o laeth,' ebe Marged. 'Peidiwch â
rhoi dim o'ch bwyd eich hun iddo. Dydw i ddim am iddo ddysgu
arferion drwg.'

Claddodd Huw Powys ei wyneb mewn cwpan a llowcio'i
chynnwys yn swnllyd.

'Greta,' meddai Marged, 'wnewch chi gymwynas â fi y bore
'ma?'

'Rhywbeth alla i, Marged.'

'Pan ddaw Gwdig a Terence a Iorwerth â'r llwyth cynta i lawr
i'w ddadlwytho maen nhw am fynd â chwpaned i Harri a Karl
yn y cae. Fe fyddan nhw'n aros yno i lwytho'r wagen arall. Mi
liciwn ichi fynd i fyny yn y wagen gyda nhw a chymryd gofal y
llestri.'

'Wel . . . ' Do dario'r fath gymwynas! 'O'r gore, Marged.
Alla i ddim gwrthod dim i chi.'

---

llymed: ychydig
llowcio: *to gulp*
cymwynas: *favour*

dadlwytho: *to unload*
Do dario . . .!: *Dash it . . .!*

130

Trodd Greta'i phen yn ochelgar. Safai'r wagen arall wedi'i llwytho, a Harri a Karl yn eistedd ar y das .

Llywiodd Gwdig ei lwyth yn beryglus agos i ymyl y das dan chwerthin.

'Pob pwdryn at ei waith!' gwaeddodd, gan neidio oddi ar y tractor (ac mewn eiliadau roedd) y wagen wag wedi'i dadfachu a'r wagen lawn wedi'i bachu, ac i ffwrdd â'r llwyth a Gwdig a Iorwerth a Terence gydag ef, a Greta wedi'i gadael yno'i hunan gyda Harri a Karl.

'Y coffi, Greta, cyn iddo oeri,' ebe Harri.

Arllwysodd Greta i gwpanau'r ddau, ac yfodd y ddau y coffi poeth yn ddiolchgar.

'Hylô?' ebe Harri'n sydyn, yn codi'i ben. 'Dacw Tom y Garnedd. Be sy arno fo'i eisie, tybed? Mi a i i weld.'

Fflamiodd Greta ef dan ei hanadl am ei gadael. Symudodd Harri a Tom y Garnedd o'r golwg. Doedd neb arall i'w weld yn unman ar hyd y dyffryn. Yr oedd fel pe na bai neb ond Karl a hithau yn yr holl fyd.

Safodd (Greta) cyn belled ag y gallai oddi wrth Karl.

'Roeddwn i'n meddwl y byddech chi wedi priodi, Karl, erbyn hyn.'

'Na,' meddai Karl, yn edrych o'i flaen, 'dim eto.'

Neidiodd ei chalon ynddi.

'Ydech chi'n debyg o wneud?'

'Wel . . .'

Safodd y byd ar ei echel. Safodd dŵr, amser, popeth.

'Mi fûm yn yr Almaen, Greta, y ddau haf diwethaf. Nid i Dortmund, i'm tref fy hunan, ond i lawr i Frankfurt. Mae genny ewythr yno . . . y perthynas agosaf sydd imi. Ac yn Frankfurt, mi gwrddais â . . .'

'Ewch ymlaen.'

'Mae Maria'n gweithio mewn siop flodau yn Frankfurt.'

---

yn ochelgar: *cautiously*	Fflamiodd G. ef: h.y. *G.*
y das: *the hayrick*	*cursed him*, (fflamio)
Llywiodd G.: *G. steered*, (llywio)	fel pe na bai neb: *as if there were no one*
pwdryn: *lazy person*	cyn belled ag y gallai: *as far as she could*
dadfachu: *to unhook*	ar ei echel: *on its axis*

'Ydi . . . Maria'n dlws?'

'Nac ydyw. Mae hi'n . . . beth a ddywedwch chi . . . yn blaen? Ond mae hi'n ddoeth, ac yn dawel, ac yn . . . yn deall dyn unig.'

'Rydech chi wedi gofyn i . . . i Maria'ch priodi chi?'

Chwarddodd Karl, a throi i edrych arni.

'Greta. Dwyf i hyd yn oed ddim wedi dal ei llaw.'

'Na'i chusanu?'

Nac oedd, wrth gwrs.

Clywodd Greta ryw ryddhad rhyfedd yn ei cherdded.

'Ond beth amdanoch chi? Ydych chi am briodi eto, Greta?'

Daliodd Greta'i hanadl.

'Nac ydw,' meddai'n sydyn. 'Am wn i . . . beth wn i beth all ddigwydd?'

'Maddeuwch imi.'

Trodd Greta i edrych arno, ac yn ddirybudd edrychodd yn syth i'w ddau lygad glas caredig. Clywodd ei chorff yn tynhau a'r gwrid yn cerdded i'w gruddiau, a gostyngodd ei llygaid.

'O, mae'n ddrwg genny os ydw i'n torri ar y sgwrs,' ebe Harri, wedi dod yn sydyn heibio i gornel y das. 'Tom y Garnedd oedd eisie 'ngweld i ynglŷn â Chynhadledd y Ffermwyr Ifanc yn Llunden. Mae'r clwb wedi dewis Vera a finne i'w gynrychioli yno, ac mae Tom a'i gariad yn awyddus i ddod gyda ni . . .'

Tawodd Harri wrth weld wynebau'r ddau.

'Edrychwch,' meddai, 'os oeddech chi ar ganol . . .'

'Ar ganol dim,' ebe Greta. 'Roeddwn ar gychwyn at y tŷ.'

Cododd Greta'r fasged a chychwyn ar hyd y ffridd. Yr oedd yn rhaid iddi adael Lleifior cyn gynted ag y gallai, neu . . . neu ddisgyn dros ei phen a'i chlustiau i hapusrwydd nad oedd ganddi hawl iddo.

---

yn blaen: *plain*	(i'w) gynrychioli: *to represent (it)*
rhyddhad: *relief*	Tawodd H.: Stopiodd H. siarad,
tynhau: *to tighten*	(tewi)
gwrid: h.y. lliw	y ffridd: ochr y bryn/mynydd
gostyngodd: *she lowered*, (gostwng)	cyn gynted ag: *as soon as*
cynhadledd: *conference*	hawl: *right*

'Harri,' ebe Iorwerth ymhen rhyw ddeuddydd, 'ddowch chi i mewn i'r offis am funud?'

Synhwyrodd Harri ddrwg yn y caws ac aeth i mewn at Iorwerth i'r offis.

'Llythyr, Harri, oddi wrth y Bwrdd Marchnata Llaeth.'

'O? Beth sy arnyn *nhw* eisie?'

'Mae'n dweud bod un can o'n llaeth ni wedi bod ymhell islaw'r safon ar dri bore'n olynol.'

'A dyna'r cyfan? Roeddwn i'n meddwl bod rhywbeth mawr o'i le . . .'

'Y mae. Yn un o'r caniau mae'r diffyg, bob bore. Un allan o chwech.'

'O? Dyna beth od.'

'Peth od iawn. Petai llaeth Lleifior wedi dirywio yn ei ansawdd, fe fydde'r dirywiad yn y caniau i gyd.'

'Ymyrraeth?'

'Mae arna i ofn.'

'Ond pwy?'

'Pwy bynnag sy'n ymyrryd â'n caniau ni,' ebe Iorwerth, 'mae o'n ffŵl gwirion. Pam na wnâi o job iawn ohoni, gwagu galwyn o *bob* can ac arllwys galwyn o ddŵr i bob un? Dyna ni wedyn mewn picil.'

'Falle nad oes ganddo ddim digon o amser i hynny.'

'Yn hollol. Mae'n caniau ni i lawr wrth y ffordd am wyth ac mae'r lori'n eu casglu nhw cyn hanner awr wedi. Y cyfan mae ganddo amser i'w wneud felly ydi tynnu un o'n caniau ni oddi ar y stand, rhoi un o'i ganiau'i hun yn ei le, newid labeli'r ddau, a mynd â'n can ni yn ôl i'w stand ei hun cyn y daw'r lori.'

Synhwyrodd H.: *H. sensed*, (synhwyro)
drwg yn y caws: *trouble afoot*
Bwrdd Marchnata Llaeth: *Milk Marketing Board*
islaw: *below*
yn olynol: *in succession*
diffyg: *fault*

dirywio: *to deteriorate*
ansawdd: *quality*
ymyrraeth: *interference*
ymyrryd: *to interfere*
Pam na wnâi o: *Why wouldn't he do . . .?*, (gwneud)
gwagu: *to empty*
mewn picil: *in a mess*

Byseddodd Harri'i ên am ychydig. Ac yna dweud,

'Beth wnawn ni, Iorwerth?'

'Bore fory, mi garwn i chi, Harri, fynd i lawr ar ôl y llaeth, ac aros y tu ôl i'r shetin nes daw'r lori.'

'Ond falle na ddigwydd y peth ddim eto.'

'Mae'n fwy na thebyg y bydd i'r brawd dwl ond gwenwynig ddal ati. Dyna pam yr ydw i am gadw'r peth yma rhyngoch chi a fi.'

'Wel . . . dydw i ddim yn hoffi'r busnes,' ebe Harri. 'Ond os ydech chi'n dweud . . .'

Byseddodd H. ei ên: h.y. Rhwbiodd
  H. ei ên, *(chin)*
Beth wnawn ni?: *What shall we do?*
  (gwneud)

shetin: clawdd, *hedge*
gwenwynig: *poisonous*, h.y. cas

Y BEDWAREDD BENNOD AR BYMTHEG

i

Aeth wythnos heibio.

'Rydech chi'n mynd i lawr at y ffordd, on'd ydech chi, Harri?'

'I beth ? Edrychwch yma, Iorwerth. Rydw i wedi bod i lawr yno bob bore ers wythnos yn rhynnu tu ôl i'r shetin ac yn teimlo fel ffŵl. A dim yn digwydd. Rydw i'n rhoi'r gore i'r busnes.'

'Ac efalle mai'r bore 'ma, pan na fydd neb yno, y digwydd y peth eto.'

'Nonsens. Dydw i ddim yn mynd i . . .'

'O'r gore, Harri. Os nad ewch chi, mi a i. Mae'r (brawd fu'n ffidlan â'r caniau) yn mynd i ymyrryd eto.'

'Iorwerth, rydw i wedi dod i'r casgliad mai dychmygu'r ydech chi.'

Trawodd Iorwerth ei frws yn erbyn y mur ac estyn ei got oilscin ar yr hoel. Estynnodd ei fflachlamp fawr o'i boced a'i goleuo unwaith i weld ei bod yn gweithio. A chychwynnodd tua'r drws.

'Iorwerth.'

Safodd Iorwerth, a throi.

'Dydw i ddim yn hoffi'ch cerddediad chi,' ebe Harri. 'Mi ddo i gyda chi.'

Pan aeth y ddau o'r beudy yr oedd y tractor eisoes wedi mynd. Wedi mynd hanner ffordd i lawr y dreif gwelsant olau'r tractor yn dod yn ôl.

'Fe safwn ni tu ôl i'r coed 'ma nes iddyn nhw basio,' ebe Harri.

---

rhynnu: *to freeze*   hoel: *nail*
ffidlan: *to fiddle*   eich cerddediad: *your walk*
casgliad: *conclusion*
dychmygu: *to imagine*

Wedi i'r (tractor) fynd yn ddigon pell, daethant o'u cuddfan a pharhau ar eu siwrnai i lawr at y ffordd. Nid cynt yr oeddynt wrth y ffordd ac wedi gwyro y tu ôl i'r gwrych nag y clywsant sŵn. Sŵn go gyfarwydd. Sŵn olwynion ar darmac gwlyb. Yr oedd yn hawdd dyfalu mai tractor oedd yn dod i lawr y ffordd. Ond nid oedd olau i'w weld. Deuai'n ddistaw, yn nes ac yn nes.

Daeth (y gyrrwr) i lawr oddi ar ei sedd a llithro fel cath at y stand lefrith. Yn fedrus, ofalus, heb wneud ond y mymryn lleiaf o sŵn, tynnodd i lawr un o'r caniau a'i daro ar y cariwr y tu ôl i'w dractor. Safodd am funud fel petai'n gwrando, ac yna gwyrodd i wneud rhywbeth uwchben y can. Rhoes Iorwerth bwniad i Harri yn ei ystlys, a sleifiodd Harri tua'r llidiart. Yn ffodus, gallodd Harri'i hagor heb gymaint â chlic. Ar y foment honno, cododd Iorwerth uwchben y gwrych a goleuo'r fflach-lamp yn llawn ar ei wyneb.

'O, Gwilym y Trawscoed sy 'ma,' ebe Harri, yn sefyll erbyn hyn wrth fonet y tractor. 'Ydech chi mewn rhyw drwbwl?'

'Na ... dim ond 'mod i wedi stopio am funud ... clywed rhyw sŵn tu ôl i'r tractor 'ma a meddwl bod rhywbeth yn llacio ...'

'O, canie llaeth sy gennoch chi?' ebe Harri.

'Beth am hynny?'

'Dim, dim, ond eich bod wedi pasio stand y Trawscoed, Gwilym.'

'Pa fusnes i chi ydi hynny?'

'Dyna beth od,' ebe Harri, yn teimlo'r caniau ar y stand â'i law. 'Pump o ganie llaeth sy ar ein stand ni fan'ma. Fe ddyle fod 'ma chwech. Ga i weld y canie ar gariwr eich tractor chi, Gwilym?'

'Cerwch o'r ffordd,' ebe Gwilym, gan lamu ar ei dractor.

Ond yr oedd Harri arno o'i flaen, ac eisteddodd ar y sedd.

---

cuddfan: *hiding place*	yn nes: *nearer*
siwrnai: taith	y mymryn lleiaf: *the least bit of*
Nid cynt: *No sooner*	Rhoes I. bwniad: *I. nudged*, (rhoi
gwyro: plygu	pwniad)
gwrych: clawdd	ystlys: ochr
go gyfarwydd: *quite familiar*	sleifiodd: aeth yn ddistaw bach,
dyfalu: *to guess*	(sleifio)
Deuai: Roedd yn dod	llacio: *to loosen*

'Dowch inni gael sgwrs,' ebe Harri.

'Does genny ddim amser . . .'

'Oes.' Yr oedd llais Harri'n sydyn rymus. 'Roedd gennoch chi amser i ddod cyn belled ag yma bore 'ma, mae gennoch chi amser i aros yma am funud neu ddau yn hwy.' Gostyngodd ei lais a'i feddalu eto.

'Meddyliwch am beth wnaethoch chi. Rhoi diferyn o ddŵr yn un o'ch canie llaeth eich hun a'i newid o am un o'n canie ni.'

'Fuaswn i byth yn gwneud y fath beth!'

'Dyna oeddwn inne'n feddwl. Nes gweles i chi wrthi y bore 'ma. Ond gwrandwch. Os oes arnoch chi eisie'n cael ni yn Lleifior, i drwbwl o ddifri, rhowch ddŵr yn y canie 'ma i gyd. Dyna'r ffordd. Gwnewch hynny bore fory. Ddaw 'ma neb ohonon ni i edrych arnoch chi. Fe gawn ffein drom, mi wn, ond os byddwch *chi*, Gwilym, yn teimlo'n well, wel . . . mi fydda i'n fodlon ei thalu hi.'

A llithrodd Harri i lawr oddi ar y tractor. Safodd Gwilym arno, yn lwmp o syndod tywyll.

'O, a hefyd,' ebe Harri fel petai wedi cofio rhywbeth yn sydyn, 'dowch i fyny i Leifior i swper nos yfory, ddowch chi? A rŵan, mi gymera i ein can ni yn ôl ar y stand. Dydi un can drwg yn dda i ddim.'

Aeth Harri i godi'r can oddi ar y cariwr a phan oedd ar fedr cael y llestr trwm dan reolaeth, taniodd Gwilym beiriant y tractor a'i symud ymlaen, gan siglo Harri a'r can. Disgynnodd y can ar droed Harri, a gwaeddodd gan boen.

'Sorri,' galwodd Gwilym, ac i ffwrdd ag ef i lawr y ffordd tua'r pentref.

Cododd Harri'n boenus ar ei draed, a phwysodd ar fraich Iorwerth i gychwyn yn ôl ar daith go ddiflas tua Lleifior.

'Roeddwn ar fin eich llongyfarch chi, Harri. Ond mae arna i ofn mai fi sy'n iawn. Dydi'i deip o'n deall dim ond dwrn.'

---

grymus: *forceful*	ddowch chi?: *will you (come)?* (dod)
yn hwy: *longer*	ar fedr cael: *on the point of getting*
meddalu: *to soften*	llestr: *vessel*
i drwbwl o ddifri: *into serious trouble*	ar fin eich llongyfarch: *on the point of*
ffein drom: *a heavy fine*	*congratulating you*
lwmp: *lump*	dwrn: *fist*

'Dydw i ... ddim ... yn digalonni,' ebe Harri. 'Mae 'na ... gychwyn ... ar bopeth. Yn un peth ... rydw i'n bur siŵr ... na wneith o ddim ymyrryd ... â'n llaeth ni eto.'

ii

Bu'n rhaid i Harri aros yn ei wely drwy'r Sul hwnnw a thrwy'r dydd drannoeth. Nid oedd wedi torri nac asgwrn na giewyn, ond yr oedd ei droed wedi chwyddo hyd ddwywaith ei maint.

Cafodd Harri ddigon o dendans yn ystod y ddeuddydd y bu yn ei wely, rhwng Marged a Greta—a Vera. Sylweddolodd erbyn diwedd yr ail brynhawn fod Vera wedi bod yn ei lofft lawn digon amal. Yr oedd hi'n ddel. Daeth i mewn ar ôl te ddydd Llun mewn ffrog werdd danlli a phatrwm arian arni. Diawcs, yr oedd hi'n gwybod sut i wisgo.

'Ydi'r droed yn well, Harri?'

'Twt, ydi, mi fydda i o gwmpas fory ...'

'Na fyddwch chi. Aros yma ydi'r gore ichi nes byddwch chi'n gallu cerdded eto. Oes gynnoch chi ddigon o lyfre?'

'Oes. Edrychwch arnyn nhw ...'

'O'r hen waith ymchwil 'ma eto. Rhaid ichi ddarllen rhywbeth ysgafn ...'

'Howld on, lodes, gadewch lonydd i 'mhethe i ...'

'Na. *Light reading* i chi o hyn allan. Ydech chi wedi darllen Damon Runyon?'

Suddodd Harri'n ôl ar y gobennydd ag ochenaid.

'Dydi o ddim yn ddrwg, Harri. Mae o'n *exciting* iawn.'

'Ydi, mae'n siŵr ...'

'Rhy *intellectual* ydech chi, Harri. Dyna'ch trwbwl chi. Rŵan 'te, dowch imi roi'r gobennydd 'ma'n gyfforddus ichi ...'

Clywodd Harri aroglau *Evening in Paris* yn gymylau o'i gwmpas.

---

digalonni: *to get disheartened*   llofft (G.C.): ystafell wely
yn bur siŵr: yn eithaf siŵr   tanlli: *bright*
giewyn/gewyn: *sinew*   Diawcs ...!: *Heck ...!*
chwyddo: *to swell*   ochenaid: *sigh*
tendans: sylw, *attention*

'Dyna fo, Vera, mi wneith y tro rŵan . . .'

'Na. Mae isio sythu tipyn ar y dillad 'ma eto.'

Yr oedd Harri'n siŵr ei bod yn cael blas ar gyffwrdd ag ef drwy'r dillad. Dario, gobeithio na ddôi Marged i mewn . . .'

'Dyna chi, Vera. Rydech chi wedi bodio llawn digon arna i rŵan.'

Cododd Harri'i lygaid. Yr oedd arni ryw olwg ddireidus edifeiriol, ni allodd beidio â chwerthin.

'Rydw i'n licio'ch clywed chi'n chwerthin, Harri.'

Trodd hi a cherdded at y ffenest a rhannu'r llenni. Edrychodd allan i'r tywyllwch.

'Roeddwn i'n meddwl y byddech chi am fynd adre y Nadolig yma,' ebe Harri.

'Roeddwn i wedi meddwl mynd,' meddai hi, â'i chefn ato o hyd. 'Ond . . . wel, roeddwn i'n meddwl y bydde'r Nadolig yn fwy difyr yn Lleifior.'

'Am 'y mod *i* yma, mae'n siŵr,' ebe Harri'n ddireidus.

Trodd hi a chyneuodd ei dau lygad brown.

'Peidiwch â bod mor *conceited*.'

'Ac rydw i bron, bron yn siŵr eich bod chi wedi cymryd ffansi ata i.'

Fe'i pinsiodd ei hun dan y dillad gwely. Yr oedd yn fflyrtio â hi. Dim ond â geiriau, yr oedd yn wir, ond yr oedd hynny cynddrwg â . . .

Symudodd y ffrog werdd tuag ato a heibio iddo. Trodd Vera ddwrn y drws yn araf, araf.

'Rydw i am eich gadael chi rŵan,' meddai. 'Rydech chi'n mynd braidd yn *cheeky*, ac rwy'n siŵr na fydde Marged ddim yn licio eich sgwrs chi.'

A chaeodd y drws.

---

mi wneith y tro: *it will do*, (gwneud y tro)
sythu: *to straighten*
na ddôi M.: *that M. would not come*, (dod)
bodio: h.y. teimlo
llawn digon: h.y. mwy na digon
direidus: chwareus

edifeiriol: *repentant*
ni allodd beidio â . . .: *he couldn't stop laughing*
difyr: *entertaining*
cynheuodd . . . .: *her two brown eyes lit up*, (cynnau)
cynddrwg â: *as bad as*
dwrn y drws: *the door-knob*

Ni chododd Harri ddydd Mawrth chwaith. Yr oedd ei droed yn dal yn boenus, er bod y chwydd wedi mynd i lawr beth. Bu'n meddwl eto am Gwilym y Trawscoed. Ni ddaethai i Leifior i swper neithiwr.

Ar ôl te daeth Gareth Evans i fyny. Yr oedd yn ddigon da gan Harri ei weld, er nad oedd ganddo fawr o flas at siarad crefydd. Ond byddai'n ddigon hawdd osgoi crefydd, yn haws na llawer pwnc.

'Wel, Gareth, dod i ymweld â'r cleifion?'

'Dyna'r enw swyddogol ar y peth, Harri. Ydi'r droed yn well?'

'Na hidiwch am yr hen droed 'ma. Sut ydech chi? Sut ydech chi'n cartrefu yn Llanaerwen?'

'Yn eitha da, ond . . . mae'r amheuon yn dechrau crynhoi, Harri.'

'Amheuon?'

'Amheuon yn 'y nghylch fy hun. Wnes i'n iawn yn dod yma? Beth alla i'i wneud na allai rhywun arall ei wneud yn well?'

'Rydw i wedi rhag-weld y byddech chi'n gofyn y cwestiyne yna ers talwm,' ebe Harri.

'Ie, ond pam y dylwn i fod yn eu gofyn nhw? Ydi dyn ffordd yn gofyn iddo'i hun, "Pam yr ydw i'n ddyn ffordd?" Neu ffarmwr, yn gofyn iddo'i hun, "Ydw i'n gwneud y peth iawn wrth ffarmio . . .?"'

'Mae'n dibynnu ar y dyn ffordd a'r ffarmwr. Beth sy'n eich blino chi, Gareth?'

'Fy ngweld fy hun yma, yn Llanaerwen, ers tri mis,' meddai. 'All dyn ddim disgwyl gwyrthiau mewn tri mis. Ond bobol, rydw i'n teimlo'n ddiwerth.'

Ni ddaethai: Nid oedd wedi dod	rhag-weld: *to forsee*
mawr o flas at: yn hoff iawn o	ers talwm: ers amser hir
osgoi: *to avoid*	All dyn ddim: Dydy dyn ddim yn
Na hidiwch: *Don't worry*, (hidio am)	gallu
cartrefu: h.y. *to settle down*	gwyrthiau: *miracles*
amheuon: *doubts*	yn ddiwerth: *useless*
crynhoi: *to gather*	

'Mi awn i gam ymhellach,' ebe Harri, 'a dweud eich bod chi'n ddiwerth. Nid y chi. Ond y chi a phob un sydd yn yr un swydd â chi. Swydd ddiwerth ydi hi, gwaith diwerth ydi o. Does arnon ni ddim angen gweinidog.'

'Ia,' meddai Gareth Evans, 'mae'n debyg na ddylaswn i ddim disgwyl i chi, Harri, godi 'nghalon i.'

Clywodd y ddau sŵn traed ar y pen-grisiau. Agorodd y drws a daeth Karl i mewn. Ymesgusododd hwnnw, a chilio.

'Na, peidiwch â mynd, Karl,' ebe Harri. 'Dowch i mewn. Mae arna i eisie ichi gyfarfod â'n gweinidog ni.'

'Mae'n dda genny'ch cyfarfod chi, Herr Pastor.'

'A finna chitha, Herr Weissmann. Dweud yr oedd Harri, Herr Weissmann . . .'

'Karl, os gwelwch yn dda.'

'Karl, ynte. Dweud yr oedd Harri nad oes mo f'angen i yn Llanaerwen. Nad oes angen yr un gweinidog yn unman. Fyddech chi'n cytuno?'

Edrychodd Karl yn ddwys ar Harri.

'Dyw Harri ddim yn teimlo angen amdanoch chi, Herr Pastor. Rwy'n siŵr y byddai mwyafrif pobl Llanaerwen yn dweud bod arnynt angen gweinidog i ryw radd.'

'Ie,' ebe Harri, 'efalle y dwedan nhw hynny. Ond ydyn nhw'n dangos yn ymarferol fod arnyn nhw angen gweinidog? Hawdd iawn ydi dweud. Mae'i gyflog o'n dangos faint o werth maen nhw'n ei roi ar ei wasanaeth o.'

'Ond mae'r cyflog yn ddibwys . . .'

'Arhoswch nes bydd gennoch chi wraig a phlant,' ebe Harri. 'Fe gawn ni weld pa mor ddibwys fydd o wedyn.'

'Gartref, yn Dortmund,' (meddai Karl) 'yr oedd ein gwein-idog yn cyfrif llawer i ni. Ato ef y byddem yn mynd mewn anhawster. Yma, rwy'n sylwi mai at Dr. Owen . . .'

'Yn hollol,' ebe Harri. 'Corfforol yw pob anhwylder yn y bôn, a does dim na ellir ei symud â thabledi.'

---

cam: *step*	yn ddibwys: *unimportant*
Ymesgusododd hwnnw: h.y. *He excused himself*, (ymesgusodi)	corfforol: *physical*
	anhwylder: *illness*
cilio: *to retreat*	yn y bôn: *basically*
yn ddwys: *solemnly*	na ellir ei symud: *that cannot be moved,*
i ryw radd: *to some extent*	(gallu symud)
yn ymarferol: *practically*	

141

'I'r gwrthwyneb,' ebe Karl. 'Ysbrydol yw bron pob anhwylder yn y bôn, a does yr un salwch na ellir ei symud â gweddi.'

'Wel, dyma ni yng nghanol seiat,' meddai (Gareth Evans) a chodi. 'Petai pob ymweliad â'r cleifion mor fuddiol â hwn, mi fyddwn i'n fodlon iawn.'

'Ewch chi ddim heb swper, Gareth?' ebe Harri.

'Mae'n rhaid imi. Mae Mrs. Arthur yn gwneud *mixed grill* i swper heno.'

Cododd Karl a dweud,

'Gareth . . . mi garwn i ddweud un peth wrthych yng nghlyw Harri. Fore a nos, fe fydd gweddïo drosoch chi yn Lleifior.'

'Hynny yw,' ebe Harri, 'fe fydd Karl yn gweddïo drosoch chi. Tipyn bach o hunanhysbysebu oedd hwnna ar ran Karl . . .'

'Harri . . .' dechreuodd Karl, ond torrodd Gareth Evans ar ei draws:

'Dowch, Karl. Mae'n ofid i chi a finna na bai (Harri'n) credu fel ni. Ond yn ddistaw bach rhyngoch chi a fi, dydw i ddim yn meddwl ei fod o 'mhell iawn, iawn o'r Deyrnas.'

'Lol i gyd,' galwodd Harri ar eu holau.

'Wyddoch chi beth, Gareth?' ebe Karl. 'Fe fyddai Harri'n well Cristion na chomiwnydd petai modd ei ennill.'

'Yr un teimlad sy gen inna,' ebe Gareth Evans. 'Y broblem ydi: sut i'w ennill o?'

'Efallai fod gan Dduw ei gynlluniau,' ebe Karl. Aethant i mewn i'r gegin, a chododd Greta.

'Dowch ymlaen i eistedd, Mr. Evans,' meddai. 'Mae Marged yn paratoi swper, fydd hi ddim yn hir.'

Ymesgusododd Gareth Evans ac ni allai Greta, hyd yn oed, ei droi.

Hebryngodd Karl ef i'r dreif, a phan ddaeth yn ôl dywedodd Greta wrtho,

'Dyn dymunol ydi Mr. Evans.'

I'r gwrthwyneb: h.y. *to the contrary*
Ysbrydol: *spiritual*
mor fuddiol â: *as beneficial as*
yng nghlyw H.: *in H.'s hearing*
na bai (H.): *that H. would not,* (byddai)

y Deyrnas: *the Kingdom*
petai modd: *if there were a way*
Hebryngodd K.: *K. accompanied,* (hebrwng)

'Hynod ddymunol,' ebe Karl.

'Mae'n haeddu gwraig dda,' (ebe Greta).

'Fe gaiff un, rwy'n siŵr,' ebe Karl.

'Rydw i wedi meddwl llawer,' meddai (Greta), 'sut beth fyddai bod yn wraig i weinidog.'

'Fe wnaech wraig ardderchog i weinidog, Greta.'

Clywodd Greta'i thymer yn codi.

'Wrth gwrs,' meddai, 'chaiff Mr. Evans ddim cyfle i ofyn i mi hyd yn oed petai o'n . . . meddwl am hynny. Mi fydda i'n mynd odd'ma i fyw cyn bo hir.'

Edrychodd Karl arni o'r diwedd.

'Ydi hynny'n wir, Greta?'

Nodiodd Greta.

'Mae pensaer wedi tynnu planiau tŷ newydd imi,' meddai, '. . . y tu draw i Dreffynnon.'

'Rwy'n gweld,' ebe Karl. 'Ond Greta annwyl, dyw pellter yn ddim i serch.'

Clywodd Greta ddagrau sydyn yn ei llygaid. Y nefoedd fawr, yr oedd y dyn yn amhosibl.

---

haeddu: *deserve*   pensaer: *architect*
Fe wnaech: *You would make*, (gwneud)

143

YR UGEINFED BENNOD

i

(Roedd) Greta wedi prynu car bychan iddi'i hun.

'Rydw i wedi mynd yn wastrafflyd, Marged.'

'Eich gweld chi'n rhy gynnil â chi'ch hun yr ydw i, Greta. Dim ond gwario ar Huw Powys o hyd.'

'Dyna'r unig bleser sy genny, Marged.'

Ie'n wir, dyna *oedd* yr unig bleser. Y plentyn a oedd erbyn hyn yn siarad pymtheg yn y dwsin ac yn siarad mwy o synnwyr yn aml na mwyafrif plant yn yr un oedran.

'Bodo Gre-ta!'

Rhedodd Greta i fyny'r grisiau ar unwaith. Yr oedd y plentyn yn sefyll wrth ffenest yn edrych allan ar eira cyntaf Ionawr yn disgyn.

''Lwch!' meddai, gan bwyntio. ''Lwch!'

'Be sy 'na, 'ngwas i?' meddai Greta.

'Eira Santa Clôs.'

Pyslodd Greta. Nid oedd y bychan yn cofio gweld cira o'r blaen. Dyma'r eira cyntaf a ddisgynnodd y gaeaf hwn. Ac ymh'le y clywsai'r gair 'eira'? Dyfalodd a dyfalu. Ac yna cofiodd weld Harri'n ei ddal ar ei lin un pnawn o gwmpas y Nadolig, yn egluro iddo rai o'r darluniau ar y cardiau Nadolig. Yr oedd tair wythnos er hynny, ond yr oedd y bychan yn cofio.

'Lle eira'n dŵad?'

'Beth? Dydi plant pymtheg mis oed ddim yn gofyn cwestiyne fel'na, wyddost ti. O'r awyr.'

'Awyr?'

'Ie.'

'Be awyr?'

---

yn wastrafflyd: *wasteful*

yn rhy gynnil: *too thrifty*

synnwyr: *sense*

'Lwch: h.y. Edrychwch!

y clywsai: yr oedd wedi clywed

Dyfalodd: h.y. Meddyliodd, (dyfalu)

egluro: *to explain*

'Tyrd odd'ma, wir. Os cei di fywyd ac iechyd, fe fyddi di'n rhywbeth go eithriadol. Ty'd rŵan.'

Rhedodd y bychan o'i blaen. Chwarddodd Greta wrthi'i hun wrth edrych arno. Byddai'n rhaid iddi ddod i'w weld yn amal, amal. Hwyrach mai i hynny y prynodd hi'r car. Byddai'n fwy annibynnol, beth bynnag, yn ei thŷ newydd. Byddai'n dŷ go olygus hefyd, ar godiad tir uwchlaw aber Dyfrdwy ar arfordir Sir y Fflint, yn wynebu ar y Wirral lle ni allai anghofio Paul. Gallai weld Craig Thursaston ar y Wirral ar ddiwrnod braf, lle bu Paul a hithau'n bwyta ambell bicnic yn ystod eu misoedd cynta'n ŵr a gwraig. Byddai Craig Thursaston yn symbol o'r briodas ddedwyddach a allasai fod, a byddai hi'n edrych tuag ati'n aml, bob diwrnod braf.

Yr oedd hi'n mynd rhagddi â'i chynlluniau er gwaethaf Harri a Marged, er gwaethaf pob perswadio. Yr oedd hi'n cynllunio meudwyaeth, yn cynllunio poendod. Oherwydd ni allai byth syllu dros aber Dyfrdwy tua'r Wirral heb boen. Y tu draw i'r Wirral yr oedd Lerpwl, a thu draw i Lerpwl yr oedd Tooling . . .

Gallai'n awr ganiatáu iddi'i hun gofio cynhebrwng Paul. Yr oedd tad a mam Paul yn cerdded o'i blaen ar hyd rhodfa'r crematoriwm. Y ddau'n sefyll wrth y car ger y porth ac yn troi tuag ati hi, Greta. Mam Paul yn edrych arni ac yn dweud wrthi,

'You ought to have died with my boy.'

Tad Paul yn rhoi'i ddwy fraich am y fam ac yn dweud wrthi,

'Come, my dear, you shouldn't say such things. The poor girl's suffered enough.'

Ni ddywedodd hi erioed wrth Harri beth a fu. Roedd yn rhan o'i huffern breifat hi. (Aeth hi ddim i ymweld â rhieni Paul) am na wahoddwyd hi. Ond fe âi, hyd yn oed heb ei gwahodd, ryw ddydd. Fe âi o'i thŷ newydd gerllaw Treffynnon; byddai'n gyfleus iddi fynd. Fe âi'n amlach, amlach, fel y deuai mam Paul

---

go eithriadol: *quite exceptional*
hwyrach (G.C.): efallai
mai i hynny: *it was for that (reason)*
ar godiad tir: *on a rise*
dedwyddach: hapusach
a allasai fod: *that could have been*, (gallu bod)
yn mynd rhagddi: *proceeding*
meudwyaeth: *the life of a hermit*

caniatáu: *to allow*
cynhebrwng: angladd
beth a fu: h.y. beth ddigwyddodd
am na wahoddwyd hi: *because she wasn't invited*, (gwahodd)
fe âi: byddai hi'n mynd
fel y deuai mam P.: fel y byddai mam P. yn dod

145

i weld ei bod hi'n gofidio am golli Paul, ac wedi aros yn ddi-briod oherwydd hynny.

A hyd yma, (wedi aros yn) ffyddlon. Yr oedd ganddi le i gredu bod rhai calonnau gwrywaidd yn cyflymu pan fyddai hi o gwmpas. Dyna Iorwerth, er enghraifft. Daeth clamp o anrheg oddi wrtho Ddydd Nadolig. Cadwyn berlau ddwbwl nad oedd wedi costio dimai dan ddecpunt.

Aeth deuddydd heibio cyn iddi gael gafael arno ar ei ben ei hun.

'Y perle 'na, Iorwerth . . . Ddylech chi ddim.'

'O . . .' Taflodd Iorwerth chwerthiniad ysgafn, nerfus. 'Doedd o ddim.'

'Dim?' Rhythodd Greta arno. 'Gwrandewch, Iorwerth. Ddylech chi ddim gwario cymaint arna i. Mi fydd raid imi brynu minc rŵan i'w wisgo gyda nhw.'

'Mi fyddwch yn dlws ynddi.'

'Rydw i am inni fod yn agored, Iorwerth. Pam y rhoesoch chi gymaint am anrheg i mi?'

'Fe ddwedsoch wrtha i yn y berllan, Greta, fisoedd yn ôl, "Unwaith y mae merch yn caru." Roeddwn i'n meddwl yr adeg honno mai'ch gŵr . . . ond rŵan, mi wn i'n amgenach. Mae'ch cariad chi wedi dod yn ôl i Leifior.'

'Karl?' Taflodd Greta'i chyrls. 'Mae Karl a finne wedi tyfu allan o hwnnw. Na . . .' Synhwyrodd berygl wrth weld wyneb Iorwerth yn goleuo . . . 'Dyw o ddim yn bosibl imi garu neb arall chwaith.' Tywyllodd wyneb Iorwerth drachefn. 'Mae'n ddrwg genny, Iorwerth.'

'Roeddwn i wedi rhyw obeithio . . . ' dechreuodd ef. 'Ond na feindiwch. Eich hapusrwydd chi sy'n cyfri wedi'r cyfan.'

Clywodd Greta lwmp annisgwyl yn ei gwddw.

Wedyn, dyna Gareth Evans. Yn wahanol i Iorwerth, yr oedd hi'n credu y gallai garu Gareth Evans, oni bai . . . Ac eto, pam lai? Yr oedd hi'n rhydd, yn gyfreithiol ac yn emosiynol, i garu eto. Ond . . . bob tro y meddyliai am Gareth Evans, a meddwl

---

clamp o anrheg: anrheg mawr iawn
yn amgenach: yn wahanol/well
Synhwyrodd: *She sensed*, (synhwyro)

ond na feindiwch: h.y. *never mind*,
(meindio)
y meddyliai: roedd hi'n meddwl

146

mor annwyl ydoedd fe ddôi Karl i'w meddwl o rywle ... Yr oedd hwnnw yno o hyd, a'i dangnefedd yn ei ddilyn fel cysgod.

ii

'Rydw i am fynd i lawr i'r pentre am dro,' ebe Harri.
'Heno?' ebe Marged. 'Ond dyw hi ddim ffit iti fynd â'r car allan. Mae hi wedi rhewi ar ben yr eira . . .'
'Fe fydd yn syn gennti glywed, Marged, ond mynd i edrych am y gweinidog yr ydw i. Weles i mono er pan ddaeth o i 'ngweld i pan oedd 'y nhroed i'n ddrwg.'
'Fe fyddet wedi'i weld o petaet ti'n mynd i'r capel fel y dylet ti.'
'Rŵan, 'rhen wraig, paid â dechre ar hynna rŵan.'
'Wel, cer i'w weld o 'te. Aros funud, gwell iti fynd â phwys o fenyn a dwsin o wye, gyda ti . . .'
Yr oedd y lleuad yn olau heno eto pan gychwynnodd Harri i lawr y dreif. Yr oedd wedi mynd i gysylltu golau lleuad â Gareth Evans am ei bod hi'n noson olau leuad pan ddaeth Gareth i Leifior gyntaf.
Pan ddaeth Mrs. Arthur i agor y drws iddo dywedodd fod Mr. Evans wedi mynd allan i ymweld â rhai o'r cleifion, ond y gallai ddod yn ôl unrhyw funud. Dywedodd wrth Harri am fynd i mewn i'r stydi i ddisgwyl.
Yr *oedd* gan Gareth lawer o lyfrau. Ie, diwinyddol yn bennaf, fel y gellid disgwyl. Llyfrau go ddiweddar hefyd. Symudodd Harri at gwpwrdd arall. Cwpwrdd mwy diddorol. Llenyddiaeth Saesneg . . . Chaucer . . . More . . . Browne . . .
Cwpwrdd arall. Llenyddiaeth Gymraeg. Sut y gallai'r bachgen brynu'r holl lyfrau Cymraeg newydd hyn ar ei dipyn cyflog? Llyfrau da . . . Hylô? Beth oedd yma? Sypyn o lyfrau a phamffledi Plaid Cymru. Wel, wel! Yr oedd gan Gareth bolitics felly.

---

fe ddôi K.: roedd K. yn dod
tangnefedd: *peace*
cysylltu: *to associate*
diwinyddol: *theological*

fel y gellid disgwyl: *as one could expect*
ar ei dipyn cyflog: h.y. *on his miserly salary*
sypyn: *bundle*

'Hylô, Harri?'

Yr oedd y drws wedi agor a Gareth wedi dod i mewn heb iddo'i glywed.

'O . . . mae'n ddrwg genny,' ebe Harri. 'Busnesa'r oeddwn i yn eich llyfrgell chi.'

'Popeth yn iawn,' ebe Gareth Evans. 'Beth ydach chi'n feddwl ohoni?'

'Mae'n llyfrgell wych. Ar wahân i un gornel ohoni.'

'O? Beth sy'n honno?'

'Llenyddiaeth plaid arbennig.'

'A!' ebe Gareth, yn gwenu'n gyfrwys wrth roi coedyn ar y tân. 'Dyna chi wedi 'nal i. Does neb, hyd y gwn i, yn gwybod am 'y nghysylltiadau gwleidyddol i hyd yn hyn . . .'

Taniodd Harri sigarét.

'Fe fydd Greta'n falch o glywed eich bod chi'n genedlaeth-olwr,' meddai.

Cododd Gareth Evans ei lygaid yn sydyn.

'Ydi Greta . . . ?'

'Ydi,' ebe Harri. 'Penboeth.'

'Ond does dim cangen yn Llanaerwen?'

'Nac oes. Dim eto, hyd y gwn i. Ond rhwng Gwdig a Greta, fe fydd cyn bo hir.'

'Wel . . . ,' ebe Gareth Evans. 'Os galla i'u helpu nhw . . . Wn i ddim, Harri, a ddylwn i ddweud hyn wrthoch chi. Mae'n beth enbyd o bersonol, ond rydach chi'n ddigon o ffrind. Ynglŷn â Greta mae o.'

Cododd Gareth Evans, a cherdded yn araf, ddistaw, o gwmpas y stafell.

'Rydw i wedi'ch cael chi, Harri, "yn enaid hoff cytûn". Dydan ni ddim yn credu'n debyg, ond mae'n rhaid ein bod ni'n teimlo'n debyg. Ac mae . . . sut y dweda i hyn . . . mae'r hyn sydd ynoch chi yn Greta hefyd. Yr un ddynoliaeth nobl, yr un cymeriad cadarn, yr un caredigrwydd a'r un cydymdeimlad â mi. A rŵan am y gyffes. Mae hi'n mynd i swnio'n ffôl, Harri.'

'I chi, 'falle,' ebe Harri.

---

cysylltiadau: *links*
cenedlaetholwr: *nationalist*
penboeth: *fanatical*
enbyd: ofnadwy

'yn enaid hoff cytûn': *kindred spirit*
dynoliaeth: *humanity*
cyffes: *confession*

148

'Y gwir ydi . . .' Eisteddodd Gareth Evans drachefn. 'Pan ddois i i fyny i Leifior y noson gyntaf honno, a gweld Greta am y tro cynta, fe . . . fe ddigwyddodd rhywbeth i mi.'

Taflodd goedyn arall ar y tân, ac aeth rhagddo.

'Rydw i wedi gweld Greta lawer gwaith wedyn; mi fydda i'n ei gweld hi fwy nag unwaith bob wythnos mewn rhyw gyfarfod neu'i gilydd. Ac roeddwn i'n meddwl, wrth ei gweld hi mor amal, y bydda'r profiad hwnnw'n diflannu. Ond dydi o ddim wedi diflannu. Mae o wedi mynd yn gryfach, gryfach bob tro. Rydw i wedi sylweddoli 'mod i'n pregethu'n well pan fydd Greta'n gwrando arna i, 'mod i ar 'y ngorau glas pan fydd hi yn y Gymdeithas Lenyddol. Rydw i'n credu mai hi ydi'r peth hardda greodd Duw. Rydw i'n effro'r nos ac yn freuddwydiol y dydd. Ac rydw i wedi ymladd, mae 'Nuw i'n gwybod fel yr ydw i wedi ymladd i'w chael hi o'm meddwl.'

'Dwedwch wrtha i, Gareth, pam yr ydech chi'n ymladd yn erbyn y . . .?'

''Y nghariad? Achos dyna ydi o, erbyn hyn. Gwnaf, mi ddweda i wrthoch chi. Yn gynta, gwraig weddw ydi Greta. Yn gyfreithiol, mae hi'n rhydd i ailbriodi. Ond rydw i'n credu mai i un yn unig y dylai gwraig ei rhoi'i hun, a gŵr hefyd.'

'Dydw i ddim yn cytuno . . .'

'Imi gael gorffen, Harri. Yr ail reswm sy genny—a hwn, i mi, ydi'r cryfaf o'r tri,—ydi 'mod i'n credu y dylai gweinidogion y Gair fod yn ddibriod. Mae gofalon a thrafferthion cartre'n bwyta llawer o'i egni o, egni ddylai fod yn mynd *i gyd* yn gyfan i waith ei Arglwydd.'

'Dydw i ddim yn dilyn eich . . .'

'Ac yn drydydd. Beth fydda genny i'w gynnig iddi? Na, nid y tlodi ydw i'n feddwl; mae gweinidog yn dlawd, ond fydda hynny'n poeni dim ar Greta. Mi fyddwn yn gofyn iddi ddod yn wraig gweinidog. Credwch fi, Harri, mi wn i am amryw o wragedd gweinidogion sy wedi colli'u hiechyd oherwydd eu *bod* nhw'n wragedd gweinidogion. Ac rydw i'n sicr o un peth: os ydw i'n caru Greta, mai'r unig ffordd y galla i brofi 'nghariad tuag ati ydi peidio â gofyn iddi 'mhriodi i.'

---

gofalon: *cares*   tlodi: *poverty*
trafferthion: problemau   amryw: nifer

149

Ar y foment honno daeth Mrs. Arthur i mewn i hwylio swper. Trodd y ddau i sôn am y tywydd tra fu hi i mewn, ond cyn gynted ag y caeodd y drws ar ei hôl dywedodd Gareth,

'Dach chi'n gweld, Harri, calon dyn ydi'i elyn pennaf o weithia. Roeddwn i'n benderfynol, cyn cyfarfod Greta erioed fod ailbriodi'n odineb, y dyla gweinidog fod yn ddibriod, ac mai cam â merch ydi'i denu hi'n wraig gweinidog. A rŵan, wedi'i chyfarfod hi, mae hi'n anodd. Beth wna i, Harri?'

'Wn i ddim.'

'Ond rydw i'n gofyn ichi . . .'

'Ac rydw inne'n dweud na wn i ddim.'

Daeth Mrs. Arthur i mewn eto gyda chyllyll a ffyrc a bara 'menyn, ac aeth allan drachefn.

'Rydw i'n meddwl, Harri, fod 'na un peth all fy helpu i benderfynu.'

'A beth ydi hwnnw?'

'Wnewch chi fod yn onest iawn hefo mi?'

'Hyd y galla i.'

'Ydi Greta mewn cariad â Karl?'

'Wel, Gareth . . . rydech chi wedi gofyn cwestiwn na alla i mo'i ateb. Fe fuon nhw mewn cariad, mi wn i hynny. Ond os yden nhw mewn cariad heddiw, mae'n rhaid imi ddweud eu bod nhw'n gallu'i guddio fel dewiniaid.'

'Chymerwn i mo'r byd â sefyll yng ngolau Karl.'

'Os ydech chi mor amddifad o genfigen â hynna,' ebe Harri, 'mae'r ddadl eisoes wedi'i thorri. Dydech chi ddim yn caru Greta.'

'Rydech chi'n anghofio'r Efengyl, Harri.'

Daeth Mrs. Arthur i mewn am y tro olaf a gadael platiaid helaeth o gig a chaws a thatws wedi'u ffrio ar gyfer pob un, ynghyd â thebot o de.

Wrth arllwys te, gofynnodd Gareth,

---

hwylio swper: paratoi swper
cyn gynted: *as soon*
gelyn pennaf: *greatest enemy*
godineb: *adultery*
cam: *a wrong*

Hyd y galla i: *As far as I can*
dewiniaid: *magicians*
amddifad: h.y. *devoid*
cenfigen: *jealousy*

'Un cwestiwn ola, Harri. Pe caech chi ddewis rhwng Karl a finna yn frawd yng nghyfraith, p'un ddewisech chi?'

'I setlo'r broblem yna,' meddai, 'fe fydde'n rhaid i Greta'ch priodi chi'ch dau. A rŵan, ga i lonydd i fwyta'r tatws bendigedig yma?'

Pe caech chi: Petaech chi'n cael
p'un ddewisech chi: p'un fasech chi'n
    ei ddewis

YR UNFED BENNOD AR HUGAIN

i

Aeth y gaeaf heibio. Trodd Mawrth yn Ebrill ac Ebrill yn Fai.
Dôi'r dynion i'r tŷ gyda'r nos yn chwys o'u gwaith.

Felly y daeth Harri i'r tŷ y noson cyn iddo gychwyn i
Lundain.

'Drat,' meddai wrth Marged, 'Does genny ddim awydd
mynd i Lundain i'r gynhadledd 'na. Fe fydde'n well genny aros
gartre i hau.'

'Mae'r bechgyn yn siŵr o allu gwneud hebot ti,' meddai
Marged.

'Wyt ti'n siŵr, Marged, nad ydi o ddim gwahaniaeth gent ti
fod Vera'n dod gyda fi?'

'Pan gymeres i di'n ŵr,' ebe Marged, 'mi cymeres di er gwell
neu er gwaeth. Mae gent ti gydwybod, ac os na all honno dy
gadw di ar y llwybyr, alla i ddim.'

'Marged annwyl.' Cusanodd Harri hi ar ei boch. 'Rwyt ti'n
werth y byd. Mae'n naturiol, mae'n debyg, fod y Clwb wedi
dewis Vera a finne'n gynrychiolwyr gan ein bod ni'n swydd-
ogion. Ond p'un bynnag, fe fydd Tom ac Elinor gyda ni, raid
iti ddim poeni.'

'Dydw i ddim yn poeni,' ebe Marged dan chwerthin.

Aeth Harri i ymolchi a newid. Wrth basio drws yr ymolchfa
gwelodd Huw Powys wrth y baddon yn hwylio hwyaden blastig
ar wyneb y dŵr.

'Hoi, H.P.,' ebe Harri, 'beth wyt ti'n ei wneud?'

Dôi'r dynion: Roedd y dynion yn dod   cydwybod: *conscience*
yn chwys: wedi chwysu   cynrychiolwyr: *representatives*
Drat!: *Dash it!*   p'un bynnag: beth bynnag
cynhadledd: *conference*   y baddon: *the bath*
hau: *to sow*
er gwell neu er gwaeth: *for better or for*
   worse

'Nofio hwyaden.'

'Pwy drodd y dŵr i'r bath iti?'

'Vera.'

'Ddaru hi, wir? Beth mae Vera'n ddod iti o Lunden?'

'Llong.'

'Beth ga i ddod iti o Lunden, dywed?'

'Eliffant.'

'Na . . . mae arna i ofon fod eliffant yn rhy fawr i ddodi yn y car.'

'Eliffant bach?'

'Mi gawn ni weld,' meddai.

ii

Yr oedd yn ddiwrnod hafaidd pan gychwynnodd Harri a'r lleill i Lundain. Hwyliodd y car hir i lawr drwy Henberth, Harri wrth y llyw a Tom wrth ei ochor, a'r merched yn siarad y tu ôl.

'Rwyt ti'n o ddistaw'r hen Harri,' ebe Tom.

'Ydw i?'

'Ddim yn hawdd gadael y cog bach, mae'n siŵr.'

'Nag ydi, Tom, fel y cei di wybod dy hun cyn bo hir iawn.'

Chwarddodd Tom. Taniodd ddwy sigarét, un i Harri ac un iddo'i hun.

Heibio i'r Amwythig a thrwy Wellington ac yn ddyfnach, ddyfnach i berfeddion gwyrddion Lloegr. Ond er teced y dydd ac er sirioled y cwmni, go ddistaw oedd Harri. Byddai'n well ganddo ef fod ar Ffridd y Foel yn hau, a chyda'r nos yn eistedd ym mudandod Lleifior uwch penodau olaf ei draethawd.

Ddaru hi . . .? (G.C.): *Did she?*

ofon: h.y. ofn

wrth y llyw: h.y. yn gyrru

yn o ddistaw: yn eithaf distaw, (yn + go)

y cog bach: h.y. y bachgen bach

cei di wybod: *you'll find out*

perfeddion: h.y. canol

er teced: er mor braf

er sirioled: er mor siriol, *(cheerful)*

mudandod: tawelwch

153

Aeth Harri a Vera i'r gynhadledd ac eistedd yno'n gydwybodol drwy'r dydd. Bu Tom ac Elinor yn eistedd yn y gynhadledd yn y bore, ond buan y blinodd y ddau, a gadael y *Church House* am ryfeddod lletach dinas Llundain. Eisteddodd Harri a Vera ymlaen drwy'r pnawn.

(Roedd) Tom ac Elinor, yn naturiol, eisiau bod gyda'i gilydd ac wrthynt eu hunain. Ac yr oedd hynny'n golygu bod yn rhaid i Vera fod gyda (Harri). Byddai'n dda gan (Harri) petai hi'n clicio ag un o'r Cymry ifainc yn y gwesty. Yr oedd wedi'i chyflwyno i fwy nag un ohonynt, ond nid oedd gan Vera ddiddordeb. Gydag ef, yn siriol ac yn siaradus, yr oedd hi'n mynnu bod. O drugaredd, yr oedd Tom wedi bod yn feddylgar. Daeth ef ac Elinor o hyd iddynt amser te a dweud ei fod ef wedi codi pedwar tocyn ar eu cyfer i'r Aldwych y noson honno.

'Bendith ar dy ben di, Tom,' ebe Harri.

Ond yr oedd trannoeth yn fwy o broblem.

Anesmwyth iawn y cysgodd Harri y noson honno. Yr oedd sŵn y gynhadledd yn ei ben o hyd, a murmur dibaid y traffig, ac ar ben y cyfan yr oedd arno eisiau mynd adref.

Tybiodd iddo gysgu rywbryd rhwng dau a thri y bore achos deffrodd yn sydyn a chodi ar ei benelin. Yr oedd rhywun yn curo'n ysgafn ar ei ddrws. Ymbalfalodd am swits y golau, a thynnodd ei ŵn llofft amdano. Llithrodd yn nhraed ei sanau at y drws ac agorodd ef.

Daeth Vera i mewn a chau'r drws ar ei hôl.

'Vera, beth ydech chi'n ei wneud yma?'

---

yn gydwybodol: *conscientiously*	Daeth ef . . . o hyd iddynt: *He and E.*
rhyfeddod lletach: *the wider wonders*	*found them*, (dod o hyd i)
golygu: *to mean*	trannoeth: y diwrnod wedyn
yn mynnu: *to insist*	murmur: h.y. *hum*
o drugaredd: h.y. Diolch byth!	dibaid: *endless*
yn feddylgar: *thoughtful*	Ymbalfalodd: *He fumbled*,
	(ymbalfalu)

'Roeddwn i'n methu cysgu. Roedd arna i isio cwmpeini.'
Edrychodd Harri arni. Nid yn ddifwriad na heb baratoi yr oedd hi wedi dod. Yr oedd ei gwallt wedi'i gribo'n donnau llaes at ei sgwyddau, ac yr oedd ychydig finlliw ffres ar ei cheg. Ac yr oedd ei gŵn llofft sgarlad wedi'i roi amdani'n ofalus ddeniadol. Eisteddodd Vera yn y gadair freichiau.
'Oes gynnoch chi sigarét, Harri?'
'Dyma chi.'
'Faint ydi hi o'r gloch?'
'Mae bron yn bedwar.'
Tynnodd Vera'n hir yn ei sigarét, a llyncu'r mwg i gyd.
'Doeddech chithe ddim yn cysgu'n dda chwaith, nac oeddech, Harri?'
'Ddim yn arbennig o dda.'
'Hiraeth?'
'Tipyn bach.'
'Am Marged?'
'Pam?'
'Dim ond gofyn.'
Safodd y tawelwch rhyngddynt.
'Gwell ichi fynd yn ôl i'ch gwely rŵan, Vera. Y bore ddaw.'
'Ga i aros i orffen fy sigarét?'
'Wel . . . '
Yr oedd gwrid ar ei gruddiau.
'Pam y dacthoch chi yma, Vera?'
'Roedd arna i isio . . . isio profi rhywbeth i mi fy hun.'
'Wel?'
Siglodd ei phen a thewi. A dal i smocio. Yn y man dywedodd,
'Mi ddwedsoch chi, Harri, yn Lleifior pan oeddech chi yn eich gwely a'ch troed yn ddrwg, eich bod chi'n siŵr 'mod i wedi cymryd ffansi tuag atoch chi.'
'Lolian yr oeddwn i.'
'Dydw i ddim yn meddwl.'
Cododd (Harri) ac agor y drws yn ddistaw.

---

cwmpeini: cwmni
yn ddifwriad: *unintentionally*
minlliw: *lipstick*
gwrid: h.y. lliw coch

tewi: stopio siarad
yn y man: cyn bo hir
lolian: siarad nonsens

155

'Rydw i'n berffaith siŵr rŵan, Vera, fod yn well ichi fynd. Dyden ni ddim ond yn chwarae â thân.'

Rhaid bod rhyw gadernid yn y ffordd y dywedodd achos cododd o'i chadair. Dwbiodd ei sigarét yn y soser lwch a cherdded tua'r drws.

'Chi sy'n iawn, Harri,' meddai'n syml. 'Rydw i'n wirion, mi wn . . . Nos da.'

Caeodd Harri'r drws ar ei hôl. A oedd yn edifar? Siglodd ei ben. Diosgodd ei ŵn llofft, llithro i'w wely, a diffodd y golau. Rhoes y golau drachefn, codi, a chau ffenest y llofft rhag y sŵn traffig, yn ôl i'w wely, a thynnu'r dillad dros ei ben.

Bu'n hir yn cysgu eto. Pan gysgodd, breuddwydiodd yn atgas. Ei weld ei hun mewn trên a'r trên yn mynd drwy dwnnel. Yr oedd merch ar ei lin, un o'r Saeson yn y gynhadledd, a phan gusanodd hi, gwelodd mai Vera ydoedd. Yr oedd ei hewinedd yn hirion ac yn goch, nid gan farnais ond gan waed. Fflachiodd ei llygaid a phlannodd yr ewinedd gwaedlyd rhwng ei asennau. Ceisiodd weiddi am help, a daeth Marged i mewn a Huw Powys ar ei braich. Ond ni wnaeth Marged ddim, dim ond sefyll yno, a sbïo . . .

Deffrodd Harri, yn chwys drosto. Yr oedd yn gefn dydd golau, ac ar y bwrdd bach yn ymyl ei wely yr oedd cwpanaid o de a phapur newydd.

V

Amser brecwast dywedodd Tom,

'Wn i ddim beth ydech chi'ch dau am ei wneud heddiw, ond mae Elinor a finne am fynd i'r Sw.'

'Wel,' ebe Vera'n gyflym, 'mae'n naturiol fod arnoch chi'ch dau isio bod ar eich pennau'ch hunain. On'd ydi, Harri?'

'Wel . . . ydi,' ebe Harri'n garbwl. 'Ydi, wrth gwrs.'

'Mae arna i isio siopa tipyn y bore 'ma,' meddai Vera wedyn.

---

cadernid: *firmness*

yn wirion: *silly*

yn edifar: *sorry*

Diosgodd: tynnodd (oddi amdano)

yn atgas: h.y. yn ofnadwy

ewinedd: *fingernails*

farnais: *varnish*

asennau: *ribs*

sbïo (G.C.): edrych

yn gefn dydd golau: h.y. yn olau iawn

yn garbwl: *awkwardly*

'Rydw i wedi addo presant i Huw Powys, ac fe ddylech chithe brynu rhywbeth i Marged, Harri.'

'Mm? O, dylwn . . . dylwn, mae'n siŵr.'

Chwarddodd Tom.

'Gwrando, Harri. Ceisia di dicedi inni'n pedwar i Drury Lane heno, wnei di? Mi fydda i wedi hen flino ar Elinor erbyn hynny, mi fydda i'n falch o newid cwmni.'

Pinsiodd Elinor ef a chwarddodd drachefn. Cododd y pedwar oddi wrth y bwrdd, ac aeth Tom ac Elinor i wisgo i fynd i'r Sw, gan adael Harri'n sefyll yn neuadd dderbyn y gwesty gyda Vera.

'Wel, Vera?'

'Peidiwch edrych mor ddigalon, Harri! Fe fyddwn ni'n mynd adre fory.'

Cerddasant ar hyd y bore drwy Piccadilly ac Oxford Street. Chwiliodd Vera am anrhegion i bawb yn Lleifior, a Harri'n ei dilyn. Nid oedd ef yn yr hwyl i brynu anrhegion i neb. Dywedodd wrth Vera ei fod wedi addo eliffant bach i Huw Powys, a chyn bo hir gwelodd Vera'n dod ag eliffant gwlanog gwyn mewn papur brown, a llong hwyliau fechan.

Eisteddodd Harri ag ochenaid ar gadair yn y siop. Yr oedd siopa'n boen iddo. Edrychodd o'i gwmpas ar aceri o garpedi a linolewm a llenni. Gymaint esmwythach ar lygad oedd caeau a choed!

Aeth Vera ac yntau â'r baich anrhegion yn ôl i'r gwesty, ac yna mynd allan am ginio. Aeth Vera ag ef i un o'r tai bwyta lle'r oedd stolion wrth y cownter a dyn mewn cot a chap gwyn yn sgleisio cig a physgod a'u rhoi ar eich plât.

'Mae 'ma ddiodydd fan yma,' ebe Harri.

'Wrth gwrs,' ebe Vera. 'Plîs, ga i lasied hefo 'nghinio?'

'Na chewch, ar un cyfri.'

'Harri.' Edrychodd Vera arno'n llym. 'Wnewch chi mo 'nhrystio i hefo un glasied bach?'

'Na wnaf.'

'Beth sy'n rong ynddo?'

---

addo: *to promise*
ochenaid: *sigh*
gymaint esmwythach: *so much more comfortable*
baich: h.y. *load*
sgleisio: *to slice*
ar un cyfri: *on any account*
Wnewch chi . . .?: *Won't you trust me?*

'Fydd un ddim yn ddigon ichi.'

'Rydw i'n rhoi 'ngair.'

'Wel . . . os ydech chi'n addo . . .'

Daeth un o'r dynion atynt a chymerodd eu harcheb am gyw iâr a salad. A siandi i Vera.

'Harri.'

'Wel?'

'Rydech chi'n ddyn golygus ofnadwy. Oes rhywun wedi dweud wrthoch chi o'r blaen?'

'Oes, gannoedd.'

'Ho, ho! Cassanova!'

Nid atebodd Harri. Bwytaodd heb gymryd arno wrando arni.

'Ydech chi'n meddwl 'mod i'n ddel, Harri?'

'Rhy ddel o lawer.'

'Oes arnoch chi ofn?'

Ni chododd Harri mo'i lygaid am hir. Oedd, yr oedd arno ofn. Yr oedd yn rhy bell oddi cartref. Mentrodd edrych arni. Yr oedd hi'n ddel, ddel, ddel.

'Peidiwch ag ofni edrych arna i, Harri.'

Edrychodd (Harri) yn syth i'w hwyneb. A phenderfynu dal ei dir.

'Rŵan, Vera. Wn i ddim yn siŵr beth ydech chi'n drio'i wneud. Os gêm ydi hi, rhowch y gore iddi. Wna i ddim chware.'

'Ond Harri, does genny mo'r help.'

'Wnaiff o mo'r tro, Vera. Rydw i'n ddigon o ffŵl i lithro, rwy'n cyfadde hynny ichi. Rydech chi'n ddigon del i wneud imi golli 'mhen am bnawn. Ond Vera. Peidiwch ag achosi diodde i rai diniwed—Marged a Huw Powys ydi'r rheini.'

Yr oedd Vera wedi gostwng ei llygaid, ac yr oedd hi'n ddelach yn ei chywilydd hyd yn oed nag oedd hi cynt.

'Mi dria i reoli fy hun. Does dim iws imi ddifetha'ch bywyd chi. Yden ni'n ffrindie, Harri?'

'Yden. Ryden ni'n ffrindie.'

---

archeb: *order*	cyfadde: *to admit*
heb gymryd arno: *pretending that he*	diniwed: *innocent*
wasn't, (cymryd ar—*to pretend*)	gostwng: *to lower*
Wnaiff o mo'r tro: *It won't do*,	cywilydd: *shame, embarrassment*
(gwneud y tro)	difetha: *to destroy*

Y bore hwnnw, gartref yn Lleifior, yr oedd y dynion yn golchi'r defaid yn barod i'w cneifio. Diwrnod mawr yn Lleifior bob blwyddyn.

Bu Gwdig wrthi ers awr yn glanhau'r pwll golchi defaid ac yn ei lenwi (â) dŵr y nant. Yr oedd y pwll yn awr bron yn llawn, ac yr oedd Iorwerth a Karl a'r cŵn yn dod â gyrr o ddefaid i lawr y ffordd i'r buarth. Safai Terence wrth lidiart y buarth yn disgwyl amdanynt.

(Yr oedd tri chi ar y ffarm.) Yr oedd Mot a Phero yn gŵn profiadol ond ci ifanc oedd Shep. Yr oedd yn ffefryn ar y ffarm, ond yr oedd yn niwsans ar funudau pwysig hel defaid.

Yn sydyn, gwelodd Terence Huw Powys yn dod yn fusnes i gyd heibio i gornel y sgubor, dan weiddi 'Wow! Wow!' a chwifio'i freichiau byrion yn egnïol. Yr oedd y cyfarth plentynnaidd yn ddigon i Shep. Dechreuodd brancio 'nôl a blaen dan gyfarth. Galwodd Terence,

'Hei, Huw Powys, cer 'nôl, cer 'nôl, 'y ngwas i!'

Cymerodd Shep fod hwn yn orchymyn personol iddo ef. Plannodd i ganol y defaid. Y peth olaf a welodd Terence oedd y gyrr o ddefaid yn taflu Huw Powys i lawr ac yna'n carlamu drosto.

Cyrhaeddodd Iorwerth ac yntau i'r fan ar yr un eiliad. Yr oedd y plentyn yn gorwedd yn swp ar y buarth, a gwaed yn treiglo o'i lygad dde. Plygodd Iorwerth drosto a'i deimlo'n frysiog.

'Dwy ddim yn credu bod asgwrn wedi torri, Terence. Mae'n anadlu, ond dyna i gyd. Ewch i alw'r lleill, mi a i â'r bychan i'r tŷ.'

Cododd y plentyn a'i gludo tua'r drws cefn. Yr oedd Greta wedi clywed y sŵn ac yn sefyll yno. Cododd ei llaw'n beiriannol at ei gwddw wrth weld Iorwerth yn dod tuag ati â'r baich bach llipa yn ei freichiau.

---

i'w cneifio: *to shear them*
gyrr o ddefaid: *a flock of sheep*
llidiart: *gât*
buarth: *farmyard*
hel: *casglu*

prancio: neidio
Plannodd: h.y. *he dived*
yn swp: *in a heap*
llipa: *limp*

'Iorwerth . . .'

'Damwain, Greta. Fe aeth dan draed y defaid.'

Edrychodd Greta ar y plentyn.

'O, 'nghalon i . . .'

'Cymerwch o, Greta, a thriwch atal y gwaed. Mi ffonia i am Dr. Owen.'

Ond pan ffoniodd Iorwerth, yr oedd y meddyg allan ar ei rownds. Addawodd (Mrs. Owen) geisio cael gafael ar ei gŵr cyn gynted ag y gallai.

Aeth Iorwerth yn ôl i'r gegin a dweud wrth y merched y byddai'r meddyg ar ei ffordd cyn pen dim. Yr oedd Greta wedi atal y gwaed rhag llifo. Yr oedd Marged yn eistedd uwchben y bychan, heb ddweud dim, yn rhoi'i llaw weithiau ar ei dalcen, ar ei ddwylo, ar ei goesau. Yr oedd y plentyn yn anymwybodol.

Safai Karl wrth y drws. Nid oedd yn dweud nac yn gwneud dim, dim ond edrych ar y plentyn. Yr oedd Greta'n falch ei fod yno.

Nid oeddynt wedi bod yno'n hir pan glywsant sŵn modur ar y buarth. Symudodd Karl fel cysgod oddi wrth y drws, a daeth i mewn ymhen munud neu ddau a Dr. Owen i'w ganlyn.

'Wel, wel wel,' ebe'r meddyg, yn taro'i fag ar y bwrdd.

Tawodd pan welodd y plentyn.

'Ewch allan, bawb, plîs, ond Marged a Greta.'

Llithrodd y dynion allan a chau'r drws ar eu hôl.

'Dŵr cynnes, Greta, ar unwaith.'

Cyn pen dim yr oedd wedi byseddu pob modfedd o'r corff bach llonydd.

'Sbyty Henberth ar unwaith.'

'Oes raid, Doctor?' ebe Marged, yn wyn gan ddychryn, y peth cyntaf a ddywedodd.

'Marged. Does dim y galla i'i wneud yn y fan yma. Does dim amser i alw am ambiwlans. Mi a i ag o yn 'y nghar. Ble . . . ble mae Harri?'

Eglurodd Greta'i fod yn Llundain.

---

atal: stopio	anymwybodol: *unconscious*
cyn gynted ag y gallai: *as soon as she could*	Tawodd: Stopiodd siarad
	dychryn: ofn mawr
cyn pen dim: *in no time at all*	Eglurodd G.: *G. explained*, (egluro)

160

'Dwedwch wrth Iorwerth am ffonio amdano. Gartre mae'i le fo.'

Ar ei ffordd allan, a'r plentyn yn ei freichiau, cyfarfu Dr. Owen â Karl.

'Doctor,' ebe Karl. 'Fe ellwch chi ddweud wrthyf fi.'

'Galla, mi wn,' ebe'r meddyg. 'Cadwch o i chi'ch hunan. Mae arna i ofn ... ei bod hi ar ben ar y cog bach. Mater o orie ...'

Gwelodd y merched yn dod, a thawodd. Gwyliodd Karl hwy'n mynd, ac ail ddechreuodd y gweddïo o'i fewn. Gweddïodd er mwyn Greta'n gymaint â neb. Yr oedd hi'n amlwg ei bod hi'n byw i'r crwt. Aeth yn araf yn ei ôl i'r tŷ. Clywodd lais Iorwerth yn teleffonio yn y neuadd. Rhoes Iorwerth ei law ar ben siarad y derbynnydd.

'Rydw i wedi mynd drwodd i'r hotel, Karl. Maen nhw'n hysbysu ar y *loudspeakers* fod eisie Harri ar y ffôn.'

Disgwyliodd y ddau am oes. Daeth llais y ferch yn y gwesty o'r diwedd, i ddweud eu bod wedi galw Harri ddwywaith ar y cyrn siarad, ond nad oedd o wedi dod. Yr oedd yn amlwg ei fod allan. Gofynnodd Iorwerth i'r ferch gael Harri i ffonio cyn gynted ag y dôi i mewn, a rhoes y derbynnydd i lawr.

Edrychodd Iorwerth a Karl ar ei gilydd.

'Wnawn ni ddim golchi'r defaid heddiw, Karl.'

vii

Cododd Harri a Vera oddi wrth eu bwrdd cinio yn y tŷ bwyta. Pan aethant at y drws gwelsant ei bod yn bwrw glaw.

'Lwc inni ddod â'n cotiau glaw hefo ni,' ebe Vera. 'Be wnawn ni y pnawn 'ma, Harri?'

'Mae'n rhy wlyb i fynd i'r Sw nac i un o'r parciau. Mynd yn ôl i'r hotel ydi'r gore, i aros nes daw Tom ac Elinor.'

'Twt, Harri, beth am fynd i'r pictiwrs?'

'Pictiwrs faw!'

'Rydech chi'n mwynhau pictiwr cystal â neb. 'Drychwch, mae 'na sinema fan acw.'

---

crwt (D.C.): bachgen bach   Pictiwrs faw!: h.y. Pictiwrs, yn wir!

Yr oedd Vera wedi rhedeg o'i flaen ar hyd y stryd, ac nid oedd ganddo yntau ddewis ond rhedeg ar ei hôl. Cyrhaeddodd y ddau gyntedd y sinema gyda'i gilydd.

Prynodd Harri ddau docyn ac arweiniodd fflachlamp hwy i ddwy sedd yn y rhes gefn.

'Mae'r ferch yn meddwl mai cariadon yden ni,' ebe Vera'n hwyliog.

Nid atebodd Harri. Wedi i'w lygaid gynefino â'r tywyllwch gwelodd mai tenau iawn oedd y gynulleidfa.

'Mae hyn yn well na bod allan yn y glaw, Harri,' ebe'r llais meddal wrth ei benelin.

'Gobeithio'u bod nhw'n iawn yn Lleifior,' ebe Harri.

'Maen nhw'n siŵr o fod. Peidiwch â phoeni o hyd.'

Tywyllodd y darlundy, ymrannodd y llenni, a hysbyswyd ddyfod awr *Johnny O'Clock*. Ceisiodd (Harri) gadw'n effro ond suddodd yn ddyfnach, ddyfnach i'w flinder a chyn pen hir yr oedd yn cysgu'n drwm.

Deffrodd rywbryd a chlywed rhywbeth yn rhwbio'i foch. Rhwng cwsg ac effro, sylweddolodd fod pen Vera'n gorffwys ar ei ysgwydd a bod ei gwefusau'n mwytho'i ên.

'Peidiwch â symud, Harri. Mae'n gyfforddus fel hyn.'

'Dario chi, Vera . . .'

'Sh, 'y nghariad i, peidiwch â dwrdio. Does neb yn cin gweld ni, neb yn ein nabod ni fan hyn. Rhowch eich braich amdana i, Harri.'

Nid oedd ef yn hanner effro eto. Clywodd Vera'n codi'i fraich dros ei phen ac yn ei rhoi am ei hysgwydd, a phan deimlodd ef yr ysgwydd dan ei law gwyddai fod yr hen Harri wedi trechu'r newydd. Tynnodd hi ato a chusanodd hi.

Yn araf, ymgripiodd ei gydwybod i'w ymennydd a dechrau treiglo yno fel dŵr oer. Gwthiodd y ferch felys oddi wrtho a dweud,

'Thâl hi ddim, Vera . . .'

---

cynefino: *to get used to*
ymrannodd y llenni: *the curtains separated*, (ymrannu)
hysbyswyd ddyfod . . .: *it was notified that the hour of . . . had come*
mwytho: *to fondle*

peidiwch â dwrdio: *don't scold*
trechu: *to bear*
ymgripiodd ei gydwybod: *his conscience crawled*
ymennydd: *brain*
Thâl hi ddim: *It won't pay/do*

162

'Rydw i'n eich caru, Harri.'
'Be ddwedsoch chi?'
Yr oedd yn effro iawn erbyn hyn.
'Rydw i'n eich caru, Harri annwyl, annwyl, annwyl.'
'Dyna ddigon. Dowch odd'ma,' ebe Harri, gan godi.
'Ond dydi'r pictiwr ddim wedi ...'
'Dowch odd'ma ddwedais i.'
Wedi (cyrraedd cyntedd) y sinema dywedodd Harri,
'Fe gymerwn ni dacsi i'r hotel.'
'Ond mae arna i isio te.'
'Te yn yr hotel.'
Safodd cerbyd gyferbyn â hwy ar fin y palmant. (Gwthiodd
Harri) Vera i mewn i'r car o'i flaen.
'Harri, peidiwch â bod mor ryff.'
'Brysiwch.'
Caeodd y drws arnynt a throdd y cerbyd i'r llif traffig.
'Nefoedd fawr,' meddai Harri. 'Faddeua i byth i mi fy hun
am wneud tro mor gythreulig â Marged.'
'Chaiff Marged byth wybod.'
'Nid dyna'r pwynt.'
'Wel. Be wnawn ni 'te? Mynd at Marged hefo'n gilydd pan
awn ni adre a dweud, "Plîs, Marged, ryden ni wedi" ...'
'Tewch! Sychwch y lipstic 'na oddi ar eich ceg a'r powdwr
oddi ar eich wyneb a thriwch edrych fel dynes ac nid fel dol.'
Yr oedd Vera'n beichio crio.
'Peidiwch â bod mor ... mor ddramatig. Dydw i wedi
gwneud dim niwed ichi ... dim ond ichi anghofio be sy wedi
digwydd.'
'Anghofio ... !' ebe Harri drwy'i ddannedd.
Cyraeddasant y gwesty. Talodd Harri i'r gyrrwr. Cerddodd
i fyny'r grisiau o flaen Vera ac i mewn. Yno yn ei ddisgwyl yr
oedd Tom ac Elinor.
'Ble buost ti drwy'r pnawn, Harri?'
'Pam? Be sy?'

---

yn effro iawn: *very much awake*
Faddeua i byth: *I shall never forgive*
tro: *turn*
cythreulig: ofnadwy

Chaiff M. byth wybod: *M. will never
get to know*, (cael gwybod)
yn beichio crio: yn crio'n ofnadwy

163

'Maen nhw wedi bod yn galw d'enw di ar y *loudspeaker* bob chwarter awr ers hanner awr wedi deuddeg.'

'Pam yr oedden nhw'n galw f'enw i?'

'Roedd eisie iti ffonio Lleifior.'

'Ffonio Lleifior? Beth sy'n bod yno? Mi wna i hynny rŵan.'

'Aros, Harri.'

Yr oedd wyneb Tom fel y galchen.

'Does dim angen iti ffonio. Rydw i wedi gwneud. Dydi o ddim yn newydd da, Harri. Tria'i gymryd o'n dawel.'

---

fel y galchen: yn wyn iawn

YR AIL BENNOD AR HUGAIN

i

Bu Marged yn yr ysbyty drwy'r dydd. Aeth Greta'n ôl i Leifior gyda Dr. Owen i wneud cinio i'r dynion, a daeth Karl â hi i Henberth drachefn yn y *Landrover*.

Nid oedd Huw Powys wedi ennill ymwybod. Cafodd Marged fynd i'w weld yn achlysurol, dim ond ychydig funudau ar y tro. Tua chanol y prynhawn daeth Gareth Evans i'r ysbyty.

'Diolch ichi am ddod, Mr. Evans.'

'Allwn i lai na hynny, Mrs. Vaughan. Mae'n ddrwg calon genny drosoch chi. Ga i weld Huw Powys, tybed?' gofynnodd.

'Mi af i ofyn i Sister Owen,' ebe Karl. Daeth yn ôl a'r Sister gydag ef.

'Dim ond dau funud, Mr. Evans, os gwelwch yn dda.'

'Rydw i'n ddiolchgar iawn ichi, Sister. Gaiff Mrs. Vaughan ddŵad hefo mi?'

Edrychodd Sister Owen yn betrus ar Marged.

'O'r gore 'te. Dau funud, cofiwch.'

Aeth Gareth a Marged drwy'r drws i'r ward breifat. Safodd Gareth uwchben y gwely a dweud,

'Mrs. Vaughan . . . Does dim y galla i'i ddweud wrthoch chi fydd yn gysur arbennig ichi. Ond mi garwn i wneud rhywbeth . . . Garech chi imi . . . weddïo hefo chi?'

'Doeddwn i ddim yn licio gofyn ichi, Mr. Evans, ond fe fydde'n fwy o help imi na dim.'

Aeth Gareth Evans ar ei liniau wrth y gwely, ac fe'i cafodd Marged ei hun yn penlinio heb feddwl wrth yr erchwyn arall— yn gofyn yn daer am fywyd un plentyn bach.

Tra fuont yno, yr oedd Greta yn y stafell ddisgwyl yn dweud wrth Karl,

---

ennill ymwybod: *to regain consciousness*
yn achlysurol: *occasionally*
Allwn i lai: *I couldn't (do anything) less*
yn betrus: *hesitantly*

cysur: *comfort*
Garech chi imi . . .: *Would you like me . . .?*
erchwyn: *ochr y gwely*

'Mae fy ffydd i'n wan, Karl. Fe ddaru chi weddïo dros fy Mam un tro pan oedd hi'n wael, ac fe ddaeth drwyddi. Ydech chi'n meddwl y gellwch chi wneud yr un peth eto?'

'Greta fach, peidiwch â dweud mai fy ngweddïo *i* achubodd eich mam.'

'Ond rydw i'n *siŵr* mai dyna ddaru.'

Edrychodd Karl arni'n dyner. .

'Mae Duw mor debyg o wrando arnoch chi, Greta, ag arna i.'

'All O ddim gwrando arna i,' ebe Greta. 'Mae 'na ormod o ddrwg wedi bod yn 'y nghalon i.'

'Greta, oes gennych chi fonopoli ar feddyliau pechadurus?'

'Mi fydda i'n meddwl bod. Ond mae arna i ofn un peth. Os ... digwydd rhywbeth i Huw Powys, mi golla i 'nghrefydd. Mi fydda i fel Harri. All Duw da ddim cymryd bywyd plentyn bach.'

'Ond mae'n gwneud, Greta.'

'Ond pam?'

'Nid i ni y perthyn deall, ond ymostwng ...'

'O Karl, alla i ddim meddwl ... allwn i ddim diodde ...'

Daeth Marged a Gareth Evans yn ôl. Yr oedd golwg dawelach ar y ddau.

'Ydi o wedi dod yn ymwybodol?' gofynnodd Greta.

Siglodd Marged ei phen yn araf ac eisteddodd ar y gadair yn ymyl y ffenest.

Daeth Dr. Owen i mewn.

'Rŵan, Marged, 'y nghariad i.' Tynnodd gadair i'w hymyl. 'Rydw i wedi cael gair â'r *specialist* ac roedd o'n meddwl mai'r hen feddyg teulu oedd y gore i dorri'r newydd ichi. Rŵan, rydw i am ichi fod yn ddewr iawn, 'ngeneth fach i.'

'Rydw i am glywed y gwaetha, Doctor.'

'Rydw i'n falch o'ch plwc chi, Marged. Mae 'na waedlyn y tu ôl i lygad y bychan. Os daw Huw Powys drwyddi, ac mae "os" ansicir iawn, y tebyg ydi y bydd o wedi colli golwg un llygad, ac na fydd ei feddwl bach o byth yr un fath â meddylie bechgyn eraill ...'

Ysbedodd y car drwy fryniau Chiltern, a phedwar distaw iawn yn eistedd ynddo. Harri oedd wrth y llyw.

'Pa bryd y digwyddodd y ddamwain, ddwedest ti, Tom?'

'Tua chwarter i ddeg.'

'Faint ydi hi rŵan?'

'Dyw hi ddim yn hanner awr wedi chwech eto.'

Gwasgodd Harri'i ddannedd.

'Saith awr er pan ddigwyddodd y peth, a finne . . . Pam na fuaswn i gartre?'

'Does dim modd rhag-weld pethe fel hyn, Harri.'

Yr oedd troed Harri'n gwasgu'r sbardun i'r llawr ac ehedodd y car tuag adref. Gwyliodd Tom y cloc milltir yn bryderus. Er mwyn tynnu sylw Harri at ei gyflymder dywedodd,

'Faint ydi dy sbîd di rŵan, Harri?'

'Naw deg milltir yr awr,' ebe Harri, heb edrych ar y cloc a heb deimlad.

Yr oedd y merched yn y cefn yn fud gan arswyd. Yr oedd Harri'n diolch ei fod yn ci gar ei hun. Byddai'r daith mewn trên yn annioddefol. Ni allai anghofio'i blentyn rhwng byw a marw yn yr ysbyty na'i ffolineb ef ei hun ychydig oriau ynghynt.

'Garet ti i mi ddreifio?'

'Dim diolch, Tom. Mae'n well genny gael rhywbeth i'w wneud.'

Wrth groesi'r ffin i Faldwyn, caeodd yr ofn yn ddidostur am Harri. Ni allai wneud dim i'w blentyn. Dim. Byddai Karl, wrth gwrs, yn gweddïo. Byddai Marged hefyd, a byddai Greta. A allai hynny, wedi'r cwbwl, fod yn help?

Os oedd Duw yn bod, meddai Harri wrtho'i hun—nid ydoedd, wrth gwrs, ond *os* ydoedd—oni allai Ef ymyrryd? 'Os wyt Ti yna—a does genny ddim arall i alw arno—wnei Di'i

---

Ysbedodd y car: *The car sped*
Pam na fuaswn i . . .?: h.y. *Why wasn't I . . .?*
rhag-weld: *to forsee*
sbardun: *accelarator*
ehedodd: hedfanodd, (ehedeg)
yn fud gan arswyd: *mute with fear*

annioddefol: *unbearable*
ffolineb: *foolishness*
ffin: *border*
yn ddidostur: *mercilessly*
os oedd Duw yn bod: *if God did exist*
ymyrryd: *to interfere*

arbed o? Does gen i ddim hawl i ofyn iti. Ond er mwyn y rhai sydd yn credu ynot Ti, er mwyn Marged yn arbennig . . . wnei Di'i arbed o?'

Drwy'r coed a'r caddug yn y gorllewin gwelodd Harri dŵr eglwys Henberth. Cydiodd yn dynnach yn y llyw i'w sadio'i hunan. Beth oedd yn disgwyl amdano acw y tu hwnt i'r coed?

Cyn pen dim yr oedd y car o flaen ysbyty Henberth. Heb ddweud gair agorodd Harri'r drws a rhedeg i fyny'r grisiau i'r ysbyty ac i mewn ag ef i'r cyntedd golau. Safodd yn stond pan welodd Karl yn sefyll yno. Dim ond un olwg ar wyneb Karl, ac fe wyddai.

Rhoes Karl ei fraich amdano a'i arwain i'r stafell ddisgwyl. Yr oedd Greta'n gweiddi crio, a nyrs wrth ei hochor yn ceisio ganddi dawelu. Yr oedd Marged yn eistedd ar gadair gyferbyn, yn edrych yn syth o'i blaen. Cerddodd Harri ati a rhoi'i law ar ei hysgwydd. Dywedodd heb edrych arno,

'Doedd dim y gallet ti'i wneud, Harri, petaet ti yma. Ond fe fydde'n dda genny petaet ti.'

Ymrannodd y llenni symudliw ym meddwl Harri, a syllodd eto ar *Johnny O'Clock* a chlywodd eto'i wefusau yn suddo i wefusau Vera.

---

caddug: niwl   Safodd yn stond: *He stopped dead*,
sadio: *to steady*   (sefyll)

Y DRYDEDD BENNOD AR HUGAIN

i

Wythnos wedi angladd Huw Powys, daeth Vera i mewn i'r offis.

'Mae'n ddrwg genny, Iorwerth, fod hyn mor sydyn. Ond mae'n rhaid imi adael Lleifior.'

Cododd Iorwerth ei lygaid.

'Pam, Vera?'

'Dydw i ddim yn meddwl bod rhaid imi roi rheswm . . .'

'Mae hynny'n arferol.'

'Rydw i'n credu bod 'y nefnyddioldeb i yma wedi darfod.'

'I'r gwrthwyneb, Vera, rwy'n credu mai rŵan y mae'ch defnyddioldeb chi'n dechre.'

'Does neb wedi bod fwy yn f'erbyn i o'r cychwyn na chi.'

'Fûm i 'rioed yn eich erbyn *chi*,' meddai. 'Mi fûm yn erbyn rhai o'r pethe ffôl y byddech chi'n eu gwneud pan ddaethoch chi yma gynta. Mae'n anodd genny ddweud hyn, ond feder Gwdig a finne ddim meddwl am y gegin fach heboch chi. Mae'r Gymdeithas yn fodlon iawn ar eich gwaith chi.'

'Thanciw.'

'Pa bryd yr ydech chi'n meddwl gadael?'

'Yfory, os galla i. Mi ddylwn roi mwy o rybudd, mi wn. Wel . . . rwy'n cymryd . . . eich bod chi'n derbyn f'ymddiswyddiad i.'

Trodd i fynd tua'r drws, ond agorodd y drws cyn iddi'i gyrraedd a safodd Marged yno.

'Ydi Harri yma, Iorwerth? O . . . mae'n ddrwg genny, Vera, weles i monoch chi . . .'

'Popeth yn iawn, roeddwn i'n mynd rŵan.'

'Mae Vera'n ein gadael ni, Marged,' ebe Iorwerth.

---

defnyddioldeb: *usefulness*
wedi darfod (G.C.): wedi gorffen
I'r gwrthwyneb: *to the contrary*

ond feder G. a finne ddim: dydy G. a finne ddim yn gallu, (medru)
rhybudd: *warning*
ymddiswyddiad: *resignation*

'Vera . . . yn gadael Lleifior? Dyw hyn ddim yn wir, Vera?'
'Ydi, Marged. Amgylchiade'n galw am imi fynd adre.'
'Ydi'ch mam neu'ch tad yn wael?'
'O, nac ydyn, dim ond . . .'
'Vera, peidiwch â'n gadael ni. Alla i ddim meddwl am Leifior heboch chi.'
Trodd Vera'i hwyneb draw.
'Wnewch chi aros, Vera?'
'Mae'n ddrwg genny, Marged, mae . . . Maddeuwch i mi.'
Caeodd y drws ac yr oedd Vera wedi mynd. Trodd Marged at Iorwerth.
'Iorwerth, be sy wedi digwydd? Wyddoch *chi*?'
'Does genny ddim syniad, Marged.'
'Ond roedd hi'n crio, rwy'n siŵr ei bod hi.'
'Does dim esbonio ar Vera. Fel hyn heddiw, fel arall fory. Dwedwch i mi, Marged, sut yr ydech *chi*?'
Eisteddodd Marged am funud.
'Wn i ddim, Iorwerth. Mae bywyd mor ofnadwy o wag rŵan.'
Trechwyd Marged am foment.
'Mi fydde'n dda genny . . . allu bod yn fwy gwrol, petai ond i helpu Harri.'
'Mae Harri'n dal yn ddrwg, ydi o?'
'Does dim cysuro arno. Mae o wedi mynd yn rhyfedd. Dydi o'n dweud fawr o ddim wrtha i nac wrth neb.' Cododd Marged. 'Maddeuwch imi am roi ffordd i 'nheimladau fel hyn.' Sychodd ei llygaid yn benderfynol.
Cododd Iorwerth yntau.
'Peidiwch ag ymddiheuro,' meddai. 'Alla i ddim honni 'mod i'n deall, ond rydw i *yn* cydymdeimlo.'

---

amgylchiade/amgylchiadau:
  circumstances
Maddeuwch i mi: *Forgive me,*
  (maddau)
Trechwyd M.: *M. was overcome,*
  (trechu)

gwrol: *brave*
Does dim cysuro arno: *He cannot be comforted*
ymddiheuro: *to apologise*
honni: *to pretend*
cydymdeimlo: *to sympathize*

Ymlwybrodd Mr. Daniels, Rheithor Llanaerwen, ar hyd y llwybr tua'r eglwys. Byddai'n ymddeol o'r fywoliaeth ymhen ychydig fisoedd eto. Bu yma am dros chwarter canrif, ac yr oedd yn nabod yr hen bentre'n o dda erbyn hyn, yn Eglwyswyr ac yn Ymneilltuwyr ac yn ... Baganiaid? Ac yr oedd mor anodd gwybod erbyn hyn pwy oedd yn wir bagan a phwy nad oedd ... Wel, yr oedd yn rhaid brysio.

Aeth yn ffwdanus drwodd i'r eglwys. Croesodd i ganol y gangell a throi i edrych tua'r groes ar yr allor (a) sylweddolodd yn sydyn fod rhywun heblaw ef yn yr eglwys. Yr oedd yn eistedd yn un o'r seddau tua'r canol a'i ên ar ei ddwylo. Rhyfedd. Byddai pobol yn eistedd i fyfyrio yn eglwysi'r trefi, ond ni welodd neb ers blynyddoedd yn eistedd yma i hynny, ond ymwelwyr ... A dyna ydoedd ... Ymwelydd, yn siŵr.

Cerddodd yr hen Reithor yn araf i fyny'r ale, (a) phan ddaeth i ymyl y dyn yn y sedd,

'Well, good afternoon, I truly hope I'm not disturbing your meditations ... ?'

Pan drodd y dyn ei wyneb ato, daliodd y Rheithor ei anadl.

'Nid ... Harri Vaughan ... Lleifior?'

Daliodd dau lygad tywyll Harri i syllu i'w wyneb.

'Wel, wel, wel ... beth ych *chi'n* ei wneud yma, Harri?'

'Dim ond gorffwys tipyn, Mr. Daniels.'

Clywsai'r Rheithor fod Harri wedi cymryd ei brofedigaeth yn ddrwg.

'Ydych chi'n teimlo bod bod mewn eglwys yn help ichi orffwys?'

'Mae 'ma dawelwch,' ebe Harri.

'Wrth gwrs 'ny. Wel, dwedwch i mi, Harri ...'

Ymlwybrodd Mr. D.: *Mr. D. made his way,* (ymlwybro)	yn ffwdanus: *fidgety*
rheithor: *rector*	cangell: *chancel*
bywoliaeth: *living*	heblaw: *besides*
yn o dda: yn eitha da	myfyrio: *to contemplate*
Ymneilltuwyr: *Nonconformists*	ale: *aisle*
yn wir bagan: *truly a pagan*	Clywsai: roedd wedi clywed
pwy nad oedd: *who was not*	profedigaeth: *bereavement*

'Ar eich traws chi, Mr. Daniels, sut un ydi Duw?'

'Beth ddwedsoch chi? Duw? Wel nawr . . . ie . . . Duw . . . '

'Rydw i wedi bod yn edrych ar yr Iesu acw yn y ffenest fawr,' ebe Harri. 'Dydi o ddim yn edrych yn un cas i mi.'

'Cas? Dir, dir, nag yw, Harri bach. Beth wnaeth ichi feddwl 'ny?'

Llwyddodd Harri i ddweud,

'Rydw i'n teimlo 'mod i dan farn . . . '

'Dan farn? Wel, wel. Harri, 'machgen i. Does a wnelo'ch teilyngdod chi ddim â'r brofedigaeth fawr gawsoch chi. Mae'r bobol ore'n cael y stormydd garwa . . . '

'Rwy'n gwybod mai dyna'r ateb stoc, Mr. Daniels. Ond nid y brofedigaeth gefais i ydi'r farn sydd arna i. Er 'mod i'n meddwl ei bod hi'n arwydd ohoni. Ond rydw i'n cael 'y ngwasgu i'r llawr gan Rywbeth nad ydw i ddim yn ei ddeall.'

'Harri, wedi rhedeg i lawr yr ych chi. Dr. Owen yw'r dyn i chi.'

Dechreuodd y gloch ganu yn y tŵr.

'A,' ebe'r Rheithor, 'rhaid imi fynd i wisgo. Rhaid. Harri . . . garech chi aros i'r Gosber?'

'Y Gosber?'

'Ie, y gwasanaeth. Mae croeso ichi aros.'

Nid atebodd Harri. Dywedodd y Rheithor unwaith eto,

'Arhoswch yn y gwasanaeth, Harri. Mae arna i ofn na fûm i ddim lot o help ichi, ond . . . 'falle y cewch chi help yn y gwasanaeth.'

'Diolch, Reithor. Diolch ichi am wrando arna i.'

Eisteddodd (Harri) yno, wedi'i barlysu gan y tawelwch, nes i'r gwasanaeth ddechrau. Ac eisteddodd drwy'r gwasanaeth, heb symud yn ei sedd.

Dir, dir: h.y. *Dear, dear*
dan farn: *judgement upon (him)*
Does a wnelo'ch . . .: *Your . . . has nothing to do with,* (gwneud)
teilyngdod: *worthiness*

garwa(f): *roughest*
Gosber: gwasanaeth/gweddi'r prynhawn
wedi'i barlysu: *having been paralyzed*

172

iii

Rhywbryd cyn iddi dywyllu, cyrhaeddodd Harri'n ôl i Leifior.

'Harri . . . ,' meddai Marged wrtho. 'Ble buost ti cyhyd?'

'Am dro,' ebe Harri.

'Rydw i'n poeni amdanat ti,' ebe Marged.

'Mae'n ddrwg genny achosi ffwdan iti, Marged.'

'Na, nid ffwdan. Dwyt ti ddim ffwdan i mi. Ond . . . aros gartre, Harri bach, nes bydd y boen wedi gwella tipyn.'

Daeth Greta i mewn â swper iddo.

'Mae Marged yn llawer rhy ffeind. Does dim synnwyr dy fod ti'n achosi pryder iddi fel hyn.'

Pigiodd Harri'i swper yn ddiarchwaeth.

Daeth Greta ato o'r tu ôl a rhoi'i dwylo ar ei ysgwyddau.

'Harri. Meddwl amdanat ti yr yden ni. Rwyt ti'n nes ata i na neb arall. Roedd 'na bedwar ohonon ni. Rŵan, does dim ond ni'n dau. Ac mae'n rhaid inni helpu'n gilydd. A chofia, does gan Marged ddim chwaer, hyd yn oed. Mae hi'n fwy unig na'r un ohonon ni. Tria'i helpu hi, 'ngwas i. Mae hi mor ddewr.'

Buont yn ddistaw am sbel, ac yna dywedodd Marged,

'Mae Vera'n mynd o Leifior, Harri.'

'Ydi hi?' ebe Harri'n ddigyffro.

Gyda hynny clywsant sŵn car yn sefyll ar y buarth, a chododd y ddwy eu pennau. Toc, daeth curo ar y drws.

'Mi a i i weld pwy sy 'na,' ebe Greta.

Bu rhyw fwmial siarad yn hir wrth y drws cyn i Greta ddod yn ei hôl.

'Gwilym y Trawscoed sy 'ma,' ebe Greta.

Trodd Harri'i ben yn araf.

'Hylô, Gwilym,' meddai, heb ddiddordeb.

Cododd Marged a chymell Gwilym i eistedd a chynnig cwpanaid o de iddo.

---

cyhyd: mor hir
ffwdan: *bother*
pryder: gofid
yn ddiarchwaeth: heb deimlo fel bwyta

yn nes: yn agosach
yn ddigyffro: *without getting excited*
mwmial: *mumbling*
cymell: perswadio

'Dim diolch, Marged. Newydd godi oddi wrth y bwrdd. Dod yma wnes i, Harri, i . . . i ddweud bod yn ddrwg iawn genny am eich profedigaeth chi.'

Daliodd Harri i dynnu crystyn drwy'i ddannedd.

'Diolch, Gwilym.'

'Fe fydde'n haws genny ddweud beth sy genny i'w ddweud,' ebe Gwilym, 'petaech chi . . . ar eich pen eich hun.'

Gwnaeth Greta amnaid ar Marged ac aethant ill dwy o'r ystafell.

'Beth oedd gennoch chi i'w ddweud, Gwilym?'

'Chredech chi byth, Harri, mor galed oedd hi arna i i ddod yma heno.'

'Pam?' ebe Harri.

'Mi fûm i mor frwnt wrthoch chi ac yn gymaint o niwsans . . .'

'Dydw i ddim yn cofio pethe fel'na.'

Distawrwydd eto.

'Mae profedigaeth fel yr un gawsoch chi,' ebe Gwilym o'r diwedd, 'yn gwneud i ddyn feddwl. Rydw i wedi meddwl lot y dyddie 'ma y bydde'n well imi drio byw dipyn mwy strêt.'

Trodd Gwilym ei gap am ychydig eto a dweud o'r diwedd,

'Wel, mae rhaid imi fynd. Mae'n ddrwg gen i, Harri, am . . . am bopeth.'

Cododd Harri'n anewyllysgar a dweud,

'Diolch am ddod, Gwilym. Mi wn ei fod o wedi costio ichi.'

'Rydw i'n falch 'mod i wedi dod. Nos da.'

Eisteddodd Harri eto ac ni chlywodd mo ddrws y cefn yn cau na'r car yn cychwyn. Daeth Marged i mewn.

'Aeth o, Harri?'

'Do.'

'Oedd arno eisie rhywbeth arbennig?'

'Na . . . dim yn arbennig. Dim ond . . . cydymdeimlo.'

Edrychodd Marged yn ofidus ar Harri.

'Rydw i am fynd i'r gwely, Harri.'

---

crystyn: *crust*
Gwnaeth G. amnaid ar: *G. motioned to*
ill dwy: *y ddwy ohonyn nhw*

Chredech chi byth: *You'd never believe,*
(credu)
yn anewyllysgar: *unwillingly*

'O . . . waeth i minne ddod hefyd.'

Aethant ill dau i fyny'r grisiau derw disglair i'w stafell wely. Dim ond Marged a ymolchodd a glanhau'i dannedd. Yr oedd Harri'n rhy ddifater i hynny. Aeth Marged i'r gwely ac aeth Harri yn ei grys nos i sefyll wrth y ffenest.

'Tyrd i dy wely, Harri bach.'

'Mi ddo i mewn munud.'

Yr oedd y lleuad Fai yn codi uwch y bryniau. Golau'r lleuad. Golau Gareth Evans.

'Am beth wyt ti'n meddwl, Harri?'

'Am Rywbeth sydd allan acw y tu hwnt i 'nirnadaeth i, sy'n gwrthod gadael llonydd imi.'

'Paid â meddwl amdano rŵan.'

'Os peidia i â meddwl amdano, mae O'n dal i feddwl amdana i.'

'Ty'd i dy wely, Harri. Mae'n rhaid iti gysgu.'

Fe'i llusgodd Harri'i hun oddi wrth y ffenest, ac ymbalfalu i'r gwely. Teimlodd Marged am ei law o dan y dillad. Yr oedd yn oer fel rhew.

'Tria gredu, Harri, fel yr ydw i'n credu, fod Huw Powys yn fyw o hyd, ac yn hapus.'

Clywodd Harri'n igian crio wrth ei hochr, a rhoes ei braich amdano i geisio'i gysuro.

---

waeth i minne: *I might as well*
ill dau: y ddau ohonyn nhw
yn rhy ddifater: *too indifferent*
tu hwnt: *beyond*

dirnadaeth: *comprehension*
ymbalfalu: *to grope*
igian crio: *to sob*
cysuro: *to comfort*

Y BEDWAREDD BENNOD AR HUGAIN

i

Bore drannoeth, safai'r *Landrover* ar y buarth. Cerddai Gwdig yn brysur tuag ato, a bag mawr ym mhob llaw. Taflodd y bagiau i'r cefn.

Safodd Vera yn y drws yn ffarwelio â'r merched.

'Dowch i edrych amdanon ni yma,' ebe Marged.

Ar hynny daeth Harri o rywle, ffon yn ei law a llyfr dan ei gesail. Gwthiodd y llyfr yn frysiog i'w boced pan welodd hwy, ond yr oedd Marged wedi amau mai Beibl ydoedd.

'Mae Vera'n mynd, Harri,' ebe Marged.

'Da boch chi, Vera.'

'Da boch chi . . . Harri.' Agorodd Vera'i cheg i ddweud rhagor, ond ailfeddyliodd. Aeth yn gyflym oddi wrthynt tua'r cerbyd. Safodd Marged a Greta yno'n syllu ar ei hôl, ond aeth Harri yn ei flaen i'r tŷ.

Daeth Vera i mewn at ochr Iorwerth ac i ffwrdd â hwy.

A hwythau ar eu ffordd i lawr drwy Llanaerwen, dywedodd Iorwerth,

'Mae arna i eisie dweud rhywbeth. Vera . . . roeddech chi mewn cariad â Harri, on'd oeddech?'

Tynhaodd Vera.

'Dim mwy nag yr oeddech chi mewn cariad â Greta,' meddai.

'Yn hollol.'

Gyrrodd Iorwerth yn ei flaen, ond yn y man dywedodd,

'Rydech chi'n gwneud y peth hawdd, wyddoch chi. Rydech chi'n dianc oddi wrth eich cariad.'

'Onid dyna'r peth doetha?'

Bore drannoeth: y bore wedyn
safai'r . . .: roedd y . . . yn sefyll
Ar hynny: h.y. *then*
dan ei gesail: dan ei fraich
amau: *to suspect*

syllu: *to stare*
Tynhaodd V.: *V. tensed up*, (tynhau)
Onid . . .?: *Isn't . . .*
doetha: *wisest*

'Efallai . . . i chi. Ond rydw i'n gwneud y peth anodd. Rydw i'n aros.'

Pan gyraeddasant yr orsaf yr oedd y trên i mewn eisoes.

'Mi sgrifenna i air atoch chi rywbryd,' meddai Iorwerth drwy ffenest agored y trên, 'i roi tipyn o hanes Lleifior.'

Gwenodd Vera. Chwibanodd y gard, a (llithrodd) y trên yn araf i ffwrdd. Arhosodd Iorwerth nes iddo fynd o'r golwg.

ii

Nid oedd neb yn disgwyl gweld teulu Lleifior yn y capel y Sul ar ôl angladd Huw Powys. Pan ddaeth yr ail Sul wedi'r angladd, a Harri a Marged yn y capel, a Greta heb fod yno, dechreuodd pobol holi. Yr oedd fod Harri yno yn syndod, ond yr oedd fod Greta heb fod yno yn syndod mwy. Byddai yno dair gwaith bob Sul fel arfer. Yr oedd absenoldeb Greta'n boen (i Gareth Evans) a phenderfynodd roi tro i Leifior i'w gweld.

Y noson honno digwyddai Greta fod yn eistedd yn y berllan. Yno y byddai'n dod â Huw Powys yn ei bram ar ddiwrnod braf, cyn iddo ddechrau cerdded.

Ni ddywedodd Greta mo'i phader er y dydd yr aeth y bychan oddi wrthi. Doedd ganddi ddim i'w ddweud wrth Dduw. Yr oedd yn Dduw brwnt os oedd yn bod o gwbl.

Pan ddaeth Gareth Evans i fyny drwy'r berllan tuag ati, cafodd Greta'i hysgwyd beth.

'Sut ydech chi, Mr. Evans?'

'Yn well os gwnewch chi 'ngalw i wrth yr enw y mae Harri a Karl yn 'y ngalw i.'

'Mae Gareth yn swnio braidd yn hy fel yr ydw i'n ei ddweud o.'

'I'r gwrthwyneb. Wyddwn i ddim y gallai f'enw i swnio mor bersain.'

---

syndod: *surprise*
absenoldeb: *absence*
rhoi tro: ymweld â
digwyddai G.: roedd G. yn digwydd
y berllan: *the orchard*
byddai'n dod: roedd hi'n arfer dod

pader: gweddi
os oedd yn bod: *if (God) existed*
cafodd G. ei hysgwyd beth: h.y. G.
   was taken aback, (ysgwyd—*to shake*)
mor bersain: mor hyfryd

Cododd Greta.

'Rydw i'n anghwrtais yn peidio â gofyn ichi eistedd,' meddai.

'Mae arna i ofn mai fel gweinidog yr ydw i yma heno, Greta. Roedd eich lle'n enbyd o wag yn y capel ddoe.'

'Rydw i'n gwybod 'mod i'n eich brifo chi, Gareth. Ond rydw i wedi colli fy ffydd.'

'Dros dro.'

'Dros byth. Pam y mae Duw'n achosi cymaint o ddiodde?'

'Dydi Duw ddim yn ewyllysio diodde ond mae'n caniatáu diodde. Mae O wedi gadael rhyddid i ddamweiniau ddigwydd, ac fe ddigwyddodd un yn Lleifior. Ond credwch hyn. Mae Duw yn dioddef yn eich dioddef chi. Dydi O byth yn gweld bwlch mewn cartre nad ydi O'n gofidio o'i weld o. Ond fe all O droi'ch gofid chi yn rhywbeth cyfoethog iawn os gadewch chi iddo. Meddyliwch am yr holl gydymdeimlad gawsoch chi fel teulu. Wyddoch chi fod Huw Powys wedi gwneud mwy o les distaw drwy lithro o'r byd fel y gwnaeth o nag y buasa fo wedi'i wneud hwyrach ar hyd ei oes petai o wedi cael byw?'

Cofiodd Greta am Gwilym y Trawscoed. Efallai fod rhywbeth yn yr hyn a ddywedodd Gareth, ond . . .

Yr oedd yr haul yn symud oddi ar wyneb Gareth Evans, ac yr oedd cysgodion yn ffurfio arno, yn peri iddo edrych yn dristach rywsut.

'Greta, rydech chi mewn gofid mawr,' meddai Gareth. 'Ond . . . rydw i am ofyn ichi fy helpu i mewn gofid sydd gen i.'

'Y fi?'

Nodiodd Gareth. A dweud,

'A dweud y gwir, doeddwn i ddim wedi meddwl sôn wrthoch chi am 'y mhroblem tra oeddach chi yn eich gofid. Ond . . . rydw i'n meddwl mai rŵan y dylwn i sôn amdani. Mae dau ofid yn well nag un, meddan nhw.'

---

anghwrtais: *discourteous*
yn enbyd: yn ofnadwy
ewyllysio: h.y. *to wish*
diodde: *suffering*
caniatáu: *to allow*
rhyddid: *freedom*
bwlch: *gap*
os gadewch chi iddo: *if you let him*,
  (gadael)

lles: *good*
llithro: *to slide*
hwyrach (G.C.): efallai
cysgodion: *shadows*
ffurfio: *to form*
yn peri iddo: *causing him*
gofid: *worry*

'Os galla i roi ryw help ichi, Gareth . . . '

'Mae'n mynd i fod yn anodd i mi ddweud yr hyn sydd genny i'w ddweud. Ond dyma fo; pe bawn i rywbryd yn gofyn ichi fod yn wraig imi, beth ydach chi'n feddwl fydda'ch ateb chi?'

Clywodd Greta'r gwaed yn gadael ei gruddiau.

'Greta annwyl, rydach chi wedi colli'ch lliw, mae'n ddrwg calon genny . . . '

'Na, na, peidiwch ag ymddiheuro, Gareth. Dim ond sydyn-rwydd y peth. Ga i funud i feddwl?'

'Fe gewch fis i feddwl . . . '

'Na, na, rydych chi mewn argyfwng, mi alla i weld hynny. Rydw i am gyfadde hyn fy hunan: rydw i wedi meddwl llawer amdanoch chi. A phetaech chi'n cael gwraig, alla i ddim meddwl am neb mwy ffodus na'r wraig honno. Ond na ydi f'ateb i, Gareth. Wn i ddim pam yr ydw i'n sicir, ond yr ydw i yn sicir.'

Plygodd Gareth ei ben.

'Diolch ichi, Greta.'

'Mae'n ddrwg calon genny, Gareth, os ydw i wedi'ch brifo chi.'

'Rydach chi wedi 'mrifo i, ond roedd rhaid ichi.'

Cododd Gareth, a chododd hithau. Safasant wyneb yn wyneb o flaen y wal heulog uchel.

'Mi wn i, Greta, pam yr oeddach chi mor sicir o'ch ateb gynna. Am fod 'na rywun arall . . . sy wedi'ch haeddu chi ganwaith yn fwy na fi.'

'Na . . . '

Trodd Greta'i phen draw, am fod y dolur y cafodd lonydd ganddo cyhyd wedi'i ailennyn.

'Fe awn i'r tŷ am swper,' meddai'n sydyn. 'Mae'n dechrau oeri yma.'

'Alla i ddim aros,' ebe Gareth, 'ddim heno. Mi garwn i weld Harri am funud, dyna i gyd.'

---

ymddiheuro: *to apologize*
sydynrwydd: *suddenness*
argyfwng: *crisis*
cyfadde: *to admit*

haeddu: *to deserve*
dolur: *pain*
cyhyd: *am gymaint o amser*
wedi'i ailennyn: *had been rekindled*

Aros i swper fu raid i Gareth, ac yr oedd hynny'n amlwg yn artaith iddo. Nid Greta a bwysodd arno, ond Marged. Rhwng distawrwydd Harri a distawrwydd Greta a'i anghysur ef ei hun ni bu sgwrsio mor anodd erioed.

Hebryngodd Harri ef i'r pentref yn y car. Sylwodd Gareth ei fod yn gyrru'n wyllt ac ansicir. Pan safodd y car o flaen ei lety, dywedodd,

'Dowch i mewn am funud, Harri.'

'Mae gennoch chi waith . . .'

'Mae genny amser i siarad â chi. Dowch.'

Wedi iddynt eistedd yn y stydi ac i Gareth oleuo'r tân trydan (gofynnodd),

'Ydech chi'n gyfforddus, Harri?'

'O . . . yn berffaith, diolch.'

'Wel rŵan. Beth ydi'r boen?'

Cododd Harri ddau lygad du llonydd tuag ato.

'Rydw i wedi darganfod fod Duw yn bod.'

Edrychodd Gareth arno'n fanylach.

'Wel, ardderchog, Harri!'

'Nage. Melltigedig.'

'Dydw i ddim yn deall. Mae'r golau wedi torri arnoch chi . . .'

'Dim o'r fath beth. Mae hi cyn dywylled â'r fagddu arna i.'

'Gwrandwch, Harri, mi wna i bopeth alla i i'ch helpu chi.'

'Allwch chi ddim. All neb.'

Suddodd Gareth yn ôl i'w gadair ag ochenaid fechan.

'Gwell ichi ddweud eich hanes wrtha i, Harri . . . orau y gallwch chi.'

Gwelodd wyneb Harri'n gweithio fel petai'n tynnu yn rhywbeth a oedd wedi glynu mewn twll. O'r diwedd daeth geiriau.

---

artaith: *torture*

anghysur: *discomfort*

Hebryngodd H.: *H. accompanied*, (hebrwng)

darganfod: *to discover*

yn fanylach: *in more detail*

cyn dywylled â'r fagddu: h.y. yn dywyll iawn, iawn

ochenaid: *sigh*

glynu: *to stick*

'Mi fûm i'n anffyddlon i Marged yn Llundain.'

'Rwy'n gweld,' meddai (Gareth). 'Oes arnoch chi awydd dweud mwy?'

Adroddodd Harri'r hanes, yn herciog afrwydd.

'A dyna'r cyfan?' ebe Gareth, wedi iddo orffen.

'Y gwir, yr holl wir, a dim ond y gwir,' ebe Harri.

'Ond ddyn glân! Roeddwn i'n meddwl eich bod chi wedi . . . Wnaethoch chi ddim ond ei chusanu hi . . .'

'Ydi'r pechod yn llai?'

· 'Wel, ydi, wrth gwrs . . . Mae 'na fyd o wahaniaeth rhwng yr edrych a chyflawni'r weithred. Rydech i'ch canmol, wir, am gadw'ch pen cystal . . .'

'Tewch!' ebe Harri'n wyllt. 'Does gennoch chi ddim hawl i siarad fel'na. Nid chi ydi 'marnwr i.'

'Mae'n ddrwg genny. Beth ydi adwaith y Barnwr?'

'Fe laddodd 'y mhlentyn i yr un diwrnod ag y bûm i'n anffyddlon.'

'Ond Harri! Cyd-ddigwyddiad pur oedd hynny . . .'

'Rwy'n gwybod. Cyd-ddigwyddiad oedd o, nid Duw laddodd Huw Powys, dydi Duw ddim yn cosbi nac yn dial. Mae fy rheswm i'n gadarn nad oes a wnelo 'mhrofedigaeth i ddim â 'mhechod i ac nad oes a wnelo Duw ddim â'r un o'r ddau, ond mae pob cynneddf arall sydd yno i'n gweiddi 'mod i dan farn.'

Cododd Gareth a cherdded tua'r cypyrddau llyfrau. Beth oedd ei dipyn problem ef yn ymyl hon? Trodd at Harri.

'Rydw i'n meddwl mai'r hyn wnaethoch chi yn Llundain oedd eich iachawdwriaeth chi.'

'Rŵan, gwrandewch, Gareth . . .'

---

awydd dweud: *to feel like saying*	cyd-ddigwyddiad pur: *pure coincidence*
yn herciog: *in stops and starts*	dial: *to avenge*
afrwydd: *clumsy*	cadarn: *steadfast*
pechod: *sin*	nad oes a wnelo . . . .: *that . . . has*
cyflawni: *to complete*	*nothing to do with*
y weithred: *the action*	profedigaeth: *bereavement*
Tewch!: Byddwch yn dawel! (tewi)	cynneddf: *instinct*
hawl: *right*	dan farn: h.y. *judgement upon (him)*
barnwr: *judge*	iachawdwriaeth: *salvation*

'Gwrandewch chi arna i. Roedd yn rhaid ichi gyflawni rhyw bechod na allech chi'ch hun mo'i faddau, i'ch gwneud chi'n ymwybodol o'ch Pechod—hefo P fawr. Roeddach chi'n hogyn da cynt. Ond eich daioni chi oedd eich damnedigaeth chi, achos nid daioni oedd o ond rhyw smygrwydd moesol oedd yn gwneud Duw'n ddianghenraid i fyw bywyd da.'

Daeth Gareth i eistedd gyferbyn â Harri.

'Welwch chi, Harri, roedd eich safonau chi mor uchel a'ch cydwybod chi mor gysáct, doedd dim eisiau i chi ond llithro modfedd i chwalu'ch smygrwydd i gyd . . .'

'Ond be wna i, Gareth, *be wna i*?'

'Ydach chi wedi gofyn am faddeuant?'

'Sut y gallwn i? Does dim maddau ar flynyddoedd o wadu a chablu'r Barnwr—allwn i ddim meiddio, alla i ddim ond gofyn iddo fy rhoi allan o 'mhoen.'

'Ga i ofyn drostoch chi?'

'Fel y mynnoch chi. Fydd o ddim lles.'

Tynnodd Gareth ei Destament allan o'i boced, a darllenodd hanes ceidwad y carchar yn yr Actau. Pan ddaeth at y geiriau, 'Cred yn yr Arglwydd Iesu Grist, a chadwedig fyddi', ail-adroddodd hwy, yn arafach ond heb bwyslais, a heb orffen yr hanes, caeodd y llyfr. Penliniodd wrth y soffa o flaen y ffenest, a dechreuodd ymresymu ar ran Harri wrth ei enw.

Pan gododd, gwelodd er ei syndod fod Harri ar ei liniau hefyd ac yn beichio crio. Arhosodd nes iddo dawelu, ac yna dweud,

'Mi ddo i'n ôl i Leifior hefo chi yn y car, Harri. Mi fynna i weld eich bod chi'n ċyrraedd adra'n ddiogel heno, beth bynnag.'

Safodd Harri ar ei draed, ei lygaid yn loyw dan eu hamrannau cochion.

---

na allech chi'ch hun . . . .: *that you yourself could not*, (gallu)
maddau: *to forgive*
ymwybodol: *conscious*
damnedigaeth: *damnation*
smygrwydd: *smugness*
moesol: *moral*
yn ddianghenraid: *unnecessary*
cydwybod: *conscience*

cysáct: *exact*
modfedd: *inch*
gwadu: *to deny*
cablu: *to blaspheme*
allwn i ddim meiddio: *I couldn't dare*
lles: *good*
'cadwedig fyddi': *you will be saved*
ymresymu: *to reason*
amrannau: *eyelashes*

'Wn i ddim ymh'le'r ydw i'n sefyll, Gareth. Ond mae'r wasgfa waetha wedi mynd. Diolch ichi am hynny.'

'Rydw i'n meddwl mai fi ddylai ddiolch i chi,' ebe Gareth. 'Rydech chi wedi bod yn gyfrwng i wneud dyn ohona i. Ac efallai . . . weinidog hefyd.'

---

gwasgfa: *pressure* cyfrwng: *means*

Y BENNOD OLAF

Safai Greta wrth lidiart y Ffridd Fawr, a'r defaid wedi'u cneifio'n ymlwybro i fyny'r ffordd drol tuag ati. Yfory, âi i weld y pensaer. Yr oedd wedi prynu darn o dir ac wedi penderfynu ar un o'r cynlluniau. Gallai'i thŷ fod yn barod erbyn yr hydref, a gallai fynd yno o olwg ei hatgofion, o olwg y berllan lle y carodd hi'r Karl ifanc hwnnw o bell, a lle y byddai Huw Powys yn chwerthin dan y blagur afalau.

Sylwodd fod car yn tynnu i fyny'r dreif at y tŷ. Edrychai'n debyg i *Jaguar* o'r lle y safai hi. Cerddodd i lawr y ffordd drol drwy ganol y defaid llafurus. Pan gyrhaeddodd y tŷ, cyfarfu Marged â hi.

'O, dyma chi, Greta.'

'Pwy sy 'ma, Marged?'

'Ffrindie ichi. Gŵr a gwraig. Maen nhw yn y parlwr mawr.'

Aeth Greta drwodd i'r parlwr mawr, a phan welodd hwy, safodd yn syn.

'Wel, bobol annwyl.'

'Greta, 'nghariad i, sut yr ydech chi?' ebe Mrs. Evans, yn cydio'n dynn ac yn ei chusanu.

'Mae'n dda genny'ch gweld chi,' ebe Greta. 'A Mr. Evans hefyd.'

Estynnodd ei llaw i'r dyn tal, penfoel, a gwasgodd ef hi â'i ddwy law.

'Ryden ni'n mynd i Benllyn am wythnos o wylie, ac mi awgrymais i ein bod ni'n dod heibio yma—dim ond galw i weld sut yr oeddech chi—ac wedyn mynd ymlaen dros y Berwyn.'

'Diolch ichi am eich llythyr cydymdeimlad annwyl.'

'Dim o gwbwl. Fe gollson ninne blentyn bach, wyddoch chi.'

---

ffordd drol: h.y. ffordd gul   llafurus: *laboriously*
âi: byddai hi'n mynd   cyfarfu: cwrddodd, (cyfarfod)
blagur: *buds*

'Do, rydw i'n cofio . . .'

'Dwyflwydd a hanner. Gwerth y byd. Dyna'n rhan ni ar y ddaear 'ma. Ond rŵan, dim wynebau hirion, mae'r plant yn well eu lle lle y maen nhw. Sut yr ydech chi, Greta fach? Chi'ch hun.'

'Rydw i wedi dod i delere'n o lew â phopeth.'

'Campus. Mae gan yr wyneb tlws 'na lawer o ddaioni i'w wneud yn y byd 'ma eto.'

Gwenodd Greta.

'Wel,' ebe Mrs. Evans, 'mae genny gymaint o newyddion Lerpwl i'w dweud wrthoch chi, wn i ddim ymhle i ddechre. Y capel, yr Aelwyd, cangen y Blaid.'

Nid oedd ar Greta lawer o awydd y newyddion eu hunain, ond yr oedd clywed Mrs. Evans yn parablu unwaith eto yn iechyd i glust a chalon.

Edrychai Mr. Evans bob hyn a hyn ar y wats ar ei arddwrn, ac am ddeuddeg union dywedodd,

'O'r gore. Stopiwch fan yna. Cychwyn am ddeuddeg ddwedson ni, a chychwyn am ddeuddeg wnawn ni.'

'O'r dynion busnes 'ma!' ebe Mrs. Evans. 'Ond mae 'na un yr ydw isio'i weld cyn yr a i odd'ma, Greta.'

'Pwy, Mrs. Evans?'

'Y Karl hwnnw. Roeddech chi'n dweud yn un o'ch llythyre'i fod o wedi dod yma yn ei ôl.'

'Wel, ydi, mae o . . .'

Aethant allan i'r buarth. Safai (Karl) yn nrws yr ysgubor mawr, yn ei ofyrols duon arferol, a'i wyneb a'i freichiau'n felynion noeth.

'Hwnna ydi o?' ebe Mrs. Evans wrth Greta. 'Fe allech ddweud mai Almaenwr oedd o filltir i ffwrdd. Ac rydech chi'n dweud ei fod o'n medru Cymraeg?'

Cerddodd Mrs. Evans i fyny'r buarth a sefyll lathen neu ddwy o flaen Karl.

---

telere/telerau: *terms*
Campus: ardderchog
Nid oedd . . . awydd: *G. wasn't very eager*

parablu: siarad (yn gyflym)
ysgubor: *barn*
llathen: *a yard*

185

'Sut ydech chi, ŵr ifanc?'

Moesymgrymodd Karl.

'Sut ydech chi, foneddiges?'

Daeth Greta i fyny atynt a'u cyflwyno i'w gilydd.

'Maddeuwch imi am eich galw chi'n Karl,' ebe Mrs. Evans. 'Dyna'r enw y clywais i Greta'n eich galw.'

Moesymgrymodd Karl eto.

'Mae hynny'n rhoi pleser i mi, Mrs. Evans.'

'Rydw i'n disgwyl gwahoddiad i briodas Greta, wyddoch chi,' ebe Mrs. Evans. 'Fu'i phriodas gynta hi ddim yn llwyddiant mawr. Rwy'n gobeithio y bydd yr ail yn well. Ac y bydd hi'n fuan. Neu mi fydda i'n dod heibio eto i fusnesa. Wel, da boch chi, 'machgen i.'

Hwyliodd Mrs. Evans i lawr y buarth at y car.

'Mrs. Evans,' ebe Greta, 'rydech chi'n gariad, ond fe fydde'n well genny petaech chi heb siarad fel y gwnaethoch chi.'

Safodd Mrs. Evans wrth ddrws y car, a'i thynnu ati a dweud yn ei chlust,

'Alla i ddim dweud 'mod i wedi bod yn or-hoff o Almaenwyr er yr wyth niwrnod ofnadwy hynny y buon nhw'n bomio Lerpwl acw. Ond mae hwn yn deilwng i fagu Cymry. Ac os collwch chi afael arno eto, siarada i byth air â chi. Da boch chi, 'nghariad i.'

Gwyliodd Greta hwy'n mynd. Na, doedd Mrs. Evans annwyl ddim yn deall. Edrychodd i fyny tua drws yr ysgubor, ond yr oedd Karl wedi diflannu. Sut y gallai wynebu Karl ar ôl hyn?

ii

(Mewn cyfarfod o) Gymdeithas Gydweithredol Lleifior darllenodd Iorwerth ei adroddiad arferol. Wedi derbyn yr adroddiad, dywedodd Iorwerth,

'Mi garwn i, Mr. Cadeirydd, gael yfory'n rhydd, os gwelwch chi'n dda. Hynny ydi ... cyn dechre ar y cynhaea ...'

Moesymgrymodd K.: *K. bowed*,   teilwng: *worthy*
(moesymgrymu)   cynhaeaf: *harvest*

186

'Mae'n sioc inni i gyd,' ebe Harri, 'glywed bod ein Goruchwyliwr am gymryd diwrnod o wyliau. Oes rhywun yn barod i gynnig na chaiff o ddim mynd?'

'Cynnig,' ebe Gwdig.

'Eilio,' ebe Terence.

A chwarddodd pawb.

'Wel,' ebe Harri, 'mae'n braf iawn yn Nyffryn Clwyd yr adeg yma ar y flwyddyn. Ac rwy'n siŵr, Iorwerth, y byddwch chi mor garedig â chyflwyno cofion cynhesa'r Gymdeithas i Miss Vera Davies.'

Edrychodd Iorwerth arno'n filain a churodd y gymdeithas ei dwylo'n orawenus. Gadawodd Harri i'r curo dwylo a'r difyrrwch ostegu, ac yna gosododd ei benelinoedd ar y ddesg a phlethu'i ddwylo. Bu tawelwch i'w gofio am rai eiliadau. Gwyddai pawb fod rhywbeth go ddiarth ar ddod, a daliasant eu hanadl.

'Gyfeillion,' ebe Harri. 'Mi wn i mai cymdeithas gydweithredol ydi hon. Ond yr ydw i, am unwaith yn hanes y Gymdeithas, am fod yn unben. Gan gychwyn bore fory, yn union cyn brecwast, fe gynhelir y ddyletswydd deuluaidd. Fe'i cynhelir hi bob bore drwy gydol y flwyddyn, Sul, gŵyl a gwaith. Fe'i cynhelir hi hefyd am ddeg o'r gloch bob nos. Yr ydw i'n disgwyl i bob un ohonoch chi fod yn y gegin fawr ym mhob gwasanaeth yn yr ysbryd priodol.'

Yr oedd y llcill yn rhy syn i siarad. Gwyddent fod Harri wedi bod yn rhyfedd am ddyddiau, a'i fod yn ystod yr wythnos diwethaf wedi sirioli a sionci tu hwnt, a bod a wnelai rhyw fath

---

cynnig: *to propose*
na chaiff o: *that he won't be allowed,*
(cael)
eilio: *to second*
cofion cynhesa(f): h.y. *kindest regards*
yn filain: yn gas
yn orawenus: yn llawen
difyrrwch: *fun*
gostegu: tawelu
go ddiarth: *quite strange*
unben: *autocratic*

fe gynhelir . . .: h.y. *a family service will be held,* (cynnal)
drwy gydol: *throughout*
gŵyl a gwaith: h.y. amser gwyliau ac amser gweithio
ysbryd priodol: *appropriate spirit*
Gwyddent: Roedden nhw'n gwybod
sirioli: *to cheer up*
sionci: *to enliven*
a bod a wnelai: *and that some sort of a spiritual battle had something to do with his strange behaviour*

o frwydr ysbrydol â'i ymddygiad od. Ond yr oedd hyn yn gwbwl annisgwyl.

Karl a siaradodd gyntaf.

'Rwyf am eich llongyfarch, Harri, ar eich buddugoliaeth ardderchog. Nid oes fuddugoliaeth fwy i neb na buddugoliaeth arno'i hun.'

'Mae 'na un peth eto'n angenrheidiol,' ebe Harri. 'Mae eisie rhywun i arwain y gwasanaethau. Rydw i am awgrymu'n bod ni'n penodi Gwdig yn gaplan y Gymdeithas . . .'

'Y fi?' ebe Gwdig, wedi deffro drwyddo.

'Fe fu Gwdig,' ebe Harri heb wneud sylw ohono, 'yn paratoi am y Weinidogaeth cyn dod yma aton ni. Os ydech chi'n cytuno, mi garwn ichi ddangos hynny.'

Cododd y dwylo'n unfryd. Bu llaw Greta braidd yn araf yn codi, ac yr oedd ei hwyneb braidd yn anfoddog, ond ni adawodd grym yr awyrgylch iddi fod yn gyndyn yn hir.

Pan aethant i orffwys y noson honno, gwyliodd Marged ei gŵr yn oedi'n hir ar ei liniau wrth y gwely.

'Rwyt ti'n hwy ar dy linie bob nos, Harri,' meddai pan gododd.

'Mae genny fwy i ddiolch amdano bob nos, Marged. Wyddost ti be? Mi allwn i ganu dros y lle. Mae 'na ryw orfoledd yno i, ac rydw i'n cael gwaith ei gadw o i mewn.'

Gwenodd hi arno.

'Mi ddweda i fy hanes i gyd wrtho ti ryw ddydd, Marged. Rydw i am fynd i'r seiat ym Methel i'w ddweud o hefyd. Fe fydd yn sioc i'r saint.' Chwarddodd Harri. 'Y noson honno y gweddïodd Gareth gyda fi yn ei stydi . . . noson ryfedd oedd honno. Fe ddisgynnodd rhyw faich oddi arna i, fel petawn i'n chwarelwr yn gorwedd dan gwymp a rhywun yn 'nhynnu i'n rhydd. Ond doeddwn i'n deall dim, dim ond yn teimlo rhyw ryddid.'

---

yn gwbwl annisgwyl: *totally unexpected*
buddugoliaeth: *victory*
angenrheidiol: *necessary*
penodi: *to appoint*
caplan: *chaplain*
y Weinidogaeth: *the Ministry*
yn unfryd: *unanimously*

braidd yn anfoddog: *rather unwilling*
grym yr awyrgylch: *the force of the atmosphere*
yn gyndyn: *reluctant*
oedi: *aros*
gorfoledd: *rejoicing*
seiat: gwasanaeth anffurfiol, *(informal)*
saint: h.y. pobl y capel

188

Ac yna difrifolodd Harri.

'Un peth sy'n dal i fod yn boen imi. Mae o wedi'i setlo rhyngof i a'r Arglwydd, ond dydi o ddim wedi'i setlo rhyngof i a ti. Pan oeddwn i yn Llundain, mi wnes i rywbeth na chawn i byth ganiatâd i'w wneud o. Fe aeth Vera a finne . . .'

'Does dim rhaid iti ddweud, Harri. Rydw i'n gwybod.'

Rhythodd Harri arni.

'Rwyt ti'n . . . gwybod?'

'Fe ddwedodd Vera wrtha i, y diwrnod yr aeth hi odd'ma. Roedd hi'n crio'n ofnadwy. Roedd hi'n dweud mai arni hi'r oedd y bai i gyd ac na châi hi ddim llonydd nes ei bod hi wedi dweud wrtha i.'

'Marged. Ddangosaist ti ddim.'

'Roeddwn i'n dy nabod di'n ddigon da i wybod nad oedd o'n ddim ond mistêc.'

Cusanodd Harri hi'n dyner ar ei thalcen.

'Fe fydde dy dad yn falch o fod wedi cael byw a dy weld di rŵan, Harri. Roedd o wedi gweddïo llawer am hyn.'

'Efalle'i fod o'n gwybod,' ebe Harri.

Tynnodd y dillad gwely'n ôl a llithro rhyngddynt.

'Fyddi di'n teimlo weithic, Marged, fod yr hiraeth am Huw Powys bron yn fwy nag y gelli di'i ddal?'

'Weithie.'

'Finne hefyd.'

'Harri.'

'Wel?'

'Mae genny gyfrinach i ddweud wrthot ti.'

'Beth?'

'Petai Huw Powys wedi cael byw, fe fydde ganddo frawd neu chwaer fach cyn bo hir.'

Cododd Harri ar ei benelin ac edrych arni.

'Marged . . . ydi hyn yn wir?'

Nodiodd Marged. Sylwodd Harri mor ddel yr oedd hi o hyd.

---

difrifolodd H. *H. became serious*, (difrifoli)

na chawn i byth: *I would never have*, (cael)

caniatâd: *permission*

Rhythodd H.: *H. stared*, (rhythu)

na châi hi ddim llonydd: *that she wouldn't have any peace*, (cael llonydd)

cyfrinach: *secret*

'Wel, diolch i Dduw,' meddai.

Tynnodd Marged yn nes ato, a suddodd ei wefusau yn ei gwallt.

iii

Yr oedd Iorwerth newydd godi oddi wrth ei frecwast a mynd allan.

'Ydi o'n dechre ar y gwair heddiw?' (gofynnodd Greta).

'Pwy, Iorwerth?' ebe Gwdig. 'Nag yw, yfory. Diwrnod slac heddi, medde fe. Jiw, dyna syniad!'

'Beth?'

'Beth am fynd lan am y pnawn i ben Moel yr Afr? Karl, a chithe, Greta, a finne. Diwrnod o wylie bach inni. Beth ych chi'n ddweud, Karl?'

'Wel, . . . mae'n siŵr y byddai'n hyfryd heddiw ar gopa'r Foel.'

'Reit,' ebe Gwdig. 'Mi af *i* roi gwbod i'r Goruchwyliwr. Fe gychwynnwn ni ar ôl cinio, ac fe fydde'n eitha peth petai Greta'n torri tipyn o fwyd inni.'

Ar ôl cinio, paratôdd Greta'r picnic a llanwodd ddwy gostrel â the. Pan oedd wrthi'n rhoi'r bwyd yn y fasged daeth Karl i mewn.

'Greta,' meddai, 'mae Gwdig newydd ddweud na all ef ddim dod i'r mynydd. Mae rhai o'r gwartheg wedi mynd i'r ŷd. Fe ddwedodd am i chi a finnau fynd.'

'Do dario,' ebe Greta, 'a finne wedi paratoi mwy na digon i dri . . .'

'Wrth gwrs,' ebe Karl, 'os yw'n well gennych chi beidio â mynd . . .'

'Nag ydi,' ebe Greta. 'Fe awn, wrth gwrs.'

Edrychodd â chil ei llygad ar Karl, a gwelodd ei fod yntau'n edrych â chil ei lygad arni hithau.

---

goruchwyliwr: *manager*
eitha peth: h.y. *quite an idea*
costrel: *flask*

Do dario!: *Dash it!*
cil ei llygad: *the corner of her eye*

Cymerodd Karl y fasged, a chychwynnodd y ddau. I fyny'r ffordd drol tua'r ffriddoedd. Aethant dros y gamfa ym mhen ucha'r Ffridd Felen a thros gamfa arall i'r mynydd grug, Karl yn ei helpu dros y camfeydd yn gelfydd gwrtais. A dechrau ar y daith arafach drwy'r grug a'r llwyni llus hyd ochor serth yr hen Foel. Safai'r ddau o bryd i'w gilydd i gael eu gwynt atynt a throi i fwrw golwg ar y dyffryn islaw.

Pan gyraeddasant y copa, dewisodd Greta lain o laswellt mynydd mwsoglyd ac eisteddodd, yn edrych i lawr ar y dyffryn. Lledorweddodd Karl ychydig oddi wrthi, yntau hefyd yn edrych ar y dyffryn.

'Am beth yr ydech chi'n meddwl, Karl?' ebe Greta.

'Roeddwn i wedi peidio â meddwl,' ebe Karl. 'Ni all dyn *feddwl* pan wêl beth fel hyn.'

'Roeddwn i'n meddwl gan mor ddistaw oeddech chi,' ebe Greta, 'eich bod chi'n meddwl am Maria.'

Nid edrychodd Karl arni.

'Myth yw Maria,' meddai'n bell. 'Breuddwyd. Fy syniad i am orau fy nghenedl fy hun, yn gysur imi pan oeddwn i'n unig.'

'Dydech chi ddim yn caru Maria?' ebe Greta, heb edrych arno yntau.

'Nid wyf erioed wedi caru ond un.'

Gwthiodd Greta'i dannedd i'w gwefus.

'Pwy?' meddai'n floesg.

'Fe wyddoch chi pwy?'

Oedodd Karl cyn ychwanegu,

'Nid wyf wedi ymyrryd â chi, Greta, am ichi fod yn briod ac yna'n weddw. Ac ... rhaid cyfaddef ... am imi fod yn llwfr a'ch gadael i lithro i briodas anhapus. Efallai na allwch chi faddau hynny.'

---

y ffriddoedd: ochrau'r mynydd
camfa (camfeydd): *stile(s)*
yn gelfydd gwrtais: *courteously and dexterously*
llus: *bilberries*
o bryd i'w gilydd: *from time to time*
llain: *strip, patch*
mwsoglyd: *mossy*

Lledorweddodd K.: *K. stretched out*
pan wêl: *when he sees*, (gweld)
yn floesg: *indistinctly*
Oedodd: arhosodd, (oedi)
ymyrryd: *to interfere*
rhaid cyfaddef: *one must admit*
llwfr: *coward*
na allwch chi: *that you can't*, (gallu)
maddau: *to forgive*

Gwasgodd Greta'r dagrau poethion yn ôl.

'Rydw i wedi maddau,' sibrydodd, yn dal i edrych ar y Dyffryn.

Trodd Karl ei ben ac edrych arni ar draws y llain mwsoglyd.

'Gan hynny,' meddai, 'rwyf yn dod i'ch hawlio i mi fy hun.'

Gwelodd Greta'r Dyffryn yn nofio o'i blaen, a'r mynydd fel petai'n siglo dani. Yr oedd Karl wrth ei hochor, a chlywodd ei fraich yn cloi am ei chanol ac yn ei gorfodi'n dyner i lawr i'r grug. Edrychodd i fyny i'w wyneb, i'r llygaid a oedd yr un lliw yn union â'r awyr y tu ôl i'w ben.

'Ydych chi'n cofio,' meddai Karl, 'y gorchymyn roesoch chi imi ryw noson bell yn ôl yng nghegin Lleifior?'

'Yn well nag yr ydw i'n cofio dim,' ebe Greta. 'Cusanwch fi, Karl, da chi—dyna'r geirie ddwedes i.'

'Ac fe gymerodd dair blynedd a hanner imi ufuddhau.'

Daeth gwefusau Karl i lawr yn llawer rhy araf ac asio â'i gwefusau hi. Gwasgodd hi ati'n orffwyll, a'r ofn ynddi fel peth byw.

'Peidiwch byth â 'ngadael i eto, Karl.'

'Does dim rhaid ichi ofni. Allaf i ddim byw heboch chi, Greta. Rwy'n eich caru chi.'

'Dwedwch o mewn Almaeneg.'

'Ich liebe dich.'

'"Ti" ydi "dich" ynte? Rhaid ichi ddweud "ti" wrtha i yn Gymraeg hefyd.'

'Dyw 'Nghymraeg i ddim yn ddigon sicir . . .'

'Ydi, mae o.'

'Rwy'n dy garu di, Greta.'

'Ac rydw i'n dy garu dithe. A phaid â'i anghofio byth.'

Sobrodd Greta ychydig.

'Dydw i ddim yn meddwl yr a i i fyw i Sir y Fflint wedi'r cwbwl. Mae'n anodd i Marged wneud ei hun yn Lleifior. Ac wyddost ti beth, Karl?'

---

sibrydodd: *she whispered*, (sibrwd)
hawlio: *to claim*
gorfodi: *to force*
gorchymyn: *command*

ufuddhau: *to obey*
asio: *to blend*
yn orffwyll: yn wyllt
Sobrodd G.: *G. sobered up*, (sobri)

192

'Beth?'

'Dydw i ddim yn meddwl bod gwartheg wedi mynd i'r ŷd chwaith. Un o dricie Gwdig oedd honna.'

'Mi wyddwn i hynny cyn dod,' ebe Karl.

Rhythodd Greta arno.

'Karl Weissmann . . .! O . . . Frau Weissmann fydd f'enw i cyn bo hir. Sut y galla i fynd drwy fywyd gydag enw fel 'na?'

Chwarddodd Karl. Gwthiodd ei law drwy'i chyrls.

'Ydi o'n bechod bod yn hapus, Karl?'

Edrychodd Karl unwaith eto ar y Dyffryn.

'Nac ydi,' meddai, 'os yw'n hapusrwydd wedi'i roi gan Dduw ar ôl llawer o ofid.'

'Hmm,' meddai Greta. 'Mae'n debyg y bydd raid i minne fod ar delere da â Duw eto iŵan, gan fod 'y narpar-ŵr ac Yntau'n gymaint o bartnars. A rŵan, wedi cwblhau busnes mawr ein bywyd, beth am gwpanaid o de?'

---

darpar-ŵr: *husband-to-be*   cwblhau: *to complete*